基 督 教 经 典 译 丛

何光沪 主编

副主编 章雪富 孙 毅 游冠辉

A Serious Call to a Devout and Holy Life

敬虔与圣洁生活的
严肃呼召

【英】劳威廉 著 杨基 译

三联书店

本书根据 William Law, A Serious Call to a Devout and Holy
Life, Dent Everyman edition, 1906 译出

图书在版编目（CIP）数据

敬虔与圣洁生活的严肃呼召／（英）劳威廉著；杨基译 .–– 北京：
生活·读书·新知三联书店，2013.11 （2025.12 重印）
（基督教经典译丛）
ISBN 978 – 7 – 108 – 04617 – 8

Ⅰ.①敬… Ⅱ.①劳…②杨… Ⅲ.①基督教 – 研究
Ⅳ.① B978

中国版本图书馆 CIP 数据核字（2013）第 171598 号

丛书策划　橡树文字工作室
特约编辑　刘　岷
责任编辑　张艳华
装帧设计　罗　洪
责任印制　董　欢
出版发行　生活·讀書·新知 三联书店
　　　　　（北京市东城区美术馆东街 22 号 100010）
网　　址　www.sdxjpc.com
经　　销　新华书店
印　　刷　北京隆昌伟业印刷有限公司
版　　次　2013 年 11 月北京第 1 版
　　　　　2025 年 12 月北京第 14 次印刷
开　　本　635 毫米 × 965 毫米 1/16　印张 20.5
字　　数　270 千字
印　　数　44,001 – 47,000 册
定　　价　60.00 元
（印装查询：01064002715；邮购查询：01084010542）

基督教经典译丛

总　序

何光沪

在当今的全球时代，"文明的冲突"会造成文明的毁灭，因为由之引起的无限战争，意味着人类、动物、植物和整个地球的浩劫。而"文明的交流"则带来文明的更新，因为由之导向的文明和谐，意味着各文明自身的新陈代谢、各文明之间的取长补短、全世界文明的和平共处以及全人类文化的繁荣新生。

"文明的交流"最为重要的手段之一，乃是对不同文明或文化的经典之翻译。就中西两大文明而言，从17世纪初以利玛窦（Matteo Ricci）为首的传教士开始把儒家经典译为西文，到19世纪末宗教学创始人、英籍德裔学术大师缪勒（F. M. Müller）编辑出版五十卷《东方圣书集》，包括儒教、道教和佛教等宗教经典在内的中华文明成果，被大量翻译介绍到了西方各国；从徐光启到严复等中国学者、从林乐知（Y. J. Allen）到傅兰雅（John Fryer）等西方学者开始把西方自然科学和社会科学著作译为中文，直到20世纪末叶，商务印书馆、生活·读书·新知三联书店和其他有历史眼光的中国出版社组织翻译西方的哲学、历史、文学和其他学科著作，西方的科学技术和人文社科书籍也被大量翻译介绍到了中国。这些翻译出版活动，不但促进了中学西传和西学东渐的双向"文明交流"，而且催化了中华文明的新陈代谢，以及中国社会的现代转型。

清末以来，先进的中国人向西方学习、"取长补短"的历程，经历了两大阶段。第一阶段的主导思想是"师夷长技以制夷"，表现为洋务运动之向往"船坚炮利"，追求"富国强兵"，最多只求学习西方的工业技术和物质文明，结果是以优势的海军败于日本，以军事的失败表现出制度的失败。第二阶段的主导思想是"民主加科学"，表现为五四新文化运动之尊崇"德赛二先生"，中国社会在几乎一个世纪中不断从革命走向革命之后，到现在仍然需要进行民主政治的建设和科学精神的培养。大体说来，这两大阶段显示出国人对西方文明的认识由十分肤浅到较为深入，有了第一次深化，从物质层面深入到制度层面。

正如观察一支球队，不能光看其体力、技术，还要研究其组织、战略，更要探究其精神、品格。同样地，观察西方文明，不能光看其工业、技术，还要研究其社会、政治，更要探究其精神、灵性。因为任何文明都包含物质、制度和精神三个不可分割的层面，舍其一则不能得其究竟。正由于自觉或不自觉地认识到了这一点，到了 20 世纪末叶，中国终于有了一些有历史眼光的学者、译者和出版者，开始翻译出版西方文明精神层面的核心——基督教方面的著作，从而开启了对西方文明的认识由较为深入到更加深入的第二次深化，从制度层面深入到精神层面。

与此相关，第一阶段的翻译是以自然科学和技术书籍为主，第二阶段的翻译是以社会科学和人文书籍为主，而第三阶段的翻译，虽然开始不久，但已深入到西方文明的核心，有了一些基督教方面的著作。

实际上，基督教对世界历史和人类社会的影响，绝不止于西方文明。无数历史学家、文化学家、社会学家、艺术史家、科学史家、伦理学家、政治学家和哲学家已经证明，基督教两千年来，从东方走向西方再走向南方，已经极大地影响，甚至改变了人类社会从上古时代沿袭下来的对生命的价值、两性和妇女、博爱和慈善、保健和教育、劳动和经济、科学和学术、自由和正义、法律和政治、文学和艺术等等几乎所有生活领域的观念，从而塑造了今日世界的面貌。这个诞生于亚洲或"东方"，传入了欧洲或"西方"，再传入亚、非、拉美或"南方"的世界第一大宗教，现在因为信众大部分在发展中国家，被称为"南方宗教"。但是，它本来就不属于任何一"方"——由于今日世界上已经没有一个国家没有其存在，所以它已经不仅仅在宗教意义上，而且是在现实意义上展现了它"普世宗教"的本质。

因此，对基督教经典的翻译，其意义早已不止于"西学"研究或对西方文明研究的需要，而早已在于对世界历史和人类文明了解的需要了。

这里所谓"基督教经典"，同结集为"大藏经"的佛教经典和结集为"道藏"的道教经典相类似，是指基督教历代的重要著作或大师名作，而不是指基督徒视为唯一神圣的上帝启示"圣经"。但是，由于基督教历代的重要著作或大师名作汗牛充栋、浩如烟海，绝不可能也没有必要像佛藏道藏那样结集为一套"大丛书"，所以，在此所谓"经典译丛"，最多只能奢望成为比佛藏道藏的部头小很多很多的一套丛书。

然而，说它的重要性不会"小很多很多"，却并非奢望。远的不说，只看看我们的近邻，被称为"翻译大国"的日本和韩国——这两个曾经拜中国文化为师的国家，由于体现为"即时而大量翻译西方著作"的谦虚好学精神，一先一后地在文化上加强新陈代谢、大力吐故纳新，从而迈进了亚洲甚至世界上最先进国家的行列。众所周知，日本在"脱亚入欧"的口号下，韩国在其人口中基督徒比例迅猛增长的情况下，反而比我国更多更好地保存了东方传统或儒家文化的精粹，而且不是仅仅保存在书本里，而是保存在生活中。这一事实，加上海内外华人基督徒保留优秀传统道德的大量事实，都表明基督教与儒家的优秀传统可以相辅相成，这实在值得我们深长思之！

基督教在唐朝贞观九年（公元 635 年）传入中国，唐太宗派宰相房玄龄率宫廷卫队到京城西郊欢迎传教士阿罗本主教，接到皇帝的书房让其翻译圣经，又接到皇宫内室听其传讲教义，"深知正真，特令传授"。三年之后（公元 638 年），太宗又发布诏书说："详其教旨，玄妙无为；观其元宗，生成立要。……济物利人，宜行天下。"换言之，唐太宗经过研究，肯定基督教对社会具有有益的作用，对人生具有积极的意义，遂下令让其在全国传播（他甚至命令有关部门在京城建造教堂，设立神职，颁赐肖像给教堂以示支持）。这无疑显示出这位大政治家超常的见识、智慧和胸襟。一千多年之后，在这个问题上，一位对中国文化和社会贡献极大的翻译家严复，也显示了同样的见识、智慧和胸襟。他在主张发展科学教育、清除"宗教流毒"的同时，指出宗教随社会进步程度而有高低之别，认为基督教对中国民众教化大有好处："教者，随群演之浅深为高下，而常有以扶民性之偏。今假景教大行于此土，其能取吾人之缺点而补苴之，殆无疑义。且吾国小民之众，往往自有生以来，未受一言之德育。一旦有人焉，临以帝天之神，时为耳提而面命，使知人理之要，存于相爱而不欺，此于教化，岂曰小补！"（孟德斯鸠《法意》第十九章十八节译者按语。）另外两位新文化运动的领袖即胡适之和陈独秀，都不是基督徒，而且也批判宗教，但他们又都同时认为，耶稣的人格精神和道德改革对中国社会有益，宜于在中国推广（胡适：《基督教与中国》；陈独秀：《致〈新青年〉读者》）。

当然，我们编辑出版这套译丛，首先是想对我国的"西学"研究、人文学术和宗教学术研究提供资料。鉴于上述理由，我们也希望这项工作对于中西文明的交流有所贡献；还希望通过对西方文明精神认识的深化，对于中国文化的更新和中国社会的进步有所贡献；更希望本着中国传统中谦虚好学、从善如流、生生不已的精神，通过对世界历史和人类文明中基督教精神动力的了解，对于当今道德滑坡严重、精神文化堪忧的现状有所补益。

尽管近年来翻译界出版界已有不少有识之士，在这方面艰辛努力，完成了一些极有意义的工作，泽及后人，令人钦佩。但是，对我们这样一个拥有十几亿人口的千年古国和文化大国来说，已经完成的工作与这么巨大的历史性需要相比，真好比杯水车薪，还是远远不够的。例如，即使以最严格的"经典"标准缩小译介规模，这么一个文化大国，竟然连阿奎那（Thomas Aquinas）举世皆知的千年巨著《神学大全》和加尔文（John

Calvin）影响历史的世界经典《基督教要义》，都尚未翻译出版，这无论如何是令人汗颜的。总之，在这方面，国人还有漫长的路要走。

本译丛的翻译出版，就是想以我们这微薄的努力，踏上这漫长的旅程，并与诸多同道一起，参与和推动中华文化更新的大业。

最后，我们应向读者交代一下这套译丛的几点设想。

第一，译丛的选书，兼顾学术性、文化性与可读性。即从神学、哲学、史学、伦理学、宗教学等多学科的学术角度出发，考虑有关经典在社会、历史和文化上的影响，顾及不同职业、不同专业、不同层次的读者需要，选择经典作家的经典作品。

第二，译丛的读者，包括全国从中央到地方的社会科学院和各级各类人文社科研究机构的研究人员，高等学校哲学、宗教、人文、社科院系的学者师生，中央到地方各级统战部门的官员和研究人员，各级党校相关教员和有关课程学员，各级政府宗教事务部门官员和研究人员，以及各宗教的教职人员、一般信众和普通读者。

第三，译丛的内容，涵盖公元 1 世纪基督教产生至今所有的历史时期。包含古代时期（1—6 世纪）、中古时期（6—16 世纪）和现代时期（16—20 世纪）三大部分。三个时期的起讫年代与通常按政治事件划分历史时期的起讫年代略有出入，这是由于思想史自身的某些特征，特别是基督教思想史的发展特征所致。例如，政治史的古代时期与中古时期以西罗马帝国灭亡为界，中古时期与现代时期（或近代时期）以 17 世纪英国革命为界；但是，基督教教父思想在西罗马帝国灭亡后仍持续了近百年，而英国革命的清教思想渊源则无疑应追溯到 16 世纪宗教改革。由此而有了本译丛三大部分的时期划分。这种时期划分，也可以从思想史和宗教史的角度，提醒我们注意宗教和思想因素对于世界进程和社会发展的重要作用。

中国人民大学宜园
2008 年 11 月

目　录

中译本导言

孙　毅

　　劳威廉（William Law）1686 年生于英国的北安普敦郡。1705 年，劳威廉进入剑桥大学以马内利学院学习。1711 年他在剑桥大学获得硕士学位，并得以留在那里教书。但后来因为拒绝宣誓效忠于新继位的国王乔治一世，而失去在剑桥大学的教学及研究席位。

　　自 1727 年开始，他成为爱德华·吉本（Edward Gibbon, 1666—1736）这个家庭的私人教师，负责教导他的儿子爱德华。他的这个学生爱德华的儿子就是《罗马帝国衰亡史》一书的作者。后来劳威廉在爱德华出国学习期间，依然留在这位吉本家作为家庭的灵性指导教师，一直到 1740 年。在他生活的这段时期，他有机会接触并影响到几位时常来他这里向他求教的年轻人，其中包括卫斯理弟兄（John and Charles Wesley），以及诗人约翰·拜罗姆（John Byrom）等人。

　　1740 年他回到了家乡。他的父亲去世后在这里给他留下了一处房产。他在这里生活、写作、做慈善的事情达二十一年。1761 年，劳威廉得了肾炎，于 4 月 9 日去世。

　　劳威廉一生写过不少著作，但其中最为有名的就是这部《敬虔与圣洁生活的严肃呼召》（以下简称《严肃呼召》）。这本书是一部曾经影响那个时代宗教大复兴的重要著作，它影响了卫斯理弟兄等很多同时代的年轻人。曾深受这本书影响的萨缪尔·约翰逊博士回忆说："我曾经是一位放纵的宗教空谈者，其实我对它的思想了解并不多。这种情况一直持续到我去牛津读书，在那里也没有遇到什么麻烦。然而在牛津，有一天我拿起劳威廉的《严肃呼召》，心想这又是一本令人乏味的书，正准备像以往一样对它嘲笑一番的时候，我发现劳威廉抓住了我，使我在对它进行了理性探究后，第一次认真地去思想宗教。"①

一

在《严肃呼召》这本书的一开始，劳威廉就向人们提出了一个核心问题：何为真正的敬虔？它表现于外在的行为上还是只存在于人的内心？是不是一个人祷告的时间或次数越多就越敬虔？读的圣经越多或参加的宗教活动越多就越敬虔吗？

这个问题触及现代人对敬虔理解的不同之处。我们这个时代的敬虔观深受近代以来敬虔派敬虔观念的影响。其实这种敬虔观最初原本既包含了个人内在的追求，同时也注重内在生命更新所带来的外在日常行为方式上的转变。然而，在经历了多个世纪的变化后，特别是在启蒙运动的诠释与影响下，这种敬虔观念逐渐地分裂为两个相互分离的部分：个人内在灵性生命的追求，以及外在与善行有关的道德行为。似乎前者成了个人的私事，而后者才是在公共领域中有意义的表现。随着这种分离，在宗教领域中理解敬虔，就与个人寻求内在灵性的满足关联起来，成为这种敬虔观念中最为重要的方面。

这种敬虔观念所注重的，是个人借着上帝的话语，以及默想、祷告，得以建立并维持自己与基督之间的生命关系。不过，这里进而强调的是，这种关系是建立在个人私下对基督的寻求之基础上的。在心灵里与基督的亲近，带来了个人灵性层面的感动、释放与满足。个人在基督的里面被从这个世界中分别出来，生命因此有了从基督而来的圣洁。

---

① Boswell, *Life of Johnson*, ch. 1. 参见包斯威尔，《约翰逊传》第 10 页，中国社会科学出版社，2004。

在这个背景下，生命的敬虔主要体现在个人在心灵与基督的合一。在日常生活中，这种敬虔的外在表现就是每天有多少时间与上帝独处。

但对于劳威廉来说，敬虔并不是单指一个人在宗教上比较认真，很热情地参加各种宗教的活动，时常独自地祷告、灵修，花很长时间读经，甚至可以背诵不少经文等。这些只是构成人敬虔生活的某些环节。对于劳威廉来说，"敬虔意味着摆上整个生命，全然献给上帝。因此，所谓敬虔者，就是不再随从自己的意思或今世的风俗，而是单单顺从上帝的旨意，凡事都尊崇上帝，凡事都服侍上帝，凡事都奉上帝的名，凡事都荣耀上帝，平时生活尽都成为敬虔。"（1 章）这是敬虔的本质。

敬虔不单是指灵性中的一种感受，似乎与人的思想、情感或日常生活行为无关。当劳威廉讲到"凡事"的时候，他已经在谈及人的日常生活。受到改革宗神学思想的影响，劳威廉认为敬虔既在于人的心灵，又外显为一种生活方式。敬虔体现为祷告生活与日常事务之间的完全一致，是人每天都"向上帝而活"这个最高意义上的"里外一致"或"知行合一"。"除非我们生活中一切日常行为都向上帝而活，除非上帝成为我们一切行为的准则和尺度，否则就不能说我们'向上帝而活'；正如除非我们在祷告中完全指望上帝，否则就不能说我们'向上帝祷告'。"（1 章）人在上帝面前是怎样祷告的，就应当怎样在日常生活的凡事上活出来。

但在日常生活中，劳威廉却让人们注意到这样一幅景象："您看见他们在灵修祷告的时间和地点遵守规矩，而教会崇拜一结束，他们就与那些鲜于踏足教会或从不进教会的人毫无二致。他们的生活方式、花钱度日的方式，他们的情感、娱乐、工作和消遣全都与世人无异……这才是那样的基督徒被轻狂世俗之人嗤笑的原因，不是因为他们真的献身上帝，而是因为他们的'敬虔'不过是偶尔祷告而已。"（1 章）在他看来，这不是基督信仰中所讲的敬虔，甚至不是基督信仰，因为这种生活不是圣经中所教导的生活方式。这是一种导致人格分裂的生活方式。从基督信仰的角度来看，这种人生不过是"一个异教徒的人生点缀以基督徒的祷告"（1 章）。

二

如果在现实生活中会时常地看到上面所描述的现象，那么劳威廉下面要分析的问题就是：为什么大多数的人都缺乏这种真正的敬虔？原因是什么呢？

单就男人易于爆粗口的原因来看，"非礼之辞如此普遍的原因在于，男人不愿意凡事都讨上帝喜悦。因为，如果一个男人足够敬虔，平时愿意凡事都讨上帝喜悦，并以此为世上最幸福、最美好之事，那他就再也不会讲脏话了"。（2 章）简而言之，就是人不愿意在凡事上讨上帝的喜悦。如果用加尔文的话来说，就是在人的生命中还没有对上帝的敬畏或爱扎根在其中。扎根，是指在日常生活中行每样事情的时候都会想到上帝，有时虽然还不是太情愿，但出于敬畏，还是选择了在某件事上照上帝的意思去做。而更积极的愿意则是出于爱上帝的原因，而选择去做或不做某件事，以此来讨上帝喜悦。无论怎样，问题的核心就在于，个人是否有这种意愿，即在凡事上讨上帝喜悦的意愿。

当然涉及意愿的问题时，今天人的心思意念可能会比当年劳威廉所想的要更复杂一些。这个复杂的因素就是当代哲学家们所认识到的人的自欺：人在为自己谋益处的时候，还会以为自己在讨上帝的喜悦，就看在此事上人如何给自己找解释。即便是信仰者，自欺也是常见的。圣经中所说的诡诈，并不单指人的虚假或撒谎，更指当人表现出这样的虚假时还不自知，甚至是有意无意地酷似天真。这种自欺可以让一个人的生活分裂为多个方面，我在这个处境下行事是一个样子，而在另一个处境下行事则是另一个样子，总之都有很好的理由。我在祷告中可以为着某件事情在上帝面前痛哭流涕，但在祷告结束之后，依旧有意无意地行类似的事。个人日常生活的这种混乱源自于人们的心灵还没有完全归正，因此还没有以基督的心为心："我们要知道，平时生活中一切混乱都是因为我们没有基督徒的心灵，是因为我们不愿意凡事讨上帝喜悦，并以此为世上最幸福、最美好之事。因此，我们绝不能以为自己尽管不够完全却与众人无异，以为自己情有可原。"（2章）

关于个人是否"愿意"，人确实可以为自己找到很多理由。对此，保罗的那句话就显得十分有意义："我们并不是欠肉体的债，去顺从肉体活着。"（罗8：12）人们已经从肉体的控制与束缚中被解救出来；如果你愿意，你可以选择向肉体的诱惑说不；如果你愿意，你可以顺从圣灵的引导，过凡事上讨上帝喜悦的生活。所以劳威廉特别提醒人们，不要把所有问题都归于人们的软弱或能力（力量）有限，其实主要在于个人是否愿意："因此，我们的问题不在于：我们虽愿意成为良善，变得完全，却由于生来软弱而达不到。真正问题在于：我们不够敬虔，不愿意竭尽全力行善，不愿意凡事都讨上帝喜悦。"（2章）

如果人们任由自己处在这种不敬虔中，原因是不愿意活出这种敬虔生活的话，带出来的尖锐问题就在于：当人看到是自己里面不愿意在凡事上顺服或讨上帝喜欢，那么人们还有什么理由来求上帝的怜悯呢？假如说在日常生活中，人们还时常让自己落在自欺的解释中的话，那么当人们面对死亡，以致自欺再也无法用其他理由来安慰自己的时候，个人就难免会遇到这样的危险："我们多少可以猜想：一个人弥留之际，当良心强烈谴责他，严厉控告他种种愚妄和疯狂行为如何违背理智，违背基督教义和训诫，违背上帝和众人的一切教导、呼吁和警告时，他自责的痛苦将多么可怕。"（3章）

在这里或许需要处理这样的问题：为什么需要在日常生活中表现出这种敬虔？这对得救是必要的吗？人不是单单因信称义吗？劳威廉说："基督徒必须把一切美德全都贯彻在平时生活中才能得救，基督徒平时的一切行为必须超越世人，并且反对世俗，基督徒的美德才是至于得救的美德。倘若我们平时的生活不能彰显谦卑、舍己、轻看世界、灵里贫穷和属天情感，那我们就没有基督徒的生活。"（1 章）如果是这样，那么，这是否是因行为而称义呢？对这个问题，我们一定要认识到，宗教改革中提出因信称义的时候，就已经伴随着如下的结论：谦卑、舍己和任何善行虽然不是一个人得救的前提，却是他蒙恩得救之后的必然结果和表现，因此在后者的意义上，也可说是得救的必要条件。按照劳威廉所持守的改革宗的教义，人得救的根本原因，乃上帝的预定、拣选、基督的救赎之恩典，以及圣灵的特殊运行。但问题是，如果一个人还没有发自内心的意愿，愿意舍己，在凡事上来荣耀上帝，他怎么能够确定自己就是得救的人呢？

总之，"上面的论述以及许多经文都清楚表明：我们得救与否取决于我们努力得救的诚意和完全的努力行动。"（3 章）这句话可以表达为：一个人是否已经得救与其生命中是否具备得救的诚意和完全的努力行动有直接关系。如果说在路德改教的那个时代，他所强调的主要是称义所带来的客观地位上的变化的话，那么，清教运动时期，清教神学家们更多看重的是人经历重生的确据以及由此带来生命的归正表现。对于一个确实蒙恩得救的人来说，生命发生的转折在于，甘心乐意地顺服上帝及他的话语，不是为了赚取救恩，而是显出生命蒙恩的证据。只有经历过生命重生的人，当他显出生命的作为时，不致成为他自义的资本，而成为他在上帝面前得安慰的凭据。

三

于是顺着劳威廉的思路，我们就被带到这样一个问题面前：如果要脱离上述不敬虔带来的危险，显明自己的确是一个蒙恩得救者的话，究竟要建立起怎样的生活秩序呢？

劳威廉的回答很简单，那就是过一个祷告与日常行事相一致的生活："虔诚的基督徒当以为处处皆圣地，因上帝无处不在，同样，他当看人生凡事都是圣洁要务，因全部人生都要献上为祭。"（4 章）把日常生活的每个场合，日常生活中所要处理的每件事务，都当作是向上帝所献的祭，在这每样的事务上荣耀他。人们在日常生活中每件事情上荣耀上帝的态度，就如牧师在教会的祭坛上所从事的每样事情一样。"因为众人和万物都属于上帝，正如用于圣工的地方、物品和人都被分别为圣，因此，万物都当用来荣耀上帝，众人也都当在各自的位分和职业中向着上帝的荣耀而行。"（4章）

　　或许这个在日常每样事务上里外一致的原则是人们所知道的，但问题是，人们如何才能将这原则在日常生活中活出来呢？个人是一种非平衡、非稳定的存在者。人在热情来的时候，会在很多或大或小的事情上尽心照上帝的心意做，但在里面的热情过去，人任由自己的情况下，会自然地沉迷于某些自己的喜好，从而导致其生存结构的塌陷，使人不由自主地滑入到谷底。只有对一个已经清楚自己得救的人来说，他才可能摆脱这种生命的起伏。因为他已经建立了与上帝的关系，并从与上帝的和好关系中得着开始新生命的动力。人生这个新的动力，就是在生命中已经扎根的对上帝的敬畏与爱。

　　加尔文在《基督教要义》中曾这样论述敬虔："我所说的'敬虔'是，我们经历神的恩惠，并因这知识产生我们心里对神的敬畏和爱。"生命里的认识把人们带向上帝，唤起人们对他的敬畏与爱。敬畏是人们即便还不够甘心乐意，但出于敬畏也还是会顺服的态度；而爱是人们甘心乐意地按他的美意在凡事上去荣耀他。这里，对上帝的敬畏与爱是人们过敬虔生活的基本动力。

　　有时人们会有误解，以为这种敬畏与爱是日常生活中某些时间内心出现的一种感受或情感，时常被人们称为"感动"。有些人只以这种感动或情感来引导自己。但劳威廉在这里谈到的并非是一时的感受或情感，而是生命本身的基本特质。出于对上帝的敬畏及爱的生命深处的热情更多的是以某种理性表现出来。在劳威廉看来，这种理性或原则是把握我们人生的主要方式，这特别表现在人们处理上帝所赋予他们的时间与财富方面："我们生活的性质很大程度上取决于我们的消费方式。如果理性和宗教在这方面掌管我们，那么理性和宗教就已经在很大程度上掌管了我们的人生。"(5章)

这里所说的理性并非指人自己的理性或编织出来的理由，而是指圣经的原则及智慧。这里预设的一个基本前提就是，在人日常生活的所有领域中，圣经的原则都会有更为具体的应用，都可以体现为某些具体的原则。如果人们因为敬畏与爱的缘故，愿意照着圣经的原则将其活出来，那么人就以理性或智慧的方式表达了生命中对上帝的敬畏与爱，内在良心就不会责备自己。在这个观念之下，敬虔的生活正像保罗所说的那样，在日常生活的各个方面，不论在上帝面前还是在人面前，都存着无愧的良心去生活。

在人的日常生活中，虽然人会遇到各种各样的事情，因此可以涉及各种相应的规则，但在劳威廉看来，日常生活中需要处理的最为重要的东西只有两样，对于它们的处理也特别需要人的理性："有两样东西特别需要置于严格规矩之下，这两样东西倘若善加利用，就是上帝赐给我们和众人的伟大祝福：时间和金钱。这两样都是上帝的礼物，让人有机会也有途径可以一生行善，勤作不辍。一个人敬虔地严格管理其中一样，就不可能长期忽略另一样；若人乐于敬虔地管理和使用两者，就已登上基督徒成圣的天梯。"(8章)在日常生活中如何更好地把握这两样上帝赐与的资源，在以最好的方式来应用它们之中活出基督徒的敬虔，占据了劳威廉这本书的大部分篇幅。

四

劳威廉在花了不少笔墨谈论人们如何在使用财物上活出敬虔之后，就转到了时间方面。在涉及时间问题时，他的谈论方式有些特别，他不是在讲如何节省或最大效益化地使用时间，就如今天人们一提到时间会自然而然地想到的那样，而是主要在讲每天能够拿出固定的五个时段来祷告。这让人们不由得想要问：为什么人们需要每天花这么多时间，还要定时几次来到上帝面前祷告？每个认信的人都当如此，还是那些有闲暇的人们才当如此？劳威廉自己也意识到这些问题："有些人或许会想：这些祷告的时辰太过密集，只有那些整天闲得没事做的人才能遵守。这种安排不应强加于普通人，因为他们要照顾家庭，做生意，忙工作；也不能强加于绅士，因为他们的身份和地位不允许他们如此频繁灵修。他们认为这种安排只适合修道院的修士和修女，或不像他们那样忙于世事的人。"（20 章）

对于这个问题，劳威廉的看法是：智慧地使用上帝所赐与的时间，正体现在每天需要花足够的时间祷告，否则我们的时间资源就不会得到最好地使用。"多数商绅过于沉迷于世俗事务，远远超过人类理性生活和世界所必需的。"（20 章）这其实也是今天那些忙于工作事务之人士的真实写照。特别是对于今天生活在市场经济下的城市人群来说，由于行业中竞争的存在，让人总感到有多少时间投入到工作中都不够。职场中活在竞争压力下的人们对于时间有一个基本的前设：如果你花的时间比对方多，那么你就会在行业的竞争中占上风。在这个背景下，除了礼拜天，平时能够把时间用在读经、祷告或其他宗教活动上实际是太难了。其实，不是人们没有时间，而是人们愿不愿意把时间花在这个方面。用劳威廉的话来说，首先还是一个是否愿意的问题，即是否愿意从对工作的沉迷中走出来，是否愿意把工作只看作是日常生活的一部分，而理性地对时间有更合理的使用。

当然从上面劳威廉的表达来看，另一个原因乃是，人们的身份及地位使他们不能够像那些没有重要事务压在身上的人那样，如此频繁地灵修。如果一个人对于来到上帝面前还存有来自世俗身份上的障碍，这表明他还不是太清楚自己得救后的身份。在劳威廉看来，从那个终极的福分的角度看，无疑后面那个身份比世俗的身份要更为重要。世俗的身份并不能让人在上帝的审判面前起一丁点儿的作用："尽管您目前身份高贵,但如果到时候您必须与众人一同赤裸受审,如果除了您的美德或罪恶以外,别无他物可以使您与众人分别开来,那么仔细预备那日接受最大的奖赏,岂不关系到您的切身利益,正如关乎先知或使徒的利益?"(20 章)

因此与面对财物一样,这里也涉及人的基本价值观的改变。其实,劳威廉在这里谈论每天定时的祷告,其意义并不限于对时间之有价值地使用本身,而在于他在本书中力图贯穿的一个基本主题:祷告即生活,生活即祷告。每天定时的祷告,基本目标是使祷告成为每天生活的一个基本构架,使人的日常生活得以秩序化。在使祷告成为生活的一部分的同时,也使每天的生活被这些不同时段的祷告所圣化。

首先,借着祷告,人的生活可以被祷告中的光亮所照亮、所规范,从而使生活成为有秩序的生活,即被圣经原则所规范的生活。"这里的规则是说规范我们的各种安排和日常活动的准则,这些准则使我们一切活动有秩序,包括工作、灵修、治死肉体、读书、退修、交谈、吃喝、振奋精神、睡觉,等等。"(23 章)

每个时段的祷告可以让人不时地回到灵性层面中。而与得救相称的正常生活就是人在那灵性的层面中,向着上帝祷告而涌出的某种东西,可以照亮并带出事务层面的作为与结果。人什么时候做事有这样的秩序,什么时候心灵就在做事情中得享自由与释放,并不感到束缚和困乏。反之,如果不是这样的秩序,只是因为从事务层面而来的压力,特别是因为时间表的压力而排定自己的生活,就难免导致生命的困乏。

当然,那个年代的劳威廉或许并没有直接面临或处理像今天人们在日常生活中所遇到的更为复杂的情况:每个时段的祷告与个人所从事的世俗工作之间可能存在的张力。如果这个时段的祷告与相应时段的工作都是来自同一位上帝的呼召,那么显然劳威廉在这里没有明说的一个预设就是:这个世俗的工作也当是上帝对这个人的呼召,因此不当与其在祷告中表现出的敬虔的操练相冲突。这样,个人在世俗事务中对上帝的服侍，就与其在祷告中的服侍相得益彰，互相促进，表现出敬虔生活应有的那种一致性，都是在为同一位上帝的荣耀而做。如果个人在日常生活中真能够达到这样的境界，那么人们虽然是在地上生活，却能够不被这地上的生活所限制。

人的生活确实有两个层面，一是灵性的祷告层面，另一个则是事务的层面，有要达到的目标和时间表。而人心灵的自由，唯有在灵性的层面上，才能经历到灵性的自由、释放与情愿；因为正是在这里，人越过了事务的层面，即那种事务之间的成败关系及其被排入的时间表所表现的期限，才体会到自由。虽然人们可能会在某些事务的成就中心灵暂时得到满足，但心灵却不会在这个层面上得着自由，因此也不会持久地得着满足。人的心灵唯有借着每天的祷告，超越了事务层面后，才能享受到其本应有的自由："祷告是灵魂最珍贵的操练，把我们的各种崇高能力发挥到极致，使我们在地上犹如在天上的伟大圣徒。当我们满心思想上帝时，当圣洁的渴望达于施恩宝座之前时，我们就进入人类最崇高的境界，登上最伟大的巅峰，我们得以脱离地上许多君王长官的辖制，前来觐见宇宙唯一的主宰；我们在祷告中顶天立地，直至死亡被荣耀吞没。"（14 章）

五

传统对清教徒那种"古板"的生活方式可能存在着一些误解。当人们提到清教徒时，人们的头脑中可能会出现一幅不苟言笑，极为刻板，甚至更负面的是虚伪，冷酷无比，类似《红字》中把一个让人同情的妇女置于死地的那样一个人群的图画。总之，清教徒几乎等同于道德严厉和宗教不宽容的同义词。在这个背景下，我们如何理解清教徒所提出来的，在日常生活中所表现出来的敬虔？确实，敬虔通过一种生活方式表现出来的时候，很容易被理解为虚伪，或者真有可能是虚伪。如果有这种可能的话，那么问题就在，敬虔作为外显的行为或生活方式表现出来的一个基本前提是：人里面已经有了重生的生命，经历到了生命的更新，因此自然而然地要透过行为表现出来。这时人们的表现是如此的自然，以致用甘心乐意来描述都不是那么到位；人在这个过程中心里已经得着安慰，而不在意他们对他人的爱会有什么回报。如果不是这样，没有内在生命的变化，以及个人内心与上帝的关系，那么这种外在的表现就可能导致虚伪，甚至对人自己的生命产生束缚。

这就让我们更容易理解，劳威廉在这本书中把敬虔理解为祷告与生活的一致。如果祷告是个人在上帝面前最为真诚的表达，那么就照着这样的祷告去度过一天的每个时段，去处理一天中遇到的每件事情，使个人的生活不只是在祷告中面对上帝，同时在日常生活中的每样事务中同样面对上帝，为着荣耀他而活，这就是这本书要告诉人们的敬虔生活。

第一章

基督徒敬虔之本质与范围

敬虔①既不等于私祷亦不等于公祷，但私祷、公祷都是敬虔生活的具体构成，或敬虔的具体表现。敬虔意味着摆上整个生命，全然献给上帝。

因此，所谓敬虔者，就是不再随从自己的意思或今世的风俗，而是单单顺从上帝的旨意，凡事都尊崇上帝，凡事都服侍上帝，凡事都奉上帝的名，凡事都荣耀上帝，平时生活尽都成为敬虔。

我们承认，唯独上帝是祷告的准则和尺度。在祷告中，我们完全依靠上帝，完全求他的旨意；并且，祷告的方式、内容、目的都要符合上帝的荣耀。

人只要知道为何祷告必须如此虔诚，就必晓得为何全部生命皆应如此虔诚。因为我们若有一丝理由相信上帝是祷告的准则和尺度，并且我们应该在祷告中完全依靠上帝并按照他的旨意祷告，我们就有同样理由在生活的一切行为中完全依靠上帝，以上帝为一切行为的准则和尺度。因为我们的生活以及恩赐的运用（无论是身体、时间还是金钱），若不符合上帝的旨意，若不是为了上帝的荣耀，都是极大的荒谬和失败，正如不按照上帝的旨意祷告那样荒谬。因为既然必须按照上帝的旨意祷告，既然祷告必须洋溢着智慧、圣洁和崇高的性情，那么我们就没有理由不让生活同样洋溢着智慧、圣洁和崇高的性情，以向上帝祷告的心来向上

① 敬虔（devotion）一词在英文中包含"敬虔"、"奉献"、"祷告"、"灵修"等多重含义。——译者注

帝而活。倘若我们不必恪守理性，不必凡事向着上帝而行，倘若我们无须凭智慧行事，无须追求圣洁，无须过属天的生活，倘若我们用不着凡事奉上帝的名、凡事荣耀上帝，那么最崇高的祷告里面也没有真美德或真智慧。不但如此，这样的祷告甚至极其荒谬，就像人明明不飞却祈求翅膀一样。

因此，既然我们晓得在祷告中祈求圣灵做工，那么当然应该让圣灵掌管一切日常行为；既然我们应该在祷告中完全指望上帝，就同样应该在生活中完全向上帝而活。然而，除非我们生活中一切日常行为都向上帝而活，除非上帝成为我们一切行为的准则和尺度，否则就不能说我们"向上帝而活"；正如除非我们在祷告中完全指望上帝，否则就不能说我们"向上帝祷告"。因此，不合情理、荒谬不经的生活方式，不论是工作或是消遣，不论这些事情是费时或是费钱，都和不合情理、荒谬不经的祷告一样，实在是冒犯上帝。

正是因为很多人不明白或不思考这个道理，所以我们看到他们的生活成了荒唐的杂糅。您看见他们在灵修祷告的时间和地点遵守规矩，而教会崇拜一结束，他们就与那些鲜于踏足教会或从不进教会的人毫无二致。他们的生活方式、花钱度日的方式，他们的情感、娱乐、工作和消遣全都与世人无异。因此，放肆的世人常常讥笑基督徒，因为他们看见基督徒只在嘴上敬虔，祷告一完就不再向上帝而活，直到下次祷告才重拾敬虔之貌；他们看见基督徒的生活方式与世人无异，性情和喜好与世人无异，和世人一样热衷于一切庸俗愚昧的事情。这才是那样的基督徒被轻狂世俗之人嗤笑的原因：不是因为他们真的献身上帝，而是因为他们的"敬虔"不过是偶尔祷告而已。

尤利乌斯①生怕错过了公共敬拜；倘若没有在教会见到尤利乌斯，整个教区的人都会以为他生病了。但如果您问他为何平时放纵血气、懒

---

① 　尤利乌斯 (Julius)，恺撒大帝之名。暗示此人是敌对上帝的世俗势力。——译者注

散度日；为何与最愚蠢的人一起玩最愚蠢的游戏；为何他总喜欢种种无聊的享受和消遣；为何不肯放过玩乐的机会；为何总忙于各种舞会酒宴；为何总喜欢说闲话和背后议论别人；为何总喜欢结交某些既无意追求良善也不配得到良善的人，却不懂得基督徒的普世之爱；为何任凭自己无端恨人，却不想自己应当爱人如己；为何从不按信仰来管理自己的言语行为，不按敬虔原则来处置自己的时间和财富，尤利乌斯和最悖逆的人一样无话可说。因为整本圣经都直接反对这种生活方式，正如上帝斥责淫荡放纵。凡是在闲散愚妄中度日的人，与好吃懒做、放纵情欲的人一样，都违背耶稣基督的宗教信仰。

若有人告诉尤利乌斯用不着老是祷告，不去教会敬拜上帝也没有什么坏处，因为众人都这样生活，那么尤利乌斯可能会觉得这个人不是基督徒，不应与此人为伍。但是，如果有人只说：尤利乌斯可以像多数人一样生活，他可以和别人一样享受快乐，他可以和世人一样花钱度日，他可以效法众人的欲望和软弱，并且迎合自己的性情和私欲，但他绝不会怀疑这人缺乏基督徒的心灵，而且正在为魔鬼效力。而如果尤利乌斯通读整本新约，他会发现每一页都在谴责自己的生活方式。

的确，我们想象不出有什么比这更加荒谬：许多充满智慧、尊贵和崇高性情的祷告，却外加一个虚荣愚妄的人生，工作消遣、度日花钱毫无祷告的智慧和崇高性情。如果我们看见一个人装作凡事都顾念上帝，度日花钱、工作消遣也都恪守理性和敬虔的原则，却从不祷告——不论是公祷或私祷，难道我们不会因此感到讶异，心想他怎能将如此的愚妄与这样的敬虔糅在一起？

然而很多人的生活就是如此荒唐。他们在灵修的时候认真祷告，恪守祷告的安排，却把人生的其他部分付诸东流，安排闲暇和工作以及处置各种恩赐和金钱时完全不顾敬虔的规则。光有祷告祈求却没有圣洁的生活与之相称，何谈圣洁？这就如光有圣洁生活却没有祷告一样荒唐可笑。

因此，可想而知，如果有一个人假装严谨生活却从不祷告，要驳倒他是多么容易。同样，如果一个人假装严谨祷告却不将这种严谨带入生活的每个部分，其虚伪也不言而喻，因为，浪费光阴钱财中的软弱愚妄与祷告生活中体现出的软弱愚妄，并没有本质区别。任凭自己生活堕落乃至不能献给上帝，这与不祷告或乱祷告乃至不蒙上帝悦纳一样，都是不敬虔 ①的表现。

简而言之，理性和宗教要么已经为我们生活中的一切日常行为设定好了各种准则和目的，要么没有设定。如果已经设定妥当，那么我们就应该据此管束一切行为，正如我们必须敬拜上帝一样，因为，既然宗教已经教导我们饮食之道和度日花钱之理；既然宗教已经告诉我们应如何看待这一世界；既然宗教已经指示我们平时生活中当具备何种性情，我们当如何对待众人，当如何对待病人、穷人、老人、贫乏无助者；既然宗教已经告诉我们当爱谁、尊敬谁；既然宗教已经告诉我们当如何对待仇敌，当如何治死老我和舍己——既然宗教已经告诉我们这一切，而有人竟以为这些规则不如祷告重要，所以用不着仔细遵守，那么他必定是极其愚钝之人。

显而易见，所有福音书里没有一处命令基督徒必须参加公共崇拜，整本圣经很少论述这个责任。新约并没有几处提到基督徒必须常常参加公共崇拜，然而整本圣经无处不强调真敬虔：时刻按照敬虔原则来约束平时一切行为。我们伟大的救主和众使徒所关注的正是那些与日常生活息息相关的教义。他们呼召我们弃绝世界，一切性情和生活方式都要与世人有分别：要远离世俗的精神和道路，不畏惧世上的奸邪，弃绝一切世上的享乐，并以之为庸俗无益；要做重生的婴孩，进入全新的状态，在世上做客旅，为灵命警醒守望，为罪忧伤，渴慕来生；要天天背起十字架，舍己跟随基督，承认忧伤痛悔的人必得祝福，寻求灵里贫穷的福气；要弃绝从财富而来的骄傲虚荣，不为明天的事忧虑，活在最深的谦卑中，以在世上

---

① 不敬虔 (irreligion)，意为不受上帝约束，没有宗教，反对宗教，敌视宗教。——译者注

受苦为喜乐；弃绝肉体的情欲、眼目的情欲和今生的骄傲；要忍受伤害，宽恕敌人，并为他们祝福，爱众人正如上帝爱众人；要将全部心思和情感都献给上帝，努力进入那引向永恒荣耀生命的窄门。

这就是伟大救主所教导的一般的敬虔，为要使之贯穿于基督徒的一切日常生活中。至于公共崇拜，圣经找不到一条主耶稣的命令，人们却倍加重视，生怕犯戒。而日常生活中最起码的责任，福音书里每篇都有与之相关的明确命令，他们反倒视而不见。这是何等荒谬！我称这些起码的责任为"日常生活的灵修"，因为这些责任要得到履行，就必须贯穿于日常的生活。

如果轻看属世之物和渴慕属灵之事是基督徒的必要性情（temper），那么基督徒就必须在日常生活中以这种性情对待世界，因为别无他处可显出这种性情。倘若舍己是得救的条件之一，①那一切得救之人都必须在日常生活中舍己。若谦卑是基督徒的责任，那基督徒的整个人生都应当表现出种种谦卑。倘若灵里贫穷必不可少，那它就应成为我们每一天的灵性状态。若我们必须救济赤身露体的人、病人、下监的人，那么我们只要力所能及就必须随时随地扶危济困。如果我们应当爱仇敌，那就必须在日常生活中操练和表现仁爱。如果知足、感恩、忍耐是我们亏欠上帝的债，那么它们就是我们每一天、在每个环境中应尽的责任。若我们应当成为智慧圣洁——如同新生的样式，那就必须离弃日常生活中的种种愚妄和虚荣。倘若我们要成为基督里新造的人，那就必须以全新的方式活在世界上，证明我们确是新造的人。如果我们想跟随基督，那就必须在每天的生活中随时随地效法基督。

基督教的一切美德和圣洁性情都是如此。除非它们贯穿于基督徒的日常生活，否则就与基督徒毫无关系。因此，基督教绝非外人所以为

---

① 舍己是基督徒蒙恩得救之后的必然结果和表现，因此可说是得救的条件。但人的舍己行为和任何善行都不是得救之根本原因。人得救的根本原因乃上帝的预定、拣选、基督的救赎之工，以及圣灵的特殊运行。——译者注

的，放任基督徒按照世人的方式生活，效法众人的愚妄，迎合世俗精神所喜好的种种邪情私欲。不，基督教绝不允许人在这些事情上放任自流。恰恰相反，基督徒必须把一切美德全都贯彻在日常生活中才能得救，基督徒平时的一切行为必须超越世人，并且反对世俗，基督徒的美德才是至于得救的美德。倘若我们平时的生活不能彰显谦卑、舍己、轻看世界、灵里贫穷和属天情感，那我们就没有过基督徒的生活。

尽管道理如此清楚明了——一切美德必须付诸实践，并且要始终如一、表里一致、有目共睹才是真基督教，但同样清楚的事实是：这样的基督徒实在凤毛麟角，甚至无处可寻，哪怕在好人里也找不到几个。您常在教会见到这些好人，他们也喜欢听牧师讲道，但您观察他们平时的生活，就会发现他们与不屑于祷告灵修的人没有区别。您所看到的区别只是秉性不同。他们和世人一样，有同样属世的品味、同样庸俗的喜好、恐惧和快乐，有同样的心思，同样爱慕虚荣。您看见他们同样好面子摆排场，同样夸耀虚荣的服饰，同样自爱放纵，交同样愚昧的朋友，同样无端嫉恨别人，同样轻浮，同样低俗，同样游手好闲，同样浪费时间游玩闲谈。在这一切事情上，他们和那些不屑于祷告灵修的世人毫无二致。

我不是将表面的好人与公然宣称自己是流氓的人相比，而是在懂得节制的人内部作对比。让我们举两位庄重的妇女为例：一位很重视灵修，负责任地按时祷告，而另一位则不热衷灵修，仅仅偶尔参加教会礼拜。当然很容易看出两人之间的区别，但除了表面的区别以外，您还能发现她们有什么更大的不同吗？她们平时的生活有什么本质区别吗？她们的性情、行为习惯、生活方式难道不一样吗？她们难道好像活在不同的世界、有不同的思想观念、所有行为都有不同的准则和尺度吗？她们的善恶价值观难道不是完全一样吗？她们难道不是喜欢和讨厌同样的事情吗？她们表现好恶的方式不是完全一样吗？她们难道不是走在完全一样的人生道路上吗？难道一位属于世界、只顾念暂时存留之事，而另一位属于来世、只顾念永恒之事？难道一位享受生活、以炫耀外表和梳妆打扮为乐，而另一位舍己、治死老我、离弃一切虚荣之事，既不在乎人言衣装、也不爱香车宝马？难道一位追求消遣，把时间浪费在无聊的会面和腐败的闲谈上，而另一位殷勤操习敬虔、善用时间、在祷告守望并一切有益善行中度日，好在最后的日子向主交账？难道一位挥霍金钱，喜欢用昂贵的衣裳首饰装扮自己，而另一位把财富视为上帝的恩赐，并以敬虔的态度善待，以免浪费于虚空无用的饰物上，因为戴上这些饰物与将它们埋在地里毫无二致？您在哪里能找到基督徒与不敬虔之人存在这种区别？如果她们没有这种区别，那我们怎能说一个是好基督徒而另一个不是？

再举男人为例。利奥①为人随和，善于结交，有许多所谓的好朋友。他不喜欢虚假低俗之事，对朋友慷慨大方，但他对宗教没有兴趣，甚至不晓得犹太人和基督徒有什么区别。

优西比乌②则很早就接受宗教，有时购买灵修书籍。他能谈论教会的所有节庆，也知道一些伟大圣徒的名字。你从未听见他说粗话，开轻浮的玩笑。他谈论宗教的时候，显得这是他最关心的事。

您看这两位，一位是基督徒，在世人看来堪称虔诚；而另一位毫无宗教表现，可算是异教徒。但如果您观察他们的日常生活，倘若您细查他们如何看待平时生活的重要事务或研究他们如何看待基督教要义，您根本看不出他们有丝毫差异。

我们应当思考他们如何对待世界，因为这才是有目共睹的事实。

要知道，正确认识世界和正确对待世界与正确认识上帝一样，都是敬虔要务。如果人能醉心于世界却是好基督徒，那他就能敬拜鳄鱼却是圣人。

从这个角度来思想利奥和优西比乌，就会发现他们完全是同样性情

---

① 利奥（Leo），"狮子"之意，或暗示此人为世俗社会之宠儿。
② 优西比乌（Eusebius），"虔诚"之意，与早期教会著名历史学家同名，但此处与之无关。

的人，用同样的方式，为同样的目的，追求、利用和享受同样来自这个世界的一切。您会发现财富、地位、享受、放纵、排场、身份都是优西比乌的幸福所在，也是利奥的幸福所在。然而，如果基督教没有改变一个人对这些事情的想法和性情，那怎能说基督教改变了他？因为，如果基督教的教义付诸实践，就会使人发生彻底转变。他会在所有世俗的事情、感官的享受、今生的骄傲上显得与常人迥然不同，正如属灵之人 ①与属血气之人 ②有天壤之别。这样一来，我们就能根据人的外在表现认出真基督徒。可惜，我们现在很难找到这样严格按照敬虔原则生活的人。因为基督徒现在最糟糕的名声，不是他们偶尔因人性软弱 ③而跌倒（那倒情有可原），而是他们像异教徒一样对待日常生活的一切重要事情。他们和那些不认识上帝也不晓得来世喜乐的人一样贪恋世界，每天都以同样的性情、为同样的目的、用同样放纵的方式生活。任何能反思的人都必看出这就是现今号称信主之人的状况，男女皆然。您或许能看见他们与世人有所不同，但那仅限于祷告的时间和场合，他们日常生活所有方面都与世俗无异：一个异教徒的人生以基督徒的祷告为点缀。我说这话乃出于我们伟大救主至高的权柄，他说："不要忧虑说：'吃什么？喝什么？穿什么？这都是外邦人所求的。'"（太 6：31，32）既然连生活必须的吃喝受到世俗影响都说明我们没有基督徒的心灵，反倒像外邦的异教徒，那么，和异教徒一样爱慕虚荣和热衷世俗愚妄，在生活中显出与世俗无异的性情，和异教徒一样自私自爱、放纵私欲、贪图享乐，以虚浮的外表为荣、自高自大或以其他俗不可耐的方式炫耀财富，这些岂不更是异教徒的标志吗？因此，如此生活并附以祷告为点缀之人，只能说祷告像基督徒，但生活是异教徒。

---

① 属灵之人，指有圣灵内住、受圣灵特殊感动、认识耶稣基督是上帝、有属神性情的人。——译者注
② 属血气之人，指按人堕落之后的本性而行、无属神的性情、不明白属灵的事、自私愚昧之人。——译者注
③ 人性的软弱，指人受造不及上帝完美属性之处，或因无知而犯罪可称为人性的软弱。不思悔改、明知故犯之罪则不得以人性软弱为借口。——译者注

第二章

探究为何绝大多数基督徒
如此缺乏基督教的圣洁和敬虔

现在我们自然就会提出一个问题：为什么连好人的生活也如此令人奇怪地违背基督教原则呢？

但在直接回答这个问题之前，我想首先探讨另一个问题：为何爆粗口（swearing）这一恶行在基督徒当中如此普遍？确实，这种恶行在妇女中不如在男人中那么普遍。但在男人中，这个罪极其普遍，三分之二以上的男人一生中都犯过此罪，只是有些人习以为常，有些人则偶尔为之。

那么我问，何以三分之二的男人都如此粗鄙无礼和亵渎上帝？我们不能用无知或软弱为此辩护，因为这种行为直接触犯了上帝明确的诫命和我们伟大救主最明白无误的教义。

只要您找出多数男人长期纵容这种恶习的原因，您就会知道为什么许多人（甚至好人）的生活如此违背基督教原则。

无礼之辞如此普遍的原因在于：男人不愿意凡事都讨上帝喜悦。因为，如果一个男人足够敬虔，平时愿意凡事都讨上帝喜悦，并以此为世上最幸福、最美好之事，那他就再也不会讲脏话了。要是他感觉自己心里有这种意愿，就根本不可能说脏话，正如一个愿意讨国王欢心的仆人，不可能走上前来当面辱骂国王。

显然，具有这种真诚意愿仅是基督徒敬虔生活不可或缺的一小部分。如果一个人连这点起码的敬虔都不具备，就没有理由认为自己是基督的门徒。然而，正是因为连这点起码的敬虔都没有，所以您看见人们的生活夹杂各种罪恶和愚妄，连好人也是如此。正是因为缺乏这种意愿，所以您看见男人嘴上宣告自己信仰基督教，生活中却脏话连篇、放纵情欲；正因为缺乏这种意愿，所以您看见神职人员沉溺于骄傲、贪婪和世俗的享乐；正是因为缺乏这种意愿，所以您看见妇女嘴上宣告敬虔，心里装的却是愚妄和虚荣，只知道梳妆打扮，整天游手好闲，追求享乐，把财富尽数浪费于各种奢侈的排场。因为妇女只要内心充满这种敬虔意愿，她就会发现自己根本不可能浓妆艳抹，正如敬虔的男人不可能诅咒、辱骂别人；妇女只要内心有这种敬虔意愿，她就再也不想在舞会中炫耀自己，或在穿着华丽的众人当中袒胸露乳、抛头露面，正如不愿用粗俗的舞蹈取悦男人，因为她知道二者都没有智慧美德，都是缺乏基督徒灵性的表现。

正是这种普遍的意愿使早期基督徒成为圣徒的榜样，并造就了真信徒的神圣团契以及由历世历代殉道者和认信基督徒 ①组成的荣耀大军。若您掩卷反思自己为何不如早期基督徒虔诚，那么您自己的良心会告诉您，原因既非无知亦非无能，而纯粹是因为您从未真正愿意成为他们那样的人。您和早期基督徒一样参加主日崇拜，并且和他们一样严格遵守公共崇拜的规矩，那是因为您有这个意愿。只要您愿意平时和他们一样敬虔，只要您愿意凡事讨上帝喜悦，您就会发现这不难做到，正如您现在可以恪守教会礼拜。当您愿意凡事讨上帝喜悦，并以此为世上最幸福、最美好之事的时候，您就会发现自己极其厌恶生活中一切空虚庸俗的事，不论是工作还是消遣，正如您现在本能地厌弃一切公然亵渎上帝的事。您会害怕过愚蠢的生活，不论是愚昧地浪费时间还是无谓地浪费金钱，正如您现在担心错过公共崇拜一样。

那么，缺乏这种普遍诚挚意愿之人怎能称为基督徒？然而，如果基督徒有这种意愿，全世界的面貌都会焕然一新：真正的敬虔和高超的圣洁将无处不见，就好像贸易活动或其他日常事务一样普遍。

---

① 认信基督徒（confessors），指因承认耶稣基督而遭到逼迫，但未得殉道荣耀的基督徒。——译者注

　　只要神职人员能如此敬虔，言谈举止会显得好像他是使徒带大的。他再也不会惦记和谈论升迁的事情，正如他不在乎山珍海味或漂亮车马。他再也不会抱怨遭遇世人白眼、薪水太少或缺乏资助，正如他不抱怨自己没有镶边的外套或昂贵的马匹。只要他愿意凡事讨上帝喜悦，并以此为世上最幸福、最美好之事，他就会知道，对神职人员而言，没有什么比一颗渴望拯救灵魂的赤子之心更加令人敬仰，也没有什么比碌碌无为和平庸俗气更加令人鄙视。

　　只要生意人有这样的意愿，这会使他变成店铺中的圣人。他每日的操劳将充满智慧和理性，因他的所作所为无不顺服上帝旨意，讨上帝喜悦，成为圣洁，献给上帝。他要买卖、劳作、远行，因为这样能使自己和别人受益。但既然唯独智慧、理性、圣洁之事才能讨上帝喜悦，因而他务必让自己操劳的方式和目的闪耀智慧、理性和圣洁的光辉。所以，他不会考虑什么手艺、方法、技术能最迅速地发家致富，让自己超过弟兄，或在最短时间内使他脱离手工作坊，提升至高贵的地位，足以享受人生；不，他会考虑什么手艺、方法、技术才能使世俗的工作蒙上帝悦纳，如何才能使经商生活成为圣洁、奉献和敬虔的人生。只要人愿意凡事讨上帝喜悦，并以此为世上最幸福、最美好之事，那么这种精神将成为每位生意人的性情，他不可能缺乏敬虔。另一方面，凡在经商和世俗工作中缺乏这种精神和性情，并且工作目的不是为了追求智慧、圣洁和属天生活的人，他必定没有这种"凡事讨上帝喜悦"的意愿。而没有这样的意愿，谁能显出自己是耶稣基督的门徒呢？

　　再如，出身高贵的绅士只要有这样的意愿，您会看见他离弃种种恶行，转而操练各种敬虔和良善之事。他不会生活散漫，或随从庸俗肤浅的喜好，因为他知道唯有智慧规矩的人生才能讨上帝喜悦。他不再懒惰放纵、打猎赌博、奢侈享乐、铺张浪费，因为这些事情不合乎敬虔和圣洁之道，与智慧虔诚的人生格格不入。他一面脱离这些恶行，一面渴慕和追求种种良善之事。他不再问什么事情是可以得到允许和宽恕的，而是问什么事情可以得着称赞、荣耀、尊贵。他不再问上帝会不会原谅我们生活中的种种愚妄行为、疯狂享乐、虚荣浪费、大摆排场和漫不经心地浪费生命。不，他问上帝喜悦什么事情，什么才是蒙恩正道。他不再问寡妇孤儿、生病的和坐监的人急需救济时，我们囤积钱财、穿戴钻石，以及给马车镶金边是否能得到宽恕。不，他问上帝给了我们哪些行善之责，我们是否会因遗弃弱者而在末日审判时无法交差。他不妄自揣测上帝是否宽恕恶人，他要殷勤行善，因为他知道上帝必定奖赏义人。

因此，他不以其他基督徒的生活为榜样，从中思想自己应该如何花钱，而是在圣经里寻找自己的榜样，用每条与富人有关的教义、比喻、告诫和指示来约束自己，善用财富。

他对华服贵饰毫无兴趣，因为福音书中的财主①穿着紫色袍和细麻布衣服，却在地狱中饱受煎熬。尽管敬虔之人有钱享受奢侈，但他舍弃宴乐，因为我们伟大的救主说："你们富足的人有祸了，因为你们受过你们的安慰。"（路6：24）论到行善，他只有一个准则：把所有财富都用来帮贫济困，因为审判活人死人的主说：凡如此给人的，必照样给他。

他不为有钱有势的人大摆筵席，用美食醇酒取悦他们，因为我们伟大的救主说："你摆设午饭或晚饭，不要请你的朋友、弟兄、亲属和富足的邻舍，恐怕他们也请你，你就得了报答。你摆设筵席，倒要请那贫穷的、残废的、瘸腿的、瞎眼的，你就有福了！因为他们没有什么可报答你。到义人复活的时候，你要得着报答。"（路14：12，13，14）

他不把钱浪费于雕梁画栋和精美家具，也不追求昂贵排场和各种享乐，因为圣灵感动使徒说："凡世界上的事，就像肉体的情欲，眼目的情欲，并今生的骄傲，都不是从父来的，乃是从世界来的。"（约一2：16）

万不可以为这种仁爱不过是天真的幻想，想法虽美却不能付诸实

---

① 福音书中的财主不信上帝，不遵行律法，不听从先知的命令，在世的时候只顾自己享受，不怜悯穷苦人，因而下地狱受苦，并为此后悔不已。——译者注

施。不，这种生活方式绝非不切实际的幻想，因为从前许许多多基督徒都甘心乐意地捐献全部财富用于慈善。如今也是，只要任何基督徒愿意凡事讨上帝喜悦，并以此为世上最幸福、最美好之事，不论男女老幼、单身已婚，只要他们有这样的意愿，必定能够如此行。这一原则必将带他们登上仁爱之巅峰，并且他们会发现自己不能不那样去做。

因为如果一个人决心在财富上讨上帝喜悦，并且他这样做是因为断定此乃人生至幸，那么有如此心志的人怎能在慈善工作和高尚事业急需资助时挥霍金钱购买奢侈品，为自己添购不必要的精美装饰，并且为车马镀金镶银呢？

正如一个人若真心用言语讨上帝喜悦，就不可能在众人面前故意无礼和撒谎；同理，诚愿在财富上讨上帝喜悦的人，也不可能毫无理智地故意浪费钱财。

我用"意愿"来解释基督徒的生活为何缺乏敬虔，因为这使整个问题变得十分清楚，任何有头脑的人只要审视自己内心都能看得非常清楚，并感同身受。正如仆人最清楚自己是否忠于主人，每个人都能轻而易举地了解自己是否愿意凡事都讨上帝喜悦。同样，每个人最明白自己如何处置金钱，花钱是否首先考虑讨上帝喜悦，正如他最清楚自己的财富是什么——是金钱还是土地。所以在这个问题上，人不能以无知软弱为自己开脱，因为每个人对此都有充足的认识和能力。任何真想在财富上讨上帝喜悦的人绝不可能有心无力，除非他根本不是基督徒。

假设您看见两个人：一人遵守公共崇拜和私祷的规矩，另一人则不遵守。两者有别的原因不在于一人能按时祷告另一人不能，而在于一人愿意通过祷告来讨上帝喜悦而另一人不愿。祷告如此，使用时间和金钱亦然。您看见一个人在贪食好睡和无所事事中浪费光阴，整日游玩，把钱浪费在最无聊的事情上，另一个人每天谨慎度日，按照理性和宗教的准则来安排时间，把钱用在慈善工作上；两者的区别不是一个能够这样做，但另一个不能，而在于一个人愿意正确利用所有时间和金钱来讨上帝喜悦，另一个人则没有这种意愿。

所以，让我们认真地判断自己。让我们不要因荒唐的生活方式而沾沾自喜，把钱浪费在没有意义的东西上：愚妄的消遣、骄傲的习惯、游手好闲、浪费时间，以为人性的弱点必然导致我们不够完全，以为这一切不过是人性弱点的表现而已。不，我们要知道，平时生活中一切混乱都是因为我们没有基督徒的心灵，是因为我们不愿意凡事讨上帝喜悦，并以此为世上最幸福、最美好之事。因此，我们绝不能以为自己尽管不够完全却与众人无异，以为自己情有可原。不，我们当以为自己缺乏基督教最重要、最起码的原则：愿意凡事讨上帝喜悦。

如果任何人问自己：为何他缺乏节制、不谦卑、不恪守仁爱之道、不珍惜时间？他自己的良心会告诉他：这是因为他从来不愿意严格地履行这些责任。因为只要我们有充足的意愿，就能遵守这些日常生活的准则，正如任何人只要愿意就能按时祷告。

因此，我们的问题不在于：我们虽愿意成为良善，变得完全，却由于生来软弱而达不到。真正问题在于：我们不够敬虔，不愿意竭尽全力行善，不愿意凡事都讨上帝喜悦。一个明显的例证就是，男人本来该去教会礼拜却跑去打猎。不是因为他不能去教会，而是因为他不愿意去教会。

众人的愚妄都是如此。妇女荒废时间、浪费金钱和追逐世俗潮流，原因不是她不能按照智慧和敬虔的方式管理好时间、金钱，而在于她不愿意。当她由衷感到自己有这种意愿时，就会发现守素安常并非难事，因为她乐意如此。

这一教义绝不意味着我们不需要上帝的恩典就能成为圣洁，也不意味着我们成为完全是靠自己的能力。它仅仅意味着，因为我们不愿意凡事讨上帝喜悦，因为我们缺乏这种诚挚意愿，所以我们的生活如此堕落混乱——尽管普通的蒙恩之道足以帮助我们避免这些出格的行为。它意味着我们的生活方式与我们蒙恩的地位如此不相称，原因在于我们不愿意达到完全。这一教义仅教导我们，基督徒日常生活中看不见真正的治死老我和舍己、看不见大仁爱、看不见发自内心的谦卑、看不见崇高的情感、看不见真正的轻看世界、看不见基督徒的温柔、看不见热心行善、看不见大敬虔，这一切的原因在于他们不想彰显美德，不愿荣耀上帝。

第三章

论述基督徒不愿努力实践一切基督教美德，不愿意尽力彰显敬虔，这是何等危险和愚昧

虽然上帝的良善和他在耶稣基督里丰盛的怜悯足以让我们确信，他必以恩慈对待我们的软弱，也就是无知或无意导致的种种失败，但我们没有理由指望上帝饶恕我们在生活中明知故犯、不愿悔改的罪。

例如，一个经常言辞无礼并死于此罪中的人，显然没有资格因此得到上帝的怜悯。他不能以软弱或人性的弱点为自己辩护，正如一个把财产埋在地里的人不能以自己无力在别处存钱而为自己开脱。

既然平时说脏话是不可饶恕的，因为人不能以软弱为借口，那么，我们为什么不能用同样的方式看待生活中其他方面的罪呢？为什么我们不谴责其他同样不能以软弱为借口的错误呢？

只要我们真愿意就本可避免犯错，而我们却屡犯不改——这真是大错特错。以此类推，一切明知故犯的错误生活方式（我们活在这些罪里，并非因软弱无能，乃是因我们从不真想离弃它们）岂不更是罪莫大焉？

例如，或许您在最重要的基督徒美德上原地踏步，或许您追求谦卑仁爱却半途而废，如果您不能履行责任纯粹是因为您不愿意真正履行责任，那您有什么借口为自己辩护呢？您岂不是和经常说脏话的人一样无话可说？

那么，您为什么不摸着良心反思自己？您明明有能力改正却依旧对各种缺点视而不见，为什么您不认为自己的处境和那些有能力遵守文明准则却经常说粗话的人同样危险？这两种人的明知故犯岂不都是犯罪？

说不定您距离基督徒的完全与常常言辞无礼之人距离恪守第三条诫命 ①一样远。这样看来，您岂不遭到福音教义的谴责，正如言辞无礼之人遭到第三条诫命谴责？

您或许会说，众人都达不到福音所要求的那种完全，所以自己虽有种种缺乏，却不以为耻。但这个说法无济于事，因为问题不在于人能否达到福音的完全，而在于您是否达到了只要认真努力就能达到的程度。问题在于：倘若您愿意并努力增进基督徒美德，您是否会比现在更加高尚？您现在的状况是否远远不及您本应达到的程度？

倘若您在基督徒生活中尽力而为，那么或可指望自己不至于背上种种罪名。但是，倘若您不敬虔、不谦卑、不仁义是由于明知故犯，是因为不愿意在这些美德方面长进，那就没有借口为自己辩护，正如不愿离弃粗口罪行之人一样无话可说。

圣经说，灵魂得救并非易事，需要殷勤努力、恐惧战兢才能做成。"这样看来，我亲爱的弟兄，你们既是常顺服的，不但我在你们那里，就是我如今不在你们那里，更是顺服的，就当恐惧战兢，作成你们得救的工夫。"（腓 2：12）

圣经还告诉我们："引到永生，那门是窄的，路是小的，找着的人也少。"（太 7：14）"因为被召的人多，选上的人少。"（太 22：14）并且说许多想得救的人最后仍没有得救："你们要努力进窄门。我告诉你们：将来有许多人想要进去，却是不能。"（路 13：24）

在这里，我们伟大的救主命令我们要努力进窄门，因为很多人想进去却是不能。这清楚地教导我们：信仰需要努力。许多人不能得救，不是因为他们完全没有受苦或毫不在意，而是因为吃苦和在意得不够；他们仅仅是想进去，却没有努力进去。

---

① 第三条诫命是"不可妄称耶和华的名"。在英语中，"说脏话"和"起誓"是同一个词。但在圣经中，"起誓"的含义比"说脏话"更广泛、更深刻。——译者注

因此，每位基督徒都应按这些教义来审查自己的生活，如同遵行上帝诫命一样。因为这些教义明确指出基督徒生活的标志，正如上帝的诫命指明了我们的责任。

如果救恩只给那些努力得救的人，那么我就理当反省自己的生命历程是不是一个努力得救的过程，正如我理当思想自己是否遵守上帝的诫命。

如果我的信仰不过是表面遵守当地教会的敬拜形式，如果我没有为信仰付出代价或忍受痛苦，如果信仰没有给我任何规则或约束，如果我没有仔细思考或认真反思过信仰，那我怎能以为自己在努力进窄门呢？这种想法岂不是自欺欺人？

如果我追求一切取悦我感官、迎合我口味之事，浪费时间钱财于各种玩耍、消遣和世俗享乐，却不懂什么是守望、禁食、祷告、治死老我，那我怎叫恐惧战兢做成得救的工夫呢？

如果我的生活与言行当中没有任何东西表明我与犹太人和异教徒有什么分别，如果我对待世事和世俗享乐的态度与从古到今多数人一样，我怎能以为自己是走在天国窄路上的极少数呢？

既然路是窄的，只有努力的人才找得到，难道我无须思想自己的路是否够窄，工作是否够努力，正如必须思想自己是否守住了第二条或第三条诫命？①

总之，上面的论述以及许多经文都清楚表明：我们得救与否取决于②我们努力得救的诚意和完全的努力行动。

尽管人们有种种弱点和缺陷，但如果他们尽了最大努力讨上帝喜悦，那么他们就会蒙上帝悦纳。

一生竭尽所能，殷勤操练仁爱、敬虔、谦卑的人，上帝就用这些美

---

① 第二条诫命是不可拜偶像，第三条诫命是不可妄称耶和华的名。——译者注
② 原文为 depends upon，从上下文看，作者没有否认因信称义，而是强调基督徒在成圣方面的意愿和努力。

德作为奖赏报答他们。

我们不能像天使一样服侍上帝，也不能像身处完全状态之人①一样顺服上帝，但堕落后的人能尽其全力而为，而这正是上帝所要求的完全。我们要竭尽全力殷勤操练，尽可能地成为完全。

但是，倘若我们止步不前，就是止步于上帝的怜悯，并且不能用福音为自己辩护，因为在福音里，上帝没有应许他会怜悯懒惰粗心的人。我们要尽诸般的义，上帝才会怜悯我们的软弱和缺乏。

上帝给天使的律法就是要求天使必须遵行天使之义，给完全之生命②的律法是必须完全，而给不完全之人的律法也是必须达到软弱人性所能够达到的最高顺服程度。

显然，我们如何爱上帝，就当如何爱各种美德。我们要尽心、尽性、尽意、尽力爱它们，实践它们。倘若我们不再按照这些美德来生活，那我们就还没有达到软弱人性的必要顺服程度。因此，我们在上帝面前无法用人性的软弱作为借口，因为我们明明知道却不行道。

正因为如此，圣经劝勉我们要恐惧战兢，做成得救的工夫。因为除非我们一心扑在得救的工夫上，除非圣洁的敬畏感驱使我们尽心竭力并使良心极其敏感地认识自己的责任，不断反省自己的生活方式，审查自己能否死而无愧，否则我们很可能越来越堕落，渐渐变成知道而不行道的人，一生碌碌无为，永不得天上的奖赏。

倘若基督徒知道公义的上帝仅按他的公义尺度来施恩，并知道自己的工作要用火试验，那他就会觉得恐惧战兢才是距离大审判咫尺之遥的正确性情。

并且事实确实如此：除非人常常心怀敬畏唯恐失职，否则无人可履行上帝所期望的种种责任，无人可达至上帝之圣洁公义所要求的敬虔

---

① "身处完全状态之人"，指肉体死亡之后，灵魂脱离肉体，完全成圣，在天上与上帝同在的基督徒。——中译者注

② "完全之生命"（Perfect being），就是像上帝那样完全的生命。——译者注

地步。

　　然而，这并非要人因服侍上帝而感到焦虑和不快，而是使他们心中充满正当的敬畏之情，害怕自己懒惰闲散，担心自己缺乏美德，免得到了审判那日悔之晚矣。这是为了让他们发奋反省自己的生活，激发热心、爱心和关切之情，渴慕基督徒的完全，正如热情追求一切美好事物。这只是为了让他们如保罗一般看待自己的地位，谦卑自己，竭力追求大敬虔，唯恐失去圣洁喜乐，正如保罗对腓立比信徒说："这不是说我已经得着了，已经完全了，我乃是竭力追求，或者可以得着基督耶稣所以得着我的。弟兄们，我不是以为自己已经得着了，我只有一件事，就是忘记背后，努力面前的，向着标竿直跑，要得上帝在基督耶稣里从上面召我来得的奖赏。"又说："所以我们中间凡是完全人，总要存这样的心；若在什么事上存别样的心，上帝也必以此指示你们。"（腓 3：12 — 15）

　　然而，既然使徒保罗这样完全的人尚且认为自己需要"这样的心"，竭力追求尚未得着的圣洁，那我们这些生于恶贯满盈之世界的残缺不全的人，岂不更要有这种心志，并且竭尽全力追求我们远未达到的圣洁吗？

　　要知道自己应该多么渴慕圣洁，最好的办法不是思考当如何努力才能使自己当前生活舒适顺利，而是问自己当如何努力才能使自己临死之时满有平安。

　　任何敢于认真思考这个问题的人必定承认：每个人临死的时候，必定希望自己已经尽了最大努力达到人所能达成的最完全地步。

　　难道这还不足以让我们渴慕完全且努力达至完全吗？难道我们宁可临死时因自己没有达至完全而面对恐惧、遗憾和痛苦？我们明知现在的敬虔地步根本不足以使自己临死时有平安，我们却不思进取，这不是极其愚妄吗？我们既然知道临死时必定缺乏圣徒的诸多美德，并后悔自己没有早些服侍上帝，然而活着的时候却不采取任何行动追求圣徒的大敬虔，还有什么比这更能定我们的罪呢？

尽管此事现在看似不足为虑，尽管健康的身体、心里的欲念、世俗的喧闹熙攘和享乐忙碌让我们有眼不能见、有耳不能听，但到临死的时候，这个事实将可怕地耸立在我们面前挥之不去，如鬼魅尾随我们，而良心将迫使我们定睛注视它，不能转离片刻。

我们看到，在世俗的事情上，当一个人纯粹因自己的愚妄给自己带来灾难或羞辱时，自责是多么可怕的煎熬，人多么难以原谅自己。他会倍感痛苦，因为一切只能归咎自己，是自己的行为违背理性，一意孤行而不听劝告。

由此，我们多少可以猜想：一个人弥留之际，当良心强烈谴责他，严厉控告他种种愚妄和疯狂行为如何违背理智，违背基督教义和训诫，违背上帝和众人的一切教导、呼吁和警告时，他自责的痛苦将多么可怕。

培尼腾斯①是一位忙碌的商人，事业有成，却在三十五岁早早离世。

他临死前，当医生放弃治疗后，朋友们来看他。他对他们说了这样一番话：

"朋友们，我明白你们关心我，因我看到你们脸上的哀伤。我知道你们在想什么。你们想，我这么年轻、这么成功，却死到临头，多令人难过。要是我处在你们的位置上，或许也有同样的想法。

"可是，朋友们，我的处境与你们不同，我的想法也不同。

"我不会因想到自己如此年轻和未积攒殷实财富就要离开世界而感到困扰。

"因为这些事情太渺小了，我都想不出什么描述渺小的词来形容它们。再过不多时，我就要离开这具快要入土的躯壳，我即将发现自己要么永远住在上帝的爱里享受幸福，要么永远远离光明平安——与之相比，有什么词语足以形容世事之渺小呢？

———————————

① 培尼腾斯 (Penitens)，"痛悔"之意。

"有什么人生梦想如黄粱美梦一般占据心灵，叫人漠视和忽略这些大事？有什么愚妄如世人之愚妄一般——忙于算计，使我们无暇思索这些道理？

"若我们认为死亡乃可悲之事，那么我们仅仅看见自己从此与此生诸多乐趣可悲地分离。我们很少哀悼老人死于富足，但我们哭泣少年人半路夭折。你们以怜悯的眼神看我，不是因为我两手空空去面见审判活人死人的主，而是因为我在生命的丰收季节离开兴隆的生意。

"这就是人的智慧。可是，有什么愚顽之子的大愚妄能与此相比呢？

"因为，死亡之可悲或可怕之处，不就在于死亡的后果吗？当一个人死了以后，对他来说，有什么事情比他死后所处的状态更加重要呢？

"我们可怜的朋友雷比达去世的时候，你们知道，他正在穿衣服准备赴宴。难道你们以为他会因自己没有等到宴会结束才死而烦恼吗？当我们满脑子想的都是宴席、生意、享乐时，这些东西好像很重要。但与死亡相比，这些东西岂不是渺小无比吗？与身体分离的灵魂 ①不会为生意损失而难过，更不会因错过宴会而忧伤。

"如果我即将进入上帝的喜乐，难道应该为这事发生在我四十岁之前而感到痛苦？难道我应该为上天堂之前没有多做几桩买卖和多站一会儿柜台而感到遗憾？

"而如果我即将成为失丧的灵魂，难道应该为这事没有发生在年纪老迈、富可敌国之时而感到庆幸？

"如果好天使来接我的灵魂回天家，我难道会因为死在陋室破床上而感到悲伤？

"而如果上帝任凭邪灵把我拖向地狱受刑，我难道会因为自己曾睡过龙床而感到欣慰？

---

① 与身体分离的灵魂，即人死后，身体死亡，但灵魂不死。灵魂离开身体，或升入天堂，或堕入地狱。——译者注

"当你们像我这样距离死亡如此之近时，你们会知道财富地位都不足挂齿，年轻或老迈、富裕或贫穷、高贵或卑贱、死在破屋里和死在宫殿里，并没有什么区别。

"死后事情之大，使得死前一切事情都相形见绌，甚至归于无有。

"现在，审判就在我眼前，永恒的喜乐或痛苦离我这么近。相形之下，生活的一切享乐和财富都显得空虚而无关紧要。这些东西与我的悲喜毫无关系，正如我毫不在乎嗷嗷待哺时穿的是什么衣服。

"但是，我的朋友们，我不明白为什么我从前竟然想不到这些？现在我看到生命何等虚空，敬虔多么重要，可为什么我死到临头才明白？

"一点儿小病、一间商铺的小生意怎会让我们对这些转瞬之间就迫在眉睫的大事熟视无睹？

"你们进房间时，我正在想世界上有多少灵魂此时与我一样，在如下的状况中意外地收到另一个世界的召唤：有的在自己的商店和农场里工作，有的在游玩；这人在法庭上打官司，那人在赌桌上；一些在路上，一些在炉旁。他们当时都毫无准备，死到临头时才感到恐惧，不明白为什么自己的工作、设想和计划竟然归于虚无，惊诧于人生种种愚妄，不知道何处能找到一丝安慰。看得出他们正因良心的指责而遭受煎熬，良心让他们回忆起所有罪恶，让他们因深深地认识到自己的愚妄而感到万分痛苦，让他们清楚地看见那位愤怒的法官、不死的虫、不灭的火、地狱之门、黑暗权势和永死之苦。

"啊，亲爱的朋友们！感谢上帝你们不是其中的一员，感谢上帝你们还有时间和力气从事敬虔工作，好给你带来临终的平安。

"请你们记住这句忠告：只有两种人能免于临死之恐怖，一种是活出大敬虔的人，一种是死于大愚昧之人。

"假如我拥有万个世界，我愿意换作多活一年，好让我在上帝面前交账的时候可以拿出一年的敬虔和善行，因为我以前从未有过这样的想法。

"或许你们会想，我一辈子既没有丑闻也没有犯淫乱的罪，常常参加教会团契，为什么临死却满心悔恨和自责。

"但是，唉！我确实没有杀人、偷盗、奸淫，除此以外我还有什么可说的呢？我的人生实在乏善可陈！

"你们知道没有谁说我是恶棍，但你们看见并常常和我一起玩乐、随意而行。我如今要接受审判，而唯有善行才能得赏赐。尽管我不是恶棍，却也没有基督徒的美德为自己辩护。

"确实，我一直参加教会团契，周日常常礼拜，我既不游手好闲，也不因生意和享乐而忙乱。但是，我遵守公共崇拜只不过是随从大流，并非出于真诚的意愿。否则，我会更频繁地参加教会活动，在教会时更加敬虔，更加害怕错过了礼拜的时辰。

"但是，我现在感到最意外的是，我为什么以前没有这种起码的意愿？为什么以前从不渴望活出福音的敬虔？为什么这一点从来没有深入我的思想或情感？我这辈子从来没有想过自己的生活是否符合宗教律法的指示，这样的生活方式能否在现在这种时刻让我得到上帝的怜悯。

"如果我平时既不严肃看待也不严格遵守得救的条件，那我此时怎能妄想自己已经守住了这些条件呢？如果我在生活中根本没有想过上帝对我有什么要求，也没有想过自己表现究竟如何，那我怎能妄想自己已经按照他的要求，用敬虔的生活讨了他的喜悦呢？如果我从来没有像平时讨价还价一样仔细思考得救的事情，而救恩竟然落在我粗心大意的手中，那得救岂不是太容易了？

"在生意场上，我总是谨慎小心，喜欢思考。我凡事都遵循正确的准则和方法。我喜欢与经验丰富、判断正确的人交谈，好找出生意成败的原因。我做生意每一步都细心计算，考虑可能的利益和风险。我总是专注于经商的主要目的，想尽各种办法取得事业成功。

"可是，为什么我没有把这些想法用于宗教？为什么我在世俗工作中常常谈论各项准则和方法，工作勤勤恳恳，却从来没有想过用哪些准则方法经营管理敬虔的人生？

"你们能想象有什么别的东西让垂死之人感到如此震惊而迷惑吗？当一个人的良知用这一切愚妄行为控告他时，当良心让他看到自己在如梦幻一般的小事上严谨、准确、明智，却在无人能够测透的永恒大事上愚昧、麻木，不懂得思考，不遵守规则——你们想他会多痛苦？

"若我此时仅仅为人性的软弱残缺而感到遗憾，那我就应该安然躺卧于此，谦卑地相信上帝必怜悯我。可是，唉！我怎能将'完全漠视和彻底忽略宗教，不愿意追求敬虔'说成'人性的软弱和天生不完全'呢？我本有能力按照福音来认真殷勤地过敬虔生活，正如我努力经商一样。

"只要我有这种意愿，我本可以利用各种资源、遵守种种准则、学习正确方法、活出圣洁的人生，正如我努力使商店生意兴隆一样。

"哦，朋友们！漠不关心宗教职责的人生是毫无借口的，它不值得上帝怜悯，它让我们的心智与理性蒙羞。我想，对人最严厉的惩罚莫过于让他落到我这样的地步，迫使他反思自己。"

培尼腾斯还想继续说什么，可他抽搐着说不出话来。他躺在床上抽搐了十二个小时，就断了气。

现在，如果读者能想象这位培尼腾斯先生是自己的亲友，想象自己真实地看见并听见上面这一切，想象自己站在床边目睹可怜的朋友忍受这种痛苦，并哀叹人生之愚妄，那么这或许将给他前所未有的智慧。如果他因此想到自己原本也可能像培尼腾斯一样死到临头才幡然悔悟，认识自己知而不行之罪，并成为众人眼中的坏榜样，那么这种双重的思考——既思考朋友的痛苦、又思考上帝的良善，因为上帝保守自己免于如此悲惨——将很可能软化他的心，给他圣洁的性情，让他余下的人生改走敬虔正道。

所以，如此思考大有裨益。我不再赘述，待读者自行反思。

第四章

我们只有甘心情愿地把自己的地位和职业全然献给上帝，并尊崇、荣耀他，才能在实际生活中讨上帝喜悦

第一章总体论述了敬虔的本质，并说明敬虔并非任何形式的祷告，而是一种特定形式的生活方式。真敬虔是把一生献给上帝、服侍上帝，不限于某时某地，而要随时随地全然奉献。我现在谈一些具体问题，说明应当如何把工作和职业、时间和财富全然奉献给上帝。

虔诚的基督徒当以为处处皆圣地，因上帝无处不在，同样，他当看人生凡事都是圣洁要务，因全部人生都要献上为祭。

牧师是圣洁的职业，因为要管理圣事并服侍祭坛。但世俗的工作也当向着上帝成为圣洁。我们要以工作服侍上帝，凡事遵行上帝的旨意。

因为众人和万物都属于上帝，正如用于圣工的地方、物品和人都被分别为圣，因此，万物都当用来荣耀上帝，众人也都当在各自的位分和职业中向着上帝的荣耀而行。

因而，从事世俗工作之人绝不可以为自己可随己意而活，浪费生命于血气和私欲中。他们须知全世界和一切世俗职业其实都属于上帝，正如献身于祭坛的圣职人员和贵重器皿一样。所以，神职人员当全然向上帝而活，从事世俗职业之人亦然。

因全世界都是上帝的，故全世界都当为上帝而运作。因众人都是上帝所造，都从上帝领受一切能力，故众人都理当竭尽全力为上帝而工作。

万物都是上帝的，故万物都当被用作和视作上帝的圣物。"人糟蹋地上事物并向自己而活"与"天使糟蹋天上事物"一样是悖逆上帝，因为上帝是地上一切的主，也是天上万有的主。

事物之用途虽有不同且必有不同，但万物都当按上帝的旨意加以善用。

人的职业虽有不同且必有不同，但都当为同一目的效力：做上帝忠实的仆人，在各自的呼召中正直虔诚地工作。

神职人员要全然向上帝而活，就是履行圣职、殷勤祷告、施行圣礼、热心分发灵粮。

但从事其他职业的人也要履行神圣职责，做上帝的仆人，在各自的呼召中全然向上帝而活。神职人员与众人所领受的呼召并无根本差异。

假如上帝允许任何人在世俗工作中虚荣、贪婪、纵欲、庸俗、骄傲，那么神职人员亦可在圣职中放纵性情。因为尽管这些性情在神职人员中甚是可憎、恶莫大焉，因其不仅受洗时宣誓离弃罪恶，还二次起誓将自己完全奉献给上帝，做上帝的仆人，不再委身于俗人俗事，而是委身于属灵的服侍，管理神圣的事务并由此有别于凡俗生活，正如教会或圣餐桌有别于普通用途之房屋和桌子。但是，正如一切基督徒都借着洗礼而委身上帝并成为圣洁的认信者，众人也全都在各自的呼召中成为圣洁崇高之人，平时凡事按基督教正道而行，好让生命蒙上帝悦纳，成为圣洁的服侍。因万事万物，不论是属灵的或属世的、神圣的或普通的、凡人或天使、高天或大地，无不同感圣荣同沐圣恩，无不述说上帝奇妙的作为。

因只有一位上帝，就是众人的父；他的光辉遍布全地，凡有气息的都从他得了光明生命；他的临在充满全地，他的全能保守万有，他的护佑掌管一切；凡有气息的，不论是天上的还是地上的，是做王的还是掌权的，是凡人还是天使，都必按同一灵向他们的父而活，赞美独一真神的荣耀。天使当履行天使之崇高职责、男人做男人、女人做女人、主教做主教、祭司做祭司、执事做执事，这人管理属灵的事、那人管理属世的事，众人都当敬虔度日，将理智人生、智慧行为、清洁内心和崇高情操当作活祭献给上帝。

这是世上众人的共同事务。妇女不可追求时髦、愚妄，不可无所事事地浪费时间，男人亦不可沉溺于世俗的喜好；富人不可骄纵生活，不可满足自己私欲，穷人亦不可因贫困而焦虑愁烦；男人女人、富人穷人都必须和主教祭司一样活在上帝面前，有同样智慧圣洁的性情，同样弃绝一切虚空性情，同样严格地管理自己的心灵。不仅因为他们有同样理智的天性，是同一位上帝的仆人，而且因为他们想成为一样的圣洁，配得一样的喜乐，因他们原是为此蒙召。因此，所有基督徒，不论男女，都必须以为自己是献给上帝的圣人，用敬虔的准则来约束自己平时的生活，使之成为持续一生的服侍。

要让工作和职业成为可悦纳的服侍，我们就必须以敬虔的精神和性情来工作，正如我们奉献金钱或从事圣工一样。因为，如果我们"或吃或喝，无论作什么，都要为荣耀上帝而行"（林前 10：31），如果"用世物的，要像不用世物的"（林前 7：31），如果我们要"将身体献上，当作活祭，是圣洁的，是上帝所喜悦的"（罗 12：1），如果我们"行事为人，是凭着信心，不是凭着眼见"且"我们是天上的国民"（林后 5：7；腓 3：20），那么所有人，无论地位如何，都要在日常生活中以这种敬虔性情来荣耀上帝，正如我们敬虔地祷告和赞美，讨上帝喜悦。因为如果我们以世俗的态度，带着虚荣心和贪心做事，如果工作目的不过是为了满足私欲，那么我们就不叫"向上帝的荣耀而活"，正如贪吃的人和酒鬼或吃或喝绝非"为荣耀上帝而行"。

既然上帝的荣耀一以贯之，永不改变，那么我们荣耀上帝的一切行为也必须符合这种坚定不移的精神。这种心态和性情使我们的奉献和祷告蒙上帝悦纳，也使我们的工作和职业成为可悦纳的供物。如果一个人工作是为了发财，追求事业是为了得到更高的地位和世俗的荣耀，那他就不是在工作中服侍上帝，反倒服侍了别神，并且他已经从人得了赏赐，因为他奉献不过是为了让人看见，祷告不过是为了让人听见。因为上帝不允许我们在工作中有虚荣世俗的欲望，正如我们奉献和祷告不能有讨好人的心思。因为这些性情都是世俗的骄傲和虚荣，它们不仅是邪恶的，而且它们一进入我们的工作并与善行搅和到一起，就使我们也具有同样邪恶的本质，使我们在上帝眼里看为可憎。假如上帝允许我们在世俗职业中沉溺于种种贪婪和虚荣，那么我们祷告时虚荣也无可厚非。但是，既然我们奉献金钱和祷告必须出于全然奉献给上帝的诚心，那么我们从事普通职业也必须具有这种性情和敬虔之心。若非如此，必不配称为服侍上帝。

多数职业本身是正当的，而且如果我们工作的方式和目的符合基督徒的身份（既活在世界之中又超乎世界之上，一生敬虔度日），那么我们就能用这些职业服侍上帝。既然我们要真诚、持续、仔细地预备来世，那么世俗工作就不应该完全占据我们的双手、心灵和时间。这就是衡量一切世俗工作的尺度：工作的内容和地点都不要紧，要紧的是为工作所付出的一切不应影响我们预备承受永生。因为，凡是离弃世界、每天敬虔圣洁度日、预备自己承受永生的基督徒，他们看待世俗职业就像看待世俗渴望和肉体欲望一样，认为这些东西都不值得羡慕，只是在世上暂时忍耐，直等到死亡和复活后进入永恒的真喜乐。

所以，凡是不看俗事为小事的人就不"懂基督教的伟大真理"。因为如果他以为俗事有多重要伟大，而圣经说此生和此生的事情不过是泡沫、云雾、幻梦和影子，那他岂能叫做"认识或相信圣经真理"呢？

如果他认定身份、排场、世俗荣耀是基督徒的真喜乐，那他岂是真相信主的教导？"人为人子恨恶你们，拒绝你们，辱骂你们，弃掉你们的名，以为是恶，你们就有福了。"（路6：22）因为，倘若身份、排场、世俗荣耀里面有哪怕一点真正的喜乐，假如这些东西真值得我们思想和渴慕，那么我们一旦因逼迫苦难不得不舍弃它们，我们就不可能拥有大喜乐。因此，如果一个人的生活要显出他认识并相信基督教最基本的教义，那么他的生活必须超越这个世界。正是这种性情使他既能诚实劳动，又能完全向上帝而活，并且用崇高的心志从事世俗职业。人们必须在工作中活出这样的性情，正如他们的职业本身必须是正当的。

耕地是正当的职业，是必不可少的职业，也能成为蒙上帝悦纳的服侍。但是，如果农民辛苦工作不是为了任何理智的目的，而是为了让犁镶金和给马镀银，那就失去了正当职业的价值，工作就成了愚昧的行为。

商人也完全可以认为诚实经商符合上帝的旨意，因为他的买卖有益无害，可以帮助自己和别人，让他们又去帮助需要帮助的人。但是，如果他不这样想，如果他做生意只顾自己，别的什么都不顾；如果他的目的只是为了发财，让自己出人头地、放纵私欲，可以不用劳动、整天玩耍享受，那么，对他而言，这个工作就不再是正当职业，更不可能成为蒙上帝悦纳的服侍，而是在培养贪婪、自爱和野心。因为他把必不可少的职业变为骄傲贪婪的营生，正如恶棍和酒鬼把身体必须的吃喝变成贪食酗酒的恶习。

一个起早贪黑、辛苦工作的人，如果他工作的目的是让自己有朝一日成为富人，可以享受安逸、放纵私欲，那么他就不是为荣耀上帝而活，他就与那些整日赌博的人没有两样。因为经商与赌博虽然有很大区别，但是一旦人带着和赌博一样的欲望、性情和目的来经商，那么两者就没有区别了。慈善和美服本不相干，但如果一个人捐钱的理由与别人穿漂亮衣服的理由一样——只不过是为了让人看见、讨人喜欢，那他行善就和别人穿漂亮衣服一样，不过是虚荣心作祟。同样道理，如果人辛苦工作的动机与别人赌博的动机一样，那么工作操劳和赌到发晕就没什么区别。

卡利督①已经在大城市里做了三十多年生意。多年以来，生意越做

---

① 卡利督（Calidus），"热"之意，暗指此人热衷于经商。

越大，家产越来越丰盈。对他来说，一天当中每个小时都是做买卖的好时候。尽管他喜欢美食，但他每顿饭都吃得匆匆忙忙，连谢饭都顾不上。卡利督每天都去酒馆，但很少晚上九点之前去，因为太忙。他把自己灌醉，好暂时忘记生意上的事情，因为喝得昏昏沉沉才能睡着。只要他一起床就又开始忙生意上的事情，还没走到办公室就已经处理了几个问题。他的祷告又短又急，要是遇到暴风雨，他必定祷告，因为他总有货物在海上。卡利督会兴高采烈地告诉您，他多年来一直这样忙碌，若不是每个礼拜六出城散散心和礼拜天在乡下享受安静清爽，那他肯定早就累死了。

他现在已经非常富有，完全可以不再操劳生意，去乡下安度晚年，做点轻松的事情，比如装饰漂亮房子之类。但他害怕一旦生意撒手，自己就会心情忧郁。他会严肃地告诉您，一辈子习惯了挣钱，突然撒手不管会有多危险。如果有什么宗教思想偶尔偷偷钻进他脑袋里，卡利督会安慰自己说他从不结交异端和异教徒，总是善待教区的牧师，并且常常捐钱给慈善学校。

然而，这种生活方式离基督教的教义和规矩相差甚远，不能以无知或软弱为借口。卡利督不可能认为自己是"从圣灵重生的"（约3），是"基督里新造的人"（林后5：17），在地上是客旅是寄居的（彼前2：11），求上面的事，积财宝在天上（西3：1）——他不可能这样想，除非他相信自己一生和使徒一样到处行神迹传福音。

必须承认，多数商人，尤其是大城市里的商人非常像卡利督。您看见他们整个礼拜埋头于生意，根本顾不上想别的事情。到了礼拜天，他们就无所事事，吃喝玩乐，要么在乡间散步，要么会见朋友，结果这天反而成了七日里最糟的一天。

他们这样生活不是因为少做些生意就无法维持生计。他们这样生活是因为想发大财，维持家族地位，享受奢侈。而明智的基督徒并不需要这些东西。只要离弃这种性情，那各行各业的人都会发现自己完全可以每天都能过基督徒的生活，遵守福音的每条准则，活出敬虔的见证，天天按时灵修祷告。

要做到这点，唯一的途径是人们必须把工作视为荣耀上帝的职责，对待工作必须好像服侍上帝一样。倘若不依照这样的规矩经商，商业活动就一无是处。使徒保罗命令仆人必须顺服主人，他说："你们作仆人的，要惧怕战兢，用诚实的心听从你们肉身的主人，好像听从基督一般。"又说，"你们作仆人的，要凡事听从你们肉身的主人，不要只在眼前侍奉，像是讨人喜欢的，总要存心诚实敬畏主。无论作什么，都要从心里作，像是给主作的，不是给人作的。"（弗6：5；西3：22，23）

以上经文充分说明：各种身份地位的基督徒都必须完全向上帝而活，所有基督徒都必须按照神圣呼召的方式和目的来从事普通的工作，使其成为服侍上帝的圣工。因为，既然一无所有的奴隶都不能只讨人的喜欢，既然奴隶都必须凡事向上帝而行，专心做事像是服侍上帝一样，那么其他行业和身份的人当然更要专心工作，不求满足自己的虚荣心，不迎合自私的庸俗欲望，凡事忠心做上帝的仆人。因为毫无疑问，没有一个人会说，一个奴隶应该把一生献给上帝，让上帝的旨意成为他服侍的唯一准则和目的，而商人则不需要以敬虔精神经商。那是非常荒谬的，如同强迫一个人必须比另一个人更加正直、信实。

因此，任何基督徒经商或从事其他工作，都必须首先专心服侍上帝，让工作成为合理的服侍，不能本末倒置。因为上帝的独生子救赎我们正是为此，让我们活出理智敬虔的生命，荣耀上帝。不论人的等级身份如何，都要遵从这个准则和尺度。倘若没有这个准则，许多正当的行业都会变成罪恶的生活状态。

神职人员的生活倘若没有这个准则，那神圣的告白只能招致更大的诅咒。商人没有这个准则，商店就成了贪婪和肮脏的巢穴。绅士没有这个准则，人生就成了纵欲、骄傲和淫荡的历程。餐桌上如果没有这个准则，所有人都变成饿鬼和酒鬼。没有这个准则，穿衣戴帽就变成欲盖弥彰的粉饰,令人蒙羞的伪装。如果我们不按这个准则来使用财富,您会发现人们再也不会捐钱用于慈善事业。如果把这个准则从我们的消遣中拿走,您会发现基督徒热衷各种极其愚蠢的玩耍以及最虚荣、最腐败的娱乐。因此,如果我们渴望为上帝而活,那我们整个生命就必须服从这个准则,让上帝的荣耀成为我们从事一切工作的唯一准则和尺度,因为在普通工作中,把生命完全奉献给上帝才是真敬虔。

因此,人们绝不能因自己有正当职业就感到自满。人们必须考虑自己对待职业是否和对待其他事情一样,当自己是客旅和寄居的;考虑自己是否已经受洗归入耶稣基督的复活,是否跟他走智慧崇高的人生道路,治死一切世俗的欲望,洗净自己以预备灵魂迎接上帝永恒的福乐。"所以你们若真与基督一同复活,就当求在上面的事,那里有基督坐在上帝的右边"。"那召你们的既是圣洁,你们在一切所行的事上也要圣洁。因为经上记着说:'你们要圣洁,因为我是圣洁的。'""要用水藉着道把教会洗净,成为圣洁,可以献给自己,作个荣耀的教会,毫无玷污、皱纹等类的病,乃是圣洁没有瑕疵的。"(西 3∶1;彼前 1∶15,16;弗 5∶26,27)

因为我们在普通商业活动中的骄傲、贪婪和野心根本不符合基督教的圣洁性情,正如不忠和欺骗不符合基督教的美德。

如果一个贪吃的人给自己贪食找借口,说他只吃该吃的东西,那么,贪婪无度、野心勃勃的商人照样可以说他只做正当生意。然而,上帝不仅要求基督徒守法,还要求他们必须具备基督徒的精神,并且要一生操练谦卑、悔改和崇高性情。所以,凡是与这些崇高性情相反的性情都与基督教相抵触,正如欺诈与正直相抵触。

所以,这个问题其实很简单:贸易经商中不规矩的性情,与放纵吃喝一样得罪上帝。

世俗职业里的骄傲眼目和虚空欲望是真正的陋习和败坏,正如虚伪的祷告和虚荣的奉献一样。如果奉献时的虚荣使我们在上帝眼中看为可憎，那么其他场合的骄傲也一样可憎。一个人在世俗呼召里刻苦工作，好让自己出人头地，让别人羡慕——这远非基督徒的虔诚和谦卑，正如他捐钱故意要让人看见一样。因为我们祷告和奉献里面的骄傲和虚荣，使这些行为变成不蒙悦纳的服侍，原因不在于祷告和奉献不允许骄傲，而在于不论从哪方面看，不论在什么事情上，人都没有理由骄傲。骄傲导致祷告和奉献中的敬虔荡然无存，因为任何东西一旦沾染骄傲，敬虔就荡然无存，出于骄傲的行为必不蒙上帝悦纳。

因此，如果我们把自己分裂开来——某些方面谦卑，其他方面骄傲，那么这种谦卑就于我们无益，因为上帝要求我们所有行为意图都必须谦卑，正如我们所有行为意图都必须真诚。

一个人诚实不是因为他对某些人诚实或因为他在某些场合诚实，而是因为他真诚地对待所有人。谦卑和其他任何美德也是一样。美德必须随时随地统治我们的心灵，并且体现在我们所有的行为和意图上。唯有如此，我们才算有美德。

确实，我们谈论别人的行为时，会说某人在某些事情上谦卑，在其他事情上骄傲。例如穿衣服谦卑，但以自己的知识为傲；对别人的态度谦卑，但骄傲地坚持自己的看法。尽管我们常常这样说，但这种说法并非严格依据真理。倘若我们要细查我们行为的本质，就不能这样看问题。

很可能一个人是个骗子，但他买东西却按价付账。显而易见，他付钱并不是因为他持守诚实的原则，也不是因为他具有诚实的美德。

同样的道理，一个以金钱地位为傲、好高骛远的人，很可能像真正谦卑的人一样，不在乎穿着和外表，但我们不能因此以为他这样做，是出于合乎宗教的谦卑原则。如果我们这样想，那就和相信一个骗子买东西付钱是出于合乎宗教的诚实原则一样，无比荒谬。

因此，正如各种欺骗都会扒下我们诚实的伪装，同样，各种骄傲都会暴露我们内心没有真谦卑。

众所周知，祷告奉献中的骄傲和炫耀在上帝眼里是可憎的，但其他场合的骄傲也同样可憎。

如果我们以为上帝拒绝我们骄傲地祷告和奉献，却忍受我们炫耀衣着、才能、财富，那就相当于以为上帝谴责某些行为中的虚伪，却允许其他行为虚伪。因为在这件事上骄傲与在那件事上骄傲，正如偷盗这人与偷盗那人一样，都是犯罪，毫无区别。

再说，如果骄傲和炫耀的心态非常可憎，能让最理智的行为前功尽弃和丧失价值，那么，那些出于人软弱本性的行为 ①，其中的骄傲必定同样可憎。奉献金钱本身是上帝的命令，是美好的行为，是神圣性情的真实流露；而衣服不过是为了遮羞，因此，炫耀穿着肯定至少与奉献金钱中的骄傲心态同样可憎。②

而且，上帝命令我们"不住祷告"（帖前 5∶17），以使心灵更加崇高神圣，但上帝禁止我们在地上积攒财富："不要为自己积攒财宝在地上，地上有虫子咬，能锈坏，也有贼挖窟窿来偷。"（太 6∶19）那么，我们岂能以为"在不可积攒的财富上虚荣"不像"在必须的祷告上虚荣"那么糟糕呢？

上帝要女人蒙头，以廉耻自守为妆饰："你们自己审察，女人祷告上帝，不蒙着头，是合宜的吗？""又愿女人廉耻、自守，以正派衣裳为妆饰，不以编发、黄金、珍珠和贵价的衣裳为妆饰"（林前 11∶13；提前 2∶9）。因此，如果她们在这些明令禁止的事情上虚荣，如果她们在这方面以涂脂抹粉为荣，却不懂得廉耻自守，那当然应该为此忏悔，正如那些因骄傲而祷告和奉献金钱的人一样，除非我们以为在遮羞之事上的虚荣比在美德之事上的虚荣更应该得到上帝宽恕。

所有这些例子都不过是为了说明我们必须言行正直、表里一致，敬

---

① 由于人生来软弱，有各种匮乏，要吃饭穿衣才能健康存活。——译者注
② 奉献祷告本身比吃穿高尚，既然高尚的事情不该骄傲，那么庸俗的事情更不该骄傲了。——译者注

虔必须体现在平时所有的行为中：

我们或吃或喝以及穿着、言行都必须符合基督徒的节制精神，只从事那些可以让我们真正服侍上帝的职业，追求工作不应当违背理智的人生目标，即过圣洁敬虔的生活。

我们必须完全诚实，不只是在某些场合诚实，在任何场合都要诚实。诚实不是为了博得世人的掌声，也不是因为容易实践、无须冒险、没有损失，而是因为正义的原则活在我们心里，因为上帝使我们热爱真理和崇尚正直。不论我们身处什么环境，我们都要追求诚实，跟随上帝渡过一切危险，胜过一切的反对，因为我们知道，为真理付出越多，回报越大；正直品格将成为重价珠子，因为我们变卖了一切来买这颗珠子。

我们必须谦卑，不仅因为世人期待我们这样做，也不仅因为我们喜欢如此，我们的谦卑也不仅限于某些特定的场合；我们的谦卑在于一种精神，这种精神让整个生命历程中的温柔卑微通过各种事情表现出来：穿着、为人、言行、对待世事、内心的宁静、对伤害自己之人的忍耐、顺服掌权者、俯就卑微的人，以及生活的一切外在行为。

我们不仅要把某些时间、某些地方献给上帝，而且要随时随地以灵修的敬虔性情生活；持定永生，全心渴慕天堂，一切行为都仰望上帝，凡事都服侍上帝。在世界上做上帝的圣殿，永远敬拜上帝，不是用嘴唇，而是用感恩的心和圣洁的手敬拜上帝，虔诚仁慈地使用上帝的一切恩赐。

我们不仅要向上帝献上祈求和赞美，而且作为基督奥秘身体的肢体，我们要用崇高的精神来从事一切世俗工作，怀着全新的心思意念转变我们在地上的生活，预备我们在天国里伟大而荣耀的永生。要具有这种敬虔的精神，就必须凡事都照规矩而行，正如祷告和奉献的时候一样。您很清楚奉献和祷告的规矩，那您做任何事情都要遵守同样的准则，心存同样的敬畏之情，使一切行为成为合宜的服侍，蒙上帝悦纳。

我希望上面的话已足以表明，我们平时凡事都要遵守宗教准则，不论做什么，都要按照祷告和奉献的心而行，荣耀上帝。

饮食是我们生活中最低级的行为之一，这点我们和动物没有区别，然而我们看到历代敬虔之人如何借着餐前和餐后的祷告赞美，把动物的普通行为变成虔诚的服侍。

在多数基督徒家庭中，我们还能看到谢饭的习惯。这样一点点形式让人看到从前基督徒如何在餐前餐后向上帝恳切呼求。可是，今天很多人谢饭，与其说是庄重感恩，不如说是假装敬虔。您或许看见这家家长脱帽致敬，那家勉强起立，另一家或许说点什么祝词。不论如何，我们看到基督徒家庭的敬虔传统已经难以为继，宗教一度是基督徒日常生活的一部分，而今天已经所剩无几。

今天尽管这个习俗还保留着，但我们已经很难忍受任何人认真谢饭。并且，如果他不赶快说完，我们就会觉得这人是个狂热的宗教分子。

我不希望人们以为我呼吁吃饭的时候应该作冗长的祷告，我只希望说明，如果我们用餐时应该祷告，那么我们就要好好祷告，表明我们庄重地感谢上帝赐下恩惠与祝福，如此才合宜。装模作样的谢饭不仅不蒙福，反而让我们灵修越来越敷衍了事，祷告越来越言不由衷。

如果每个家庭的头①每餐都庄重地赞美上帝，敬虔而体面地祷告，那么这很可能让他明白，在感谢中开始，在赞美中结束，如此敬虔的场合，乱说脏话、庸俗下流、大吃大喝和轻浮言谈是非常不妥的。

今天的基督徒都败坏了，灵修生活已堕落至装模作样的地步，因为我们太随心所欲，太不节制，连饭前祷告都嫌费事。但我必须要说：倘若我们的敬虔能比得上任何时代的犹太人和异教徒，我们就会认为餐前餐后的祷告乃合宜之举。

---

① 家庭的头，指家长，丈夫是妻子的头。——译者注

历世历代的基督徒都有饭前祷告的习惯。我特意提到这个虔诚的习俗，希望证明本章及前几章论点的合理性：宗教应当成为平时所有行为的准则和尺度。因为既然连吃喝都要遵守灵修的规矩，那么其他事情当然也要守规矩：不论做什么都要荣耀上帝，都要有一颗全然奉献和敬虔的心。

第五章

无须劳苦、生活无虞之人应知更多
奉献人生，向上帝而活

世界上有很多人都不需要工作，他们衣食无忧，可以随意处置时间和财富。

有工作的人，不当按自己的血气或随自己的心意对待职业，而应尽责效忠，把工作当作是在服侍上帝。无须劳苦、没有具体工作之人，上帝绝非任由他们按己意生活、随从私欲、浪费时间、糟蹋财富。不，他们有更大的责任全然向上帝而活。

他们有更加自由的地位，所以他们更是必须永远选择并且做最好的事。

他们正是那些上帝向他们多要的人，因为给他们的多。

奴隶只有一个方法向上帝而活：作为奴隶，活出敬虔的忍耐和顺服。

然而，那些能够主张自己身体、时间和财富的人，圣洁生活的每条道路、每件善事、每种美德都摆在面前，尽可为己所用。

因此，这些人更有责任善用此种自由，献身于一切美德，渴慕一切圣洁虔诚之事，努力成就一切善工，以最崇高、最完美的方式讨上帝喜悦。他们更有责任明智地行事为人，更加努力地追求圣洁。这是他们的责任所在，正如奴隶应当在奴隶的位置上履行忠顺之责。

您不是工人也不是生意人，既不经商也不打仗，所以，您当以为上帝给您的位分好像善良的天使，是服役的灵①，奉差进入世界，帮助、

---

① 服役的灵，指忠心服侍上帝的善良的天使。参《希伯来书》1：14。——译者注

保护和管理那将要承受救恩的人。

因为您越无需操心温饱，越应该效法天使，像他们一样完全。

倘若您，瑟瑞娜①，整天为生活必需品操劳，洗衣做饭，或不停地伺候女主人，那您的责任就是以这种谦卑、顺服、忠诚为装饰来服侍上帝和荣耀上帝。那就是上帝给您的一千银子，您要大加善用。到了时候，审判活人死人的主将依据各人的工作报应各人，他或许会对您说："好，你这又良善又忠心的仆人，你在不多的事上有忠心，我要把许多事派你管理，可以进来享受你主人的快乐。"（太 25：21）

但是，既然上帝给了您五千银子，既然他使您不用操心温饱，既然他给您这样的自由，可以幸福地选择最崇高的美德；既然他赐您许多财富，使您不用操劳，只需善用各种福分，利用有限的生命完善自己并荣神益人，因此，您的责任就是效法最伟大的神仆，思考最卓越圣徒的生活方式，学习各种完善自我的技艺和方法，更加感恩，更爱上帝，因为是他赐给您这一切福分。

于是，您的责任就是用这五千银子再赚五千银子，思想如何善用时间、闲暇、健康和财富来洁净自己的灵魂，教化周围的同胞，最终带领您进入至高的、永恒的荣耀。

既然您不用伺候女主人，那就应该每天妥善照顾自己的心灵。它若有不洁、斑点和瑕疵，您应当感到难过。要学习一切圣洁之道，使心灵恢复原本的纯净。

它若为您效力，就当以此为乐，求上帝用恩典和美德装饰它。

用善行给它营养；用独处给它平安；用祷告给它力量；用阅读使它明智；用默想给它亮光；用爱使它柔软；用谦虚使它甜美；用苦修使它降卑；用诗歌使它绽放活力，常常思想将来的荣耀，使它得安慰。让它常见上帝的面，教导它效法守护天使——尽管天使要照顾最卑微的人，

① 瑟瑞娜（Serena），"平静"之意。

但他们"常见天父的面"(太18：10)。

这就是您，瑟瑞娜，所宣告的信仰。因为上帝只有一位，他向全人类颁布了同一条命令，不论是为奴的还是做主的、富裕的或贫穷的，要按照上帝所赐的美德来行事为人，生活遵循理性的原则，走在虔诚之光中，根据智慧之道善用万物，用一切恩赐荣耀上帝，在人生每种境遇中服侍上帝。

这就是上帝的命令，只要是人，概莫能外。倘若您有职业，就应该这样理智、虔诚、圣洁地工作。倘若您能自行安排时间和财富，您就有责任这样理智、虔诚、圣洁地利用所有时间和所有财富。

按照敬虔原则来正确使用每个东西和每种恩赐，这是人不可推卸的责任，只要他还能分辨是非。

因为，只要我们有任何理由在任何一件事上服侍上帝、顺服上帝、爱上帝，我们就有同样的理由在每件事上服侍上帝、顺服上帝、爱上帝。

明智而敬虔地经商的理由，正是明智而圣洁地使用钱的理由。

既然我们都有一样的人性；既然我们在哪里都服侍同一位上帝；既然无处没有上帝的同在；既然一切都是上帝的恩赐，那么我们必须永远按照人性的理智来行事为人，我们必须凡事都服侍上帝。不论在哪里生活，都好像活在上帝面前；不论用什么，都当珍惜，如同珍惜圣物一样。

这种敬虔、智慧和奉献精神要么贯穿整个人生并体现在每件事上，要么就与我们毫无关系。

假如上帝允许我们在任何事情上，在任何时间、任何地方忘乎所以或忘记上帝、不顾上帝，反而顺从血气和私欲，那么我们就能在所有事情上，在所有时间、所有地方都胡作非为。

因此，如果有人以为他们在教会必须庄重严肃，但在家里可以愚蠢疯狂；以为礼拜天必须守规矩，但平时可以随心所欲；以为必须花一点时间祷告，但祷告完就能随便浪费时间；以为应该捐些钱用于慈善，但剩下的钱就可以肆意糟蹋，那么这样的人还没想过宗教的本质，也不明白敬虔的道理。因为能够依据理智原则告诉您为什么在教会必须保持智慧和心灵崇高的人，也能告诉您为什么在所有地方都要保持同样敬虔的性情。真正明白自己为什么应该珍惜某段时间的人，也知道不能浪费任何时间。正确理解乐善好施是理智善行的人，也知道骄傲愚妄地浪费金钱或任何不必要的开支都是不理智的行为。

支持"慈善乃智慧美好之行为"的每条理由，都证明"妥善处理一切财富是明智行为"；"花时间祷告乃明智之举"的每条理由，都证明"不浪费任何时间是明智之举"。

如果任何人能够证明我们不需要总是像上帝在场一样行事为人；不需要把每样东西都当作上帝的恩赐加以对待和使用；不需要总是按照理性生活；不需要让宗教掌管我们的一切行为，那么同样的理由也能证明我们完全不需要像上帝在场一样做任何事情；也不需要让宗教和理性成为我们任何行为的尺度。因此，如果我们要在某个时间、某个地点向上帝而活，那么我们就应该在所有时间、所有地点向上帝而活。如果我们应该把某样东西当作上帝的恩赐加以使用，那么我们就应该把每件东西都当成他的恩赐加以使用。如果我们应该遵照理性、敬虔的严格准则做某件事情，那么我们就应该按照同样的方式做每件事情。因为如果理性、智慧和敬虔在某个时间、某个地方是至美之事，它们在所有时间、所有地方就都是至美之事。

上帝赋予我们人性，让我们有智慧和理性，能够模仿上帝的神性。如果这样的智慧和理性是我们的荣耀和喜乐所在，那么，"竭尽全力加强理性和智慧，按照理智的美德来行事，凡事都效法上帝"——这必定也是我们的荣耀和喜乐所在。因此，有些人以为宗教只管某些时间和某些地点，以为宗教不过是一些无关痛痒的规条；有些人认为没必要让宗教进入众人的日常生活，不应该让宗教约束生活中的一切行为，他们以为这样过于严厉。有此种想法的人不仅是糊涂，而且完全不明白宗教的本质。因为，以为人生某些部分若摆脱宗教约束就会更舒适惬意的人，显然完全不认识宗教的本质；以为永远保持智慧不见得是好事的人，可说是完全不懂何为智慧；以为没必要凡事都敬虔的人，可说是完全不知道何为敬虔；不愿意凡事都按照理性生活的人，可说是根本不晓得理性的美好。

假如我们的宗教是荒谬的迷信，假如我们的宗教不重视完善人性，那么人们或许可以因人生摆脱宗教约束而感到庆幸。但是，基督的福音恰恰要我们完善和提高我们的能力，基督教恰恰是要求我们最理智地生活，要求我们理智地正确利用世界，并且生活方式不应亏缺智慧生命 ①的荣耀，要按照有益于人性的方式行事为人，要操练敬虔使我们更亲近上帝。既然如此，那么谁会认为永远按照这样的宗教精神来生活，并让整个人生充满这种敬虔精神是苦事呢？如果有人这样想，他必定认为天使服侍上帝更是苦不堪言了。

并且，因为他是那一位不变的上帝，他的行为永远符合自己的身份，永远合乎他自己的神性，所以，上帝所造的每个人，也必须按照上帝所赋予的人性生活，其行为必须永远符合自己的身份。

因此，这是上帝恒常不变之律：一切理性受造物的一切行为都必须符合理性，不是某时、某地或某个场合，或使用某个特定东西，而是随时随地、在所有场合、使用所有东西都必须符合理性。这条规律永不改变，正如上帝永不改变；这条规律永不失效，正如上帝永远不会丧失智慧和秩序。

因此，一旦任何理性受造物在任何时间、任何地点或在使用任何东西上做出不符合理性的事，它就触犯了人性的重要法律和糟蹋了自己，并且得罪了上帝这位创造人类理性的主。

---

① 智慧生命，此处指人类。——译者注

　　因此，那些为世人的堕落和虚荣辩护的人、那些为愚蠢的时尚和世俗的潮流开脱的人、那些为浪费时间和金钱找借口的人，他们其实在为违背理智而辩护，为悖逆上帝而开脱。上帝赋予我们理性不是为了别的，而是要让理性成为我们人生一切行为的准则和尺度。

　　因此，当您做出任何愚妄之事，或奢侈浪费，或沉溺于虚荣心当中时，切勿以为这是小事，因为虽然它们与其他罪行相比，或许显得微不足道，但是，您应当思想这些行为都违背人的本性，您会发现凡不符合理性的事都不是小事，因为一切不合理性的事情都违背理性生命的本性。不论是人还是天使，一旦他们的行为不符合智慧生物的本性，一旦他们冒犯理智和美德，他们就不能与上帝相合。

　　人生来软弱，离不开饮食，天使则不然。但我们并没有理由把这些必须的行为变为愚妄，没有理由沉溺于奢侈的食物或虚荣的服饰，正如天使也不可糟蹋天使的尊严，作践天使的位分。因为理性地生活和明智地对待我们的位分，是所有人类的责任，也是天使和一切智慧生命的责任。这不是异想天开，也绝非不切实际的幻想，而是清楚明白、不可否认的律法，是众人与生俱来的认识。既然人是理性生物，就必须这样按照理性生活，持之以恒地正确使用各种恩赐和能力，荣耀上帝。因此，尽管人类不是天使，但人类借由思考天使的地位和完美，就能够知道人应为什么目的活着，该按什么原则行事。我们伟大的救主教导我们要不断地这样祷告，他显然希望我们这样想，"愿父的旨意行在地上，如同行在天上"。这清楚地证明人应该顺服上帝，正如天使顺服上帝；也证明地上的理性生物 ①应当向上帝而活，正如天上的理性生物 ②也向上帝而活。

　　因此，当您思想基督徒当如何向上帝而活，当以何等智慧和圣洁对

①　地上的理性生物，指人类。——译者注
②　天上的理性生物，指天使。——译者注

待此生的事物时，您不可与世人相比 —— 您必须瞻仰上帝的荣耀、仰望众天使，思想何等智慧和圣洁才能预备您迎接这样荣耀的永生。您必须思想福音里一切崇高的训词，您必须按照基督的心反省自己，您必须思想从前那些最有智慧的圣徒是如何生活的，您必须思想那些已经脱离身体的灵魂，假如重回人间会如何度过这短暂的岁月，您必须思想当您离开世界的时候，希望自己拥有怎样的智慧和圣洁。

这并非言过其实，也不是让我们徒然追求达不到的完美。这只不过是遵照使徒的教训："弟兄们，我还有未尽的话：凡是真实的、可敬的、公义的、清洁的、可爱的、有美名的，若有什么德行，若有什么称赞，这些事你们都要思念。"（腓4：8）因为，只有定意一生服侍上帝、凡事按照理性生活、让福音的智慧和圣洁成为心灵准则、按照福音的智慧和圣洁来善用每个恩赐的人 —— 只有这样的人，才能遵守这节经文的教义。

第六章
明智、敬虔地使用财富的重大责任
和巨大利益

既然基督教要求人生一切都必须圣洁，既然基督教把所有地位和职业都奉献给上帝，既然基督教要求我们完全顺服，凡事都服侍上帝，那么我们在使用财富的时候更加有责任恪守宗教的严格要求。

原因很简单，我们只需要想到财富和眼睛手脚一样，都是上帝的恩赐，正如我们不能随意挖出眼珠或扔掉肢体，我们也不能随意埋掉或抛弃财富。

但是，除了这个考虑以外，还有一些重要原因说明我们使用财富应当恪守敬虔的准则。

首先，因为花钱消费深入到日常生活当中，也是我们平时生活的重要组成部分，可说我们生活的性质很大程度上取决于我们的消费方式。如果理性和宗教在这方面掌管我们，那么理性和宗教就已经在很大程度上掌管了我们的人生。然而，倘若血气、骄傲和私欲成为我们处置财产的尺度，那么血气、骄傲和私欲就主导了我们的大部分人生。

第二，我们把一切财产用于正当途径的另一个重要原因是，钱财可以用于最美善的目的，因此它是行善的重要途径。如果我们浪费钱财，那么我们不是舍弃了蝇头小利，而是糟蹋了无价之宝，就好像是眼睛之于盲人、丈夫之于寡妇、父亲之于孤儿。我们浪费的财富不仅可以让我们给那些受苦的人提供世俗的安慰，而且可以为我们自己换来天上永恒的财宝。因此，如果我们用愚蠢的方式抛弃金钱，我们就同时抛弃了足以安慰同胞且使我们永远蒙福的伟大力量。

如果没什么事情比行善更荣耀和更让我们像上帝，那么在使用金钱方面最荣耀的事，莫过于把一切金钱用于仁爱和良善的工作，使我们成为所有同胞的良友、慈父和恩人，效法上帝的圣爱，把我们的一切能力转换为慷慨、仁爱、慈善的行动，帮助那些急需帮助的人。

如果一个人有多余的眼睛和手脚可以给那些需要的人，如果他把它们束之高阁，或以浪费或荒谬的方式使用它们，却不送给瞎眼和瘸腿的弟兄，我们岂不认为他禽兽不如吗？如果他宁愿用这些东西来装饰房子，让自己一时高兴，也不肯把它们送给需要眼睛和手脚的人来换取永恒奖赏，我们岂不认为他丧心病狂？

金钱的性质类似于眼睛和手脚。如果我们把钱束之高阁，或只顾自己在各种毫无必要、荒唐可笑的地方浪费，而穷苦人却急需用钱维持温饱；如果我们把钱花在可笑的服饰上，而其他人却赤身露体、挨冻受饿，那么我们就和那个宁愿用"手脚"、"眼睛"装饰房子，也不肯把它们送给瞎眼、瘸腿弟兄的人一样，禽兽不如。如果我们放纵自己，奢侈地享受各种没有真正价值的东西，而不愿意善用金钱来赢得永恒奖赏，那么我们就和那个宁可把"眼睛"和"手脚"锁起来，也不愿意把它们送给瞎眼和瘸腿的弟兄，从而使自己永远蒙福的人一样丧心病狂。因为，在我们已经满足了自己节制及合理的需要以后，余钱就和多余的"眼睛"和"手脚"一样。非要留给自己用，我们就成了傻瓜。只有送给急需的人，才是正当的用途。

第三，如果我们浪费钱财，那么我们不仅浪费了上帝给我们的恩赐，不仅使这恩赐——本是行善的有力工具——成为无用之物，而且还伤害了我们自己，因为我们让本来有用的恩赐变成败坏自己的有力工具。因为只要我们用恩赐支持某些错误的性情，或迎合某些虚荣和不智的欲望，或效法世界的模样和骄傲，它就会败坏我们。我们作为基督徒和理智的人，应当弃绝这些世俗的思想、欲望和时尚。

智力和好身体如果不仔细用于灵修，则不单单是浪费或损失，拥有它们的人很可能还会用它们干蠢事。同样，金钱如果不严格按照理性和宗教原则加以善用，不仅是浪费，而且会出卖有钱人，让他们做极其愚蠢的事，过更加昏昧奢靡的生活，反倒不如没钱。因此，如果您不把钱用来行善助人，那么必定用来伤害自己。您会像一个吝啬的酒鬼，宁可自己喝得头晕脑涨，也不愿意把酒给得病的朋友治病。多余的金钱是一样的道理：如果送给需要的朋友，就是治病的药；如果用在自己不需要的地方，那它只能使您丧失理智，还不如没钱的好。

再考虑前面提到的例子，如果一个人不愿意把多余的"眼睛"和"手脚"用于正道，却总是想方设法用在自己身上，糟蹋自己原有的眼睛和手脚，那么，我们当然会指责这种行为比把它们束之高阁更加丧心病狂。

而这种情况与我们把金钱糟蹋在虚荣无用之处是完全相同的。如果我们把金钱浪费在既无真价值，又非真必要之处，那只会伤害我们。它会增加我们不合理的欲望，培养病态的性情，使我们沉溺于私欲，滋生世俗虚荣的心思。因为高级的饮食、精美的衣饰、漂亮的房子、身份地位和排场、奢侈的享受和消遣，这一切都会自然而然地使我们的心灵受到伤害，并且变得愚昧。它们为人性的愚妄和弱点提供养料，导致我们更加虚荣和庸俗。它们支持不当支持的东西；它们不喜爱圣洁，抵触节制和敬虔；它们好像千斤重担压在我们心头，使我们既无力也无心思想上面的事。

所以，这样使用金钱不仅是浪费或损失，而且是用于恶劣的目的，产生可悲的效果，败坏和混乱我们的心，让我们更加难以达到福音教义的要求，无法过崇高的生活。那就像抓住钱不给穷人，反而用来买毒药自杀。

因为花在虚荣服饰上的每分钱都会使头脑多一分虚荣。我们用在游玩上的每分钱都会使心思多一分愚钝和放纵。我们耗费在攀比地位和排场上的每分钱都可以当成是用来满足眼目的情欲，让自己成为自己的偶像，并沉溺于幻想。凡事都是如此，只要用途超越合理的需要，只会培养某些不合理的性情和不敬虔的心思，而这些性情和心思正是上帝呼吁每位真基督徒必须离弃的。

所以，无论我们思想财富是上帝托付的恩赐，或思想它让我们所能够行的大善，或因误用它而产生的大害，不论我们从哪个角度看，都必须严格按照理性和宗教原则来善用一切财富。

圣经劝勉我们要理智并有智慧——只满足合理需要；圣经劝勉我们要属灵并崇高——要向着上帝努力改变我们的本性；圣经劝勉我们要爱人如己——上帝如何爱我们，我们就当如何爱人。上述每个劝勉无不要求我们严格按照宗教准则使用金钱。因为除非我们使用财富的时候做到理智、属灵、崇高，除非我们在金钱上操练仁爱和效法上帝，否则我们根本无法具备这样的性情。这些崇高性情以及善用世俗财富的教导充满整本新约，每一章都包含相关的教义。我仅引用一章大家耳熟能详的经文，它足以证明上述"人应当敬虔地处置一切财富"的观点。

"当人子在他荣耀里，同着众天使降临的时候，要坐在他荣耀的宝座上。万民都要聚集在他面前。他要把他们分别出来，好像牧羊的分别绵羊、山羊一般；把绵羊安置在右边，山羊在左边。于是，王要向那右边的说：'你们这蒙我父赐福的，可来承受那创世以来为你们所预备的国。因为我饿了，你们给我吃；渴了，你们给我喝；我作客旅，你们留我住；我赤身露体，你们给我穿；我病了，你们看顾我；我在监里，你们来看我。'义人就回答说：'主啊，我们什么时候见你饿了，给你吃，渴了，给你喝？什么时候见你作客旅，留你住，或是赤身露体，给你穿？又什么时候见你病了，或是在监里，来看你呢？'王要回答说：'我实在告诉你们：这些事你们既做在我这弟兄中一个最小的身上，就是做在我身上了。'王又要向那左边的说：'你们这被咒诅的人，离开我，进入那为魔鬼和他的使者所预备的永火里去！因为我饿了，你们不给我吃；渴了，你们不给我喝；我作客旅，你们不留我住；我赤身露体，你们不给我穿；我病了，我在监里，你们不来看顾我。'他们也要回答说：'主啊，我们什么时候见你饿了，或渴了，或作客旅，或赤身露体，或病了，或在监里，不伺候你呢？'王要回答说：'我实在告诉你们：这些事你们既不做在我这弟兄中一个最小的身上，就是不做在我身上了。'这些人要往永刑里去，那些义人要往永生里去。"（太 25：31—46）

我大段引用经文，因为如果我们环顾这个世界，很难想象基督徒认真读过这段圣经。因为在基督徒生活中，哪里看得出他们相信"得救离不开善行"的真理？但这段经文描述了审判日的荣耀和恐怖，非常形象地强调了基督徒生活不能没有善行。

人们，甚至那些可说是品格高尚的基督徒，都以为这段经文只是一个一般性的劝勉，只是建议基督徒应该偶尔行善。但实际上，这段经文不仅说明基督徒需要在教会奉献金钱，而且必须一生委身于善工，持续不断地尽力行善。

您如果忽视善行就没有资格得救，因为忽视善行的人在审判日要放在左边，上帝要斥责他们："离开我去吧，你们这些被诅咒的人。"因此，人若不行善则不能得救。那么，谁是行善的人呢？难道帮助坐监的人一次或救济穷人病人一次就算行善了吗？那是很荒谬的，那相当于说，偶尔祷告的人就算尽了祷告的责任。做过几次好事算行善吗？那也是很荒谬的，那相当于说，一生做过几件好事的人就叫真正的义人。那么，究竟什么才是衡量善行的真正尺度呢？一个人如何知道自己尽到了行善的责任呢？

其实，尺度是非常明白易懂的。这个道理既适用于慈善，也适用于其他美德和基督教精神。谁是谦卑、温柔、敬虔、正直、信实的人？做过几件谦卑、温柔、敬虔、正直、信实的事就算是真基督徒吗？不。真基督徒必须一生持续操练这些美德。同样道理，只有尽最大能力，持续地操练慈善之事的人，才算是真正行善。只有尽心、尽性、尽力爱上帝的人，才算是尽到爱上帝的责任。只有尽心、尽性、尽力行善的人，才算是尽到行善的责任。因为衡量我们行善的尺度，就是我们行善的最大能力。

使徒彼得向我们伟大的救主提出这个问题："主啊，我弟兄得罪我，我当饶恕他几次呢？到七次可以吗？"耶稣说："我对你说：不是到七次，乃是到七十个七次。"（太 18：21，22）不是说好像只要冒犯的次数超过这个数字人就可以不饶恕；耶稣基督说"七十"是要让我们明白：我们饶恕人的次数是不能用数字限定的，我们要不断地饶恕那些得罪我们的人，哪怕是反反复复的冒犯。同样，我们的救主在另一处说道："倘若他一天七次得罪你，又七次回转，说，'我懊悔了'，你总要饶恕他。"（路 17：4）因此，如果一个人因为自己已多次饶恕弟兄就不再饶恕他，如果一个人以自己饶恕过别人七次为借口而拒绝饶恕弟兄，那么这个人就违反了基督关于饶恕弟兄的律法。

适用于"饶恕"的准则也适用于"给予"①。您不仅要给予七次，行善七次，而且您不能因为已经多次给予就停止给予或行善。您必须认为自己既然有责任偶尔救济缺衣少食者，就同样有责任一直救济他们。倘若您没有这个能力，您就有理由一次也不救济他们。但只要您有能力常常救济人，您就有责任常常救济，正如别人有责任偶尔这样做，因为他们偶尔才有能力。如果不愿意常常饶恕弟兄，那就不是基督徒的饶恕。如果不愿意把一切都奉献给贫穷的弟兄，那就不是基督徒的奉献。因为我们必须给予七十个七次，尽我们最大能力一生行善；正如我们必须饶恕七十个七次，向一切需要饶恕的人持续不断地操练饶恕的精神。

原因非常清楚，因为"某个时候行善"与"随时随地行善"是同样美好、同样必要的。在"某个时候善用金钱"与"随时随地善用金钱"同样美好、同样必要。有理由一次行善，就有理由一生行善。应该饶恕别人一次过犯，就应该永远饶恕别人一切过犯。今日行善的理由，就是明天行善的理由。你这次忽略行善，正如那次忽略行善一样，都是犯罪。

---

① 在英文中，"饶恕"（forgive）与"给予"（give）两个词同源。饶恕意味着完全地给予。——译者注

因此，既然得救离不开这些善行，那么我们当然应该竭尽全力行善，既不是今天行善也不是明天行善，而是一生都要行善。因此，既然我们有责任在有些时候舍己、放弃一切不必要的花费，节制简朴，好把我们拥有的东西给予需要的人，那么我们就有责任随时随地这样做，好让上帝给我们更大的能力做更多善事。因为如果我们把钱用于虚荣的地方而不行善，如果这在某些时候是犯罪，那么它在所有时候都是犯罪，因为奉献金钱在任何时候都比在虚荣无用的事情上浪费金钱更美好。因此，既然得救取决于我们在某种程度上愿意行善，并采取实际行动，那么，得救同样取决于我们在整个人生中都愿意行善，并采取实际行动。

因此，现在，要么您离弃基督教，说您根本不需要行善；要么您必须承认您应该一生竭尽全力行各样的善事——没有中间道路可走。正如人要么骄傲，要么谦卑；要么节制，要么放纵。如果您不努力成全一切善工；如果您明明有能力却不行善；如果您拒绝帮助那些可以帮助的弱者，那么您迟早必定发现自己也是缺乏基督仁爱精神的人。因为您有责任尽力行善，一生操练各种善行，正如您有责任节制饮食一样。

由此也看出，基督徒必须离弃一切不理智的花销，而人类的骄傲和愚蠢导致这些事情在世界上既普遍又时髦。因为既然您有必要竭尽全力行善，那您就必须离弃这些使您无法行善的愚昧消费。

因此，您不能继续跟从世界的道路，正如您不可效法世界的陋习。您不能仍旧像那些按血气无谓浪费钱财的人一样花钱，正如您不可与醉鬼同饮或与享乐主义者一起纵欲。因为这些事不合乎基督徒向善的人生，正如酗酒不合乎节制的人生。因此，如果有谁告诉您"追求昂贵服饰无可厚非"，"用奢侈品满足自己的欲望并无不妥"，那么请您想象他正在告诉您："您不需要行善，基督没有要求您帮助贫穷弟兄如同做在基督身上"，这样您就会明白这种说法多么邪恶。因为他让您可以任意奢侈地生活，使您不能操练善行，这就相当于告诉您根本不需要行善。

第七章

以弗拉维娅女士为例，
说明挥霍财富使人心完全败坏，
并使人生充满各种卑劣、荒谬的欲望

我们已经谈过：我们花钱或处置财产必须谨慎、敬虔，因为花钱的方式是每个人日常生活的重要部分。我们在这方面是智慧还是鲁莽，决定了整个人生历程是充满智慧还是充满愚妄。

有些人对宗教抱积极态度，并且在领受敬虔的教导时感到喜乐和满足，但他们常常不明白，为何自己在渴慕的敬虔方面裹足不前。

原因在于，宗教只活在他们的头脑中，而他们的心被别的东西占据了。因此，他们年复一年羡慕和赞扬敬虔，却从未真正领悟敬虔的真谛，并将其转化为实际行动。

倘若要问宗教为什么没有控制他们的内心，原因不是他们活在滔天大罪或声色犬马中（因为宗教保守他们远离这些无法无天的事），而是因为他们轻率地使用那些本身正当的东西，因此他们的内心常常被这些东西占据和扭曲，并因而处于一种错误状态中。

使用和处置自己的财产确实无可厚非，所以他们从来没有想过这部分生活有什么危险。他们从来不思想：尽管法律允许他们虚荣轻率地处置财产，尽管这种行为不会像大罪那样毁灭他们，但这种行为会严重扭曲人心，让人喜欢肉体的情欲和无聊的事，以及各种助长骄傲和虚荣的事，使人心无法领受敬虔的生命和精神。

因为，滥用那些正当无害的东西也能极大地伤害我们的灵魂，使我们无法具有任何美德。

有什么比休憩和安息更正当呢？然而，又有什么比懒惰和游手好闲更危险呢？有什么比饮食更正当呢？然而，又有什么比放纵肉欲更能破坏各种美德、更能滋生一切陋习呢?

照顾家庭是多么正当美好的事! 然而, 多少人因为只顾操劳世俗之事, 永不停歇, 因而无法具有任何美德!

因为我们在使用这些正当无害事物的过程中缺乏敬虔和严谨, 所以宗教不能占据我们的内心。圣洁生活的关键就在于: 我们在对待这些事物的时候, 应当正确谨慎地管理自己。

宣告信仰宗教的人很容易知道什么是大罪, 并避免犯这些大罪。但他们可能轻率而危险地使用那些本身正当无害的事物。由于这种行为不会惊动和冒犯良心, 所以人们难以察觉其危险。

一个把所有财产用于赌博的男人, 或一个把所有财富花在自己身上的女人, 很难相信宗教精神与自己的生活方式水火不容。

上面说过, 这些人可能并没有过声色犬马的糜烂生活, 并且对宗教抱友好态度, 甚至赞扬宗教的美好, 暗自羡慕圣徒的伟大, 但宗教始终不能掌管他们的心, 不能成为主导他们行为的精神, 除非他们改变生活方式, 让宗教约束他们对财富的使用和处理。

一个喜欢服饰的女人, 一个认为花多少钱打扮外表都值得的女人, 不会就此而止。因为这种虚荣肤浅的性情会吸引一千种其他的愚妄与之相伴, 并导致她整个人生、工作、言行、盼望、恐惧、品位、好恶、消遣, 等等, 全部吻合这种性情。

弗拉维娅 ①和米兰达是两姊妹, 每人每年有两百英镑收入。二十年前父母去世, 之后她们就自己处置财产。

弗拉维娅一直受到所有朋友羡慕, 因为她善于管理财务, 尽管收入并不算高, 却让自己生活体面。有几位女士收入是她的两倍, 却不能总是如此高雅, 不能像她一样常常出现在各种奢华的场合。她紧跟时尚, 只要什么地方好玩, 肯定少不了她。弗拉维娅的信仰是正统的, 她积极反对异

---

① 弗拉维娅 (Flavia), 源于古罗马某著名贵族姓, 暗示此人出身贵族但为人世俗。

端，常常参加教会礼拜，出席圣餐。有一次讲道的内容是反对穿着方面的骄傲和虚荣，她觉得牧师在批评露辛达女士，因为她认为露辛达穿着太讲究了。如果有人向弗拉维娅募捐，如果她喜欢这个人或刚好心情不错，那她会扔给他半克朗或一克朗 ①，告诉他要是他看见她刚刚收到衣帽店长长的账单，他就会认为这钱真不算少。三个月以后，她听牧师布道提到慈善的必要性。她认为牧师讲得很好，这个题目非常重要，人们必须注意这个问题。但她不认为自己有什么亏欠，因为她记得几个月之前自己曾经奉献过一克朗，而她本来可以用这些钱让自己开心一下。

至于那些穷人，她不相信他们的任何说法。她坚信这些人都是骗子，只要能骗到钱，他们什么故事都编得出来。所以不应该鼓励他们作恶。

如果您看见弗拉维娅多么担心捐错钱，您会认为她有全世界最敏感的良心。

她购买各种有趣的书籍，收集所有英国诗人的作品。因为她说，如果不熟悉所有英国诗人，就不可能懂得欣赏任何一位。

她有时也读一读灵修方面的书，只要书不太厚。如果很多人称赞某本书风格出众、语言优美，她能告诉你哪儿能借到它。

弗拉维娅非常空闲，而她又很喜欢文学，所以她常常躺在床上读小说，直到中午才起床，因此，不用我说您也想得到，她上午几乎从不灵修。

如果弗拉维娅把照顾身体的一半精力用于心灵，那她就会成为敬虔的榜样。如果脸上长痘或被蚊子叮一个包，她会几天闭门不出，而且她认为那些不好好照顾自己身体的人非常粗心。她非常关注自己的健康，总觉得自己身体有问题。她总把自己照顾得很周到，却感到还不够好。因此，她花很多钱买各种帮助睡眠或提神的药、治头疼的油膏、安神的药水、治胃病的甜酒，还有喝茶时放的藏红花。

---

① 克朗，英国货币单位，一英镑等于四克朗。——译者注

如果您礼拜天去拜访弗拉维娅，一定会遇到不少朋友。您会知道最近的时事，听说最新的讽刺剧是谁写的，其中谁影射谁。您会听到本周演什么戏，歌剧里哪首歌最好，上次聚会谁出了洋相，现在流行什么游戏。弗拉维娅认为那些礼拜天打扑克的人是无神论者，但只要一出教会，她就会谈论扑克的各种玩法，她拿过什么好牌，是怎么打的，以及各种玩法的渊源。如果您想知道谁脾气暴躁、谁虚荣、谁是纨绔子弟、谁生活奢侈、谁欠债；如果您想知道谁家吵架、谁恋爱；如果您想知道贝琳达晚上多晚才回家、她买了什么衣服、她多喜欢别人奉承她、她在哪个地方讲过什么故事；如果您想知道卢修斯对妻子多么不好、他在私下说过她什么坏话；如果您想知道他们虽然人前和睦，心里却彼此怨恨，那您必须礼拜天去拜访弗拉维娅。但是，她还是非常尊重礼拜天的神圣性，甚至有一次把一个贫穷的老寡妇赶出家门，说她是亵渎上帝的巫婆，竟然礼拜天晚上缝衣服。①

弗拉维娅就是这样日复一日过日子。如果她还要活十年，那当她三十岁的时候就这样过了 1560 个礼拜天。她将穿过 200 套不同的衣服。在这三十年人生中，有十五年在床上度过；剩下的十五年中，有十四年耗在吃喝玩乐、穿衣打扮、访亲探友、聊天闲谈、读浪漫小说、听爱情故事、看戏、聚会、跳舞和打牌上面。您知道她起床以后所有时间都是这样过的，除了多数礼拜天有一个半小时在教会参加集体崇拜。在精打细算之后，她将花费 6000 英镑在自己身上，偶尔抽几先令、几克朗或半克朗用于慈善。

虽然我不能断言弗拉维娅永远不能得救，但我必须指出圣经里找不到任何依据说她走在得救的窄路上。因为她整个生活都与各种圣洁性情和圣洁行为直接抵触，而福音说，得救的人必须有这些圣洁性情和行为。

---

① 根据十诫，安息日不可做工，但圣工和怜悯的事除外。上帝设立此诫的本意是让掌权的人和富有的人怜悯劳苦者。弗拉维娅的行为看似尊重安息日，却违背了上帝怜悯弱者的精神。——译者注

假如您听见弗拉维娅说自己一生和女先知亚拿一样"不离开圣殿，禁食祈求，昼夜事奉上帝"（路2：37），您会觉得她的说法非常离谱，但更离谱的是她说自己"努力进窄门"（路13：24），"让福音教义掌管她一生"。

倘若她能那样说，那她也能说她曾与我们的救主在地上同行，一生效法基督，竭诚按照基督对门徒的要求来生活。她也能说自己每天给圣徒洗脚，实践基督徒的谦卑精神。她也能认为自己是仁义的榜样，带领许多人和她一起投身慈善事业。她也有理由相信自己是敬虔大军的先锋，一生为真理守望，舍己奉献。她也能说自己靠双手诚实劳动为生，竭尽全力使自己的人生与上帝的呼召和拣选相称。

由此可见，弗拉维娅贫瘠和虚荣的心思，以及生活中的各种不敬虔、愚妄和虚荣的行为，全都要归咎于她处置财富的方式。正是这种错误方式塑造了她的精神，导致她一生碌碌无为，热衷于各种无聊之事，根本想不到什么是谨慎、有益、敬虔的人生。

自从父母去世后，她每年收入两百英镑，而她唯一的想法就是如何把这笔钱用在自己身上，追求享受，迎合自己的一切私欲。

正是这种消费习惯、这种对财富的错误认识和不明智的做法导致她整个人生充满轻率鲁莽的精神，导致她在其他事情上也不能理解什么是正直、明智、虔诚。

如果您见过她多么喜欢戏剧和浪漫小说、多么热衷于传递丑闻和谗言、多么喜欢听奉承话、又多么容易生气，如果您看见她全身心投入享乐、成为各种欲望的奴隶、精通美容和服饰、对灵魂的事情漠不关心、总想玩点新花样、总在期待最流行的表演或时装，您不用感到意外，因为所有这些性情都是她用每年的收入买来的。

她本来可能成为谦卑、严谨、敬虔的人，喜欢阅读好书，认真祷告和退修①，善用时间、努力行善，满有上帝的恩典和爱，可是轻率消费

① 退修（retirement），指离开世俗劳碌，默想上帝、享受与上帝相交的安息。——译者注

的生活方式却培养了一切与之相反的性情。

难怪她使用时间、智力、健康、精力也像使用财富一样。正是由于她在财富这人生大事上的错误做法，导致您在她生命的其他方面看不到任何智慧、理性或敬虔。

尽管弗拉维娅这个角色体现的轻浮性情仅属于少数人（但愿如此），但很多人能从中吸取教训，在弗拉维娅身上看到自己的影子。

因为，正如弗拉维娅因不合理使用财富而导致人生失败，同样，很多人也因轻率享用各种正当无害的东西而缺乏美德、不够圣洁、为私欲左右。

人们不能真正认识和体会宗教之美，是因为他们沉溺于满足肉体和率性而为的生活方式，而不是因为他们公然犯罪或赌博酗酒。人们在生活中罔顾灵修之重大责任，是因为他们过于恋慕世俗，而不是因为他们无法无天。

倘若这位男士不是如此喜欢摆弄艺术品，本可成为敬虔之人；倘若那位男士能克服游手好闲和懒散性情，原能明白努力成圣的道理；倘若您能让这位男士摆脱强烈的好奇心，或让那位男士摆脱虚假的渴望和满足感，那么他们就能成为卓越的敬虔之人。

倘若这位妇女愿意少串门，而那位妇女愿意少说闲话，她们都会发现宗教情感并非虚无缥缈。

这些事情比起杀人奸淫虽是小事，但它们也是大事，因为它们阻碍人成为圣洁，使人无法具有敬虔精神。

因为思考是灵魂的眼睛，人必须认真思考才能认识真理。所以，凡是让人思想庸俗、心态轻浮的东西，都使灵魂无法认识、理解、体会敬虔教义之美。

因此，如果我们希望真正增进敬虔，那么我们不仅必须憎恨各种大奸大恶，而且必须约束一切正当行为，用谨慎敬虔的原则规范人生各种普通而合法的活动。

第八章

以米兰达为例，阐述明智、敬虔地使用财富如何使基督徒的所有美德自然趋于完全

在生活中，任何方面的谨慎自守都有极大的益处，不仅对这部分生活本身有益，而且能帮我们按规矩生活，教我们管好自己。

按照规矩对待某一部分生意的商人，迟早也会认真对待生意的其余部分。

同样，让生活某一部分遵守宗教准则的人，也会把这种秩序和准则延伸到生活其余部分。

如果一个人足够明智，知道时间极其宝贵，不能随便浪费，人生不能无谓地消耗在琐事上；如果他认识到每天时间从手中匆匆流逝，自己必须严格管理工作、休息和敬虔事务，那么不难想象，这样的行为将很快使他整个人生得到归正、提高和完善。

知道妥善管理时间的价值并因此而获益的人，不会无视其他重要事情的价值。

任何准则都于我们有极大的益处，哪怕它只关乎琐事；不是因为别的，仅仅因为它是准则。

正所谓"善始者，半就矣"：凡是按照准则开始生活的人，完美人生已达成大半。

读者须知此处准则是指"人出于神圣的责任感而遵守的宗教准则"。

因为，如果一个人仅仅为了不吃坏肚子而节制饮食，或仅仅为了不头疼而拒绝喝酒，或仅仅因为担心乏力而强制睡眠，那么他即便遵守了这些准则，也不会因此成为好人。

但是，如果他的节制和严谨是出于他认识基督徒的节制和舍己的美德，是为了将理性、圣洁的人生献给上帝，那就是出于神圣的责任感而遵守宗教准则。这类准则，哪怕最小的准则，也能自然而然地引人走向高度敬虔。

原因在于：在这些问题上，哪怕最小的准则也大有裨益，因为它在某方面教导我们如何管控自己，使我们保持敏感的心，让我们常常思想上帝，把敬虔意识带入平时生活中的普通行为。

如果一个人给自己立定一个规矩：不论和谁在一起，只要有人说脏话或谗言，他就温和地责备对方，否则就尽量体面地离开，那么他会发现，这样一个小准则就像藏在一大团面里面的一丁点酵，很快就会延伸至整个生命。

如果另一个人立志在主日不做任何与敬拜上帝无关的事情，哪怕是正当无害之事，例如旅行、串门、聊天、谈论经商或新闻之类的世俗事务；如果他愿意把这一天全部奉献，除了参加公共崇拜以外还要多多退修、读经、灵修、教导子女、从事善工，那么，尽管一个人克制自己不去做这些事情似乎没什么了不起，但凡是愿意品尝此种小准则之甜头的人，会由此发现自己的心灵有了改变，开始感受到前所未有的敬虔之美。

事实证明，小事情是走向逐步完善的第一步，基督徒之完全亦始于小事。

但有两样东西特别需要置于严格规矩之下，这两样东西倘若善加利用，就是上帝赐给我们和众人的伟大祝福：时间和金钱。这两样都是上帝的礼物，让人有机会也有途径可以一生行善，勤作不辍。

一个人敬虔地严格管理其中一样，就不可能长期忽略另一样；若人乐于敬虔地管理和使用这两者，就已登上基督徒成圣的天梯。

米兰达（弗拉维娅的妹妹）[1]是一位节制而理智的基督徒。她一有时

---

[1]　米兰达（Miranda），"值得羡慕"之意。

间和金钱，首先想的是如何完全按照上帝的要求善加使用，如何在如此短暂的人生中活出最大的美善和幸福。米兰达依靠我们伟大救主所说的真理：有一件事"原是你们当行的，那也是不可不行的"（路11：42）。因此她一生不断努力行善，追求圣洁。对事物的取舍好恶，她只有一个标准：上帝的旨意。她不像有些人那样软弱，喜欢别人叫自己"高贵的女士"。不，她对这类称呼毫无兴趣，她看重的身份是"真基督徒"。米兰达已经离弃世界跟随基督，操练谦卑、仁爱、敬虔、节制和崇高的情感，她的高贵正体现于这些性情。

米兰达还在母亲手下受管教的时候，不得不迎合上流社会的习俗——熬夜玩乐，追求各种愚妄的时尚，礼拜天四处串门①；穿着华丽的服饰去领圣餐，应付肤浅的对话，在剧场里看亵渎上帝的戏，听歌剧的靡靡之音，在公共场合跳舞，以致让纨绔子弟和轻浮之人目不转睛。回想到从前的生活方式，她现在特意用与之相反的行为来加以补偿。

米兰达不把自己对上帝的责任和对邻居、对自己的责任截然分开。相反，她认为生活中的一切都是从上帝而来，因此她做任何事情都奉上帝的名，求上帝的荣耀。她认为自己的财富和所有东西都是上帝的恩赐，应当理智地使用，好成就基督徒的圣洁生活。所以，她与众人分享自己的财富，只取一份满足必要的需求，剩下的都分给其他穷人。她认为，把钱用在无谓而虚荣的地方上，不论自己花还是给别人都是很愚昧的做法。因此，既然她不会把钱给穷人让他去看木偶剧，也不会让自己这样做。她认为自己希望穷人如何过智慧的生活，自己就应当如何生活。米兰达说："穷人需要衣食却把金钱浪费在无谓的地方，当然是愚妄和犯罪。既然如此，基督徒把钱浪费在愚蠢的消遣，却不效法上帝把钱捐给同胞和其他基督徒，岂不也是犯罪？穷人迫于生活所需不能浪费金钱，既然如此，基督徒岂不更不应该浪费金钱？不仅因为穷人正饥寒交

---

① 根据十诫，基督徒在礼拜天不应当从事与敬拜、怜悯以及圣工无关的娱乐。——译者注

迫，而且因为基督认为我们的善行都做在他自己身上。因为，如果他浪费的话，他不仅和那个穷人一样浪费了自己所需要的东西，而且还丢弃了一个宝贝——本来可以献给基督的礼物。我们看见穷人糟蹋买面包的钱会感到愤怒，并认为他很糟糕。既然如此，我们把本可以用来为挨饿受冻的人买面包和衣服的钱用在放荡无聊的事情上，那我们在上帝眼里会多么糟糕？何况这些挨饿受冻的人和我们一样是上帝所爱的人，是我们的同胞，是一同承受将来荣耀地位的兄弟。"这就是米兰达的精神，也是她使用上帝恩赐的方式。她认为自己与其他穷人并没有什么区别，唯一的区别就是自己有施舍之福。

除了必要的饮食，米兰达每年花在自己身上的钱绝不超过十英镑。如果您看见她，会忍不住感叹她这样瘦小，又如此干净整洁。她在穿着方面只有一个准则：只穿最便宜的干净衣服。她全身上下无处不体现心灵的纯洁。她外面总是干干净净的，因为里面总是清清洁洁的。

每天清晨，她早早起来灵修。每一天的开始都让她感到快乐，因为圣洁生活的一切虔诚准则都从早上开始，灵修给她带来新的喜悦。她好像一位守护天使，用守望祷告照看周围的人，祝福她所在之处，替那些还在睡梦中的人向上帝代求。

阳光迟疑地照进姐姐的房间以前，米兰达的灵修已经完成许久，上帝已经垂听了她几次私祷。米兰达不知道什么叫整个上午无事可做。她的祷告和灵修非常频繁，重要的祷告根本不会忘记。

当您看她工作的时候，您会看见同样的智慧掌管她所有行为。她工作要么是为了自己的生活必需，要么是为了别人。附近的贫穷家庭里，很少有人不穿着她缝补的衣服鞋帽。她智慧和敬虔的头脑既不需要懒散的消遣，又不喜欢这些愚妄之事。她不允许自己白天做任何愚妄之事，因为晚上要向上帝交账。如果她手上的事没什么智慧或对人无益，那她就会停下不做。她在饭桌前牢记圣经的准则："你们或吃或喝，无论作什么，都要为荣耀上帝而行。"（林前10：31）因此她每餐前后都祷告，正如她用灵修来开始和结束每一天的生活。她吃喝仅仅是为了活着，并且饮食非常节制，每顿饭都操练舍己的功课。必须喂养身体的时候，也要让它保持谦卑①。要参加赛跑，就要吃比赛必需的饮食。但既然摆在米兰达前面的是一条神圣、纯洁、有崇高情操的人生道路，而她必须用一个充满属地情欲、败坏、衰残的身体跑完它，那么她每天饮食的目的就仅是为了让身体更适合奔跑属灵的路程。她吃东西不在乎多少，因为她有一个更好的尺度：只要有足够力气让身体服从心灵的指挥，能够阅读诗篇、祷告灵修、虔诚地朝天上抬眼举手就够了。因此，米兰达绝不会让眼睛因肥胖而肿胀，也不让眼皮堆满脂肪，除非她已经改变信仰。

她每天都查考圣经，特别是新约。她读这部分特别仔细，常常用经文对照自己的生活，用每条教义检验自己。手捧圣经的时候，她认为自己正拜倒在救主和众使徒脚前，凡他们教导的都成为她的人生准则。她怀着仔细和敬畏的心领受他们神圣的话语，好像面对面地看见他们，知道他们从天上下来是特意向她指明通往那里的窄路。

她认为，要让自己预备好迎接审判，唯一办法就是每天用圣经的教义检验自己。她有时候担心自己花太多钱用来买书，因为她一看见好书就忍不住要买下来，特别是那些带领人进入宗教的神圣殿堂、描写基督徒人生内在圣洁的书籍。在人物故事里，她最喜欢读历代圣徒的传记。她在里面寻找隐藏的宝贝，希望发现圣洁生活的秘诀、灵修的好方法和值得学习的祷文。米兰达就这样让头脑和情感充满一切智慧圣洁的原则。她时刻想的都是人生最重要的事，无暇顾及别的话题；您与她谈话，只要她认为自己应当发言，她一定会让您变得更加聪明善良，不论您是否愿意。

要说她做过的慈善工作，就要提到她过去二十年每一天的工作。因为她二十年如一日将所有财产都用于慈善。她资助了差不多二十位已经

---

① 让身体保持谦卑，指克制食欲。——译者注

破产的商人，还救助很多人免于破产的厄运。她在街上捡了很多流浪儿，接他们到自己家，教育他们，让他们诚实生活，自力更生。一旦家里有工人生病不能工作，她就让他回家休息恢复健康，还付双倍工资，让他像往常一样养家糊口，还有余钱治病。

如果有哪个家庭人口太多，光靠工作入不敷出，她就帮他们付房租，每年送些做衣服的布料。她这样帮助好几个贫困的家庭过上安稳的生活，他们则年复一年为她祷告，祝福她。

如果有特别凶恶的穷人或妇女，米兰达会关心他们，一旦发现他们遭受患难就及时施以援手。她用这种方式照顾这类人，曾挽救一个浪子免于牢狱之灾，后来他痛下决心悔改归主。

这是米兰达值得赞赏的性情。因为以温柔仁爱对待那些被社会遗弃的罪人，正体现了她像上帝一样崇高的心灵。

有一次，米兰达路过一座房子，听见一对夫妇正用最恶毒的语言互相咒骂，三个孩子在一旁大哭。她非常心痛，第二天就去把三个孩子买来，让他们的人生不至于因邪恶父母而毁掉。现在他们和米兰达住在一起，她无微不至地照顾他们，殷勤为他们祷告，并且做各种好事，让他们蒙福。他们听她如何说话，看她如何生活，和她一起读诗篇，一起祷告。最年长的孩子劝父母悔改恶行，这个孩子很虔诚，米兰达希望他将来从事圣职，因为他有蒙恩得救的真实体验，希望自己也能投身于拯救人灵魂的工作，像米兰达对待自己那样去对待苦命人。

米兰达常常救济那些遭遇不幸的穷人。有时候他们会遭遇一些变故，自己克服不了。死头牛或死匹马，或不幸被盗之类的事情会给他们的生活带来极大的困难。她不忍看他们因这类事故痛哭流涕，便会马上用同等价值补偿他们的损失，利用这个机会让他们感谢上帝。

她特别体贴年老体衰不能工作的人。教会的帮补常常不足以维持舒适生活，因此她常常照顾他们，给他们很多补贴，甚至超过他们年轻力壮时的工作收入。就这样，她使他们晚年软弱时得到安慰，没有焦虑愁烦，能够心情平静地服侍上帝。她帮助了许多这样的人，向他们慷慨解囊，劝勉他们过圣洁生活，使许多老人在高度敬虔和属灵委身中度过人生最后的时光。

米兰达从不缺乏怜悯心，哪怕是街上随处可见的乞丐，而那些年老、有病、瞎眼瘸腿的乞丐更让她同情。她用温柔的心听他们发牢骚，并且给他们钱表明她真关心他们。她从不用严厉的话拒绝他们的乞讨，因为她知道他们也是上帝所造，所以不愿他们雪上加霜。

如果有来自外地的穷人告诉她，说自己既没有力气，又没有食物，钱也花完了，她从不对他说哪儿来回哪儿去，或说她不能帮不认识的人——因为他可能是骗子。相反，因为他是陌生人，所以她更要接济他。因为温柔款待那些从前不认识，此后也很可能不会再见的陌生人，是最高尚的慈善行为。我们伟大的救主说："我作客旅，你们留我住。"（太25：35）然而，假如没有人愿意接济陌生人，那么谁能履行这个责任呢？谁能无意中接待天使呢？

米兰达明白拉撒路就是一个普通的乞丐，而他得到天使的照料并被接在亚伯拉罕的怀里。她知道我们伟大的救主和众使徒恩待乞讨的人，安慰他们，医治他们。他让瞎眼的看见、瘸腿的行走。她记得彼得曾对找他要钱的乞丐说："金银我都没有，只把我所有的给你。我奉拿撒勒人耶稣基督的名，叫你起来行走。"（徒3：6）所以，米兰达从来不鄙视或厌恶乞讨者，而是效法我们的救主和使徒，向他们施以仁爱。尽管她不能像主耶稣和使徒那样行神迹解救他们，但她尽自己最大力量帮助他们，于是就能像使徒彼得一样对人说，"我奉耶稣基督的名，把我所有的都给你。"

米兰达说："或许我常常把钱给不配的人，或许他会糟蹋我的奉献，那又如何呢？这不正是上帝的恩典之道吗？上帝不正是'叫日头照好人也照歹人'（太5：45）吗？这不正是圣经督促我们当行的善吗？圣经不正是让我们效法天父'降雨给义人也给不义的人'吗？难道我应该因为担心同胞不够好而攥住金钱或食物不给吗？难道我祈求上帝按他神圣的良善对我，不要按我的行为待我，而我却因为穷弟兄或许不配就拒绝施舍？难道我对别人使用一套准则，却祈求上帝千万不要用这套准则对我？"

"何况，圣经哪里说过别人的行为是我们行善的标准或尺度呢？正好相反，圣经说：'你的仇敌若饿了，就给他吃；若渴了，就给他喝。'"（罗 12：20）

"由此可见，别人的行为与我们行善毫无关系。哪怕是最不配的人，我们也要尽量善待他们。因为既然我应该爱我的敌人，善待他们，既然我行善不当看他们的恶行和敌意，那么他们的行为当然不是慈善的尺度。如果我面对敌人尚且不能攥住施舍的手，那么我当然更不能拒绝可怜的乞丐，我根本不知道这些人是善是恶，是友是敌。"

您或许会说，这样做会鼓励人们行乞。但这种无知的说法可以用来反对任何善行，因为任何善行都会鼓励人们不劳而获。同样的话也能用来反对饶恕敌人，因为那会鼓励敌人伤害我们。甚至可以用它来反对上帝的良善，因为上帝把福气公平地倾倒给歹人和好人、恶人和义人，所以上帝鼓励坏人作恶。同样的话也能用来反对给赤身露体的人穿衣，给病人吃药，因为那会鼓励人们遗弃自己，不注意自己的健康。但是，一旦上帝的爱住在您里面，扩展您的心胸，使您充满怜悯和同情的心肠以后，您就说不出这种话了。

当您每次拒绝穷人、老人、病人、陷入困境的异乡人、瘸腿的人、瞎眼的人的时候，请您问自己这个问题：我是否真希望这些可怜的同胞像拉撒路一样幸福，被天使接在亚伯拉罕的怀里？我是否真希望他们和我一起承受永恒的荣耀？如果您反省自己，在灵魂深处搜寻，您会发现自己找不到这样的动机。您根本没有这样的愿望。因为一个人不可能诚愿同胞享受天上的喜乐，却不肯施舍地上的金钱。因此，米兰达说："只要我能，我就全部奉献，因为我祷告上帝饶恕所有人。而且，那些我祈求上帝赐福的人，那些我希望与他们一同承受永恒荣耀的人，我不能攥住钱不给他们，因为我要通过施舍来表现我真爱他们，表现我真希望他们能感受到上帝无尽的爱。而且，既然我们的救主应许我们说'施比受更有福'，那么我们就应该把这些求助的人视为我们的朋友和恩人，要看到他们给我们的好处远远超过我们给他们的，因为他们提升我们的美德，见证我们的善意，纪念我们的爱心，成为我们的辩护人。审判的时候，他们将在基督面前为我们辩护，帮助我们领受永恒的祝福，那无尽的福分根本无法与我们在地上施舍的小钱相提并论。"

这就是米兰达的敬虔精神和敬虔生活，如果她还要多活十年，她在慈善上的投入将超过6000英镑；按照她的生活方式，她的奉献远不止这个数目。

她去世后，必像明星闪耀，如同众使徒、圣徒和殉道者一样，与早期教会的敬虔仆人一同站在基督面前，与那些打完美好的仗、跑完当跑的路的许多见证人一起，享受永恒的荣耀。

第九章

反思米兰达的人生，
说明所有女性都可以并应当效法米兰达

米兰达的人生，不论在世人眼中多么落伍，多么过时，却符合基督教的真精神，并建立在基督教最清楚的教义基础之上。因此，我衷心鼓励所有女性效法米兰达。

像米兰达这样生活，才真符合基督的福音，也才配接受洗礼和领圣餐。

她的精神正是过去感动历代圣徒的那种属灵的精神，因为他们的生活和她一样敬虔简朴，所以我们今天纪念他们，为他们的好榜样赞美上帝。

在她的品格中毫无古怪、琐碎或不合理智的东西。相反，她的品格是敬虔信仰的最佳范例。

很明显，如果说遵守这些生活准则是古怪的，那么参加教会和祷告也同样古怪。因为米兰达向上帝而活的所有准则，包括使用财富、饮食、工作、穿着、言谈举止等等，都和祷告灵修一样，是理智圣洁生活的重要组成部分。

因为，如果基督徒应当节制、敬虔、慈善或谦卑，那么就应当智慧而理性地穿戴服饰。

同样，如果基督徒不反对愚妄的衣着，就无法反对奢侈、肉体情欲、浪费、野心、懒惰和放纵。因为真宗教与两者均密切相关。

如果您在其中一件事上虚荣，您就在每件事上虚荣。因为各种虚荣的本质是一样的，正如各种形式的放纵并没有本质区别。

如果您把财富花在不必要的、虚荣的奢华服饰上，您就无法谴责浪费奢侈，否则就是自定己罪。

如果您自以为这是您唯一的愚妄——人非圣贤孰能无过，那么您的想法就和那些自以为只有贪婪或野心之过的人一样。尽管他们的生活看似除了贪婪或野心以外无可指责，但问题并没有这么简单，因为一个人不可能仅有贪婪和野心，而其他方面完全敬虔。

同理，尽管有些人把钱花在不必要而昂贵的衣饰上，却在其他方面显得很敬虔，但这必定是假象，因为一个真正有敬虔头脑的人不可能在衣服上虚荣，正如他不可能在奉献或灵修上虚荣一样。让我们假设一位圣徒，例如童贞女马利亚，被上帝重新差到世界接受几年试炼，您认识她并因她的高度敬虔而受造就。那么您认为她会用华丽昂贵的服饰装扮自己吗？当然不。您自己的理智会告诉您这是不可能的，正如您不可能看见马利亚跳交际舞。只要您把任何一位圣徒，不论男女，放进这个场景；您自己的头脑就会立刻告诉您，这样圣洁的人不可能爱慕虚荣的服饰。一位穿着华丽的圣徒就和一位衣服绣花镶边的使徒一样不可想象，常识会告诉每个人这是自相矛盾的。

当您想到一位圣徒或神的忠心仆人时，您不会赞同虚荣的服饰，这是为什么呢？难道不是因为这不符合正直的心灵和真正的敬虔吗？因此，这不正好说明如果有人允许自己生活中存在这样的虚荣，那么他必然缺乏正直的心灵和真正的敬虔？因为马利亚不会放纵自己在服饰外表上效法世人的虚荣，同样，无人能放纵自己沉溺于这种虚荣，除了内心缺乏马利亚之敬虔的人。由此可见，一切不必要和昂贵的精美服饰都是心灵混乱的表现，说明真正的基督教精神还没有掌管这颗心。

贪婪之所以是罪，不是因为金银本身有什么坏处，而是因为金钱使人具有一种愚蠢而不理智的心态，让人心失去真正的美好，反而追求一种庸俗可怜的满足感。

同样的道理，追求昂贵服饰之所以是罪，不是因为衣服本身的好坏，而是因为昂贵的服饰表现出一种愚蠢和不理智的心态；堕落的人不能正确认识自己的本性，糟蹋了穿衣的目的，用生活必需品炫耀自己和表现愚妄。

众人都同意纨绔子弟应当受到谴责。为什么？是因为他们的某种服饰或行为是罪恶的吗？不，而是因为人们知道他们的穿着表现出一种心态，而如此可笑的外表下不可能有任何智慧、理性或美好可言。所以，一个敬虔的纨绔子弟就和一个勇敢的懦夫一样是无稽之谈。所有人都承认穿着能够表现一个人的心态，因此宗教很关注穿着问题。所以，我们应当明白，不仅淫乱的人是纵欲，而且一切越过宗教正确尺度大吃大喝的人都是纵欲；同样，不仅纨绔子弟爱慕虚荣、糟蹋衣服，而且一切穿衣违背理智敬虔目的的人，都爱慕虚荣和糟蹋衣服。

每个反对纵欲的论点也可以用于反对各种放纵行为，因此，每个反对纨绔子弟虚荣的论点也可以用来反对一切虚荣和过度的服饰。因为它们性质相同，只是放纵的程度或有差异。略施粉黛的妇女没有资格指责别人浓妆艳抹，正如一个服饰讲究的妇女没有资格指责另一位妇女珠光宝气一样。

因为，正如在"性情"问题上，"节制"是唯一符合基督教要义和精神的准则；同样，在"服饰"问题上，唯一的准则就是穿衣服必须恪守基督教要义与精神。有些人以"多数人都是这样的"为借口，但是"根据世俗的标准来衡量基督徒服饰是否适度"，就如同"根据世俗的标准来衡量基督徒是否节制或谦卑"一样荒谬。基督徒以此为借口则更加荒谬，因为他们不仅不能效法世俗的模样，而且胜过世界本是基督教不可或缺的特征。

因此，判断自己穿着是否虚荣只有一个方法：您要考虑它是否违背衣物的正确用途，正如贪婪是违背金钱的正确用途；您要考虑它是否出于骄傲和不理智的性情，是否违背了基督徒的谦卑和节制精神；您要考虑它是否触犯了那些要求您全然向上帝而活的教义，以及那些要求您正确使用恩赐的教义；您要考虑它是否抵触那些命令您爱人如己、给挨饿的人食物、给赤身露体的人穿衣、尽最大努力行善的经文。因此，您不能欺骗自己说："多两件衣服有什么害处呢？"因为贪婪的人也能说："多攒些金银有什么害处呢？"不，您必须明白：理智谦卑才是敬虔的心态，而一个放纵自己、炫耀穿着贪恋财富的人，永远不可能具有这样的心态，这正是最大的害处。

因此，只有符合福音淳朴之道的穿着才是正确的服装，使用世界其他任何东西也是同理。否则，任何东西（不论世人看它们多么流行）都会使人心杂乱，缺乏敬虔的心态、内心的纯洁、心灵的智慧和情感的端正，而这些都是基督教的要求。

如果您想成为真基督徒，那您必须完全向上帝而活。而如果您想完全向上帝而活，那您必须按照从神而来的智慧生活，您的行为必须符合事物本质的正确判断，您在生活中必须操练圣洁崇高的情感，用上帝给您的所有恩赐赞美他、荣耀他。

有些羡慕米兰达纯洁完美生活的人或许会说，她的人生怎能成为所有人的榜样呢？我们这些出嫁的或被父母管教的女子怎能效法米兰达的人生呢？

回答是：效法米兰达是可能的，正如您可以效法我们伟大的救主和众使徒的人生。我们救主以及众使徒所处的生活环境与您生活之间的差异，远超过米兰达的生活与您生活之间的差异。然而，他们的生活和纯洁完善的行为却是所有基督徒共同的榜样。

因此，您要效法的是他们的精神、他们的敬虔、他们对上帝的爱，而不是他们具体的生活形式。

您要像他们那样凡事遵守上帝的诫命，像他们那样为了荣耀上帝而活，像他们那样爱神爱人、谦卑舍己、荣耀基督的名，然后，正如圣保罗使许多异教徒信主，您要教导好自己的孩子。尽管听众人数不能相提并论，但您正在跟随保罗的脚步，效法他的榜样。

因此，不要仅仅因为您和米兰达所处环境不同，就认为自己不能或不需要效法米兰达，因为倘若米兰达必须工作才能养活自己，她也能成为圣徒。同样，只要您渴慕米兰达的精神和性情，您就能在任何环境中活出她的精神。

米兰达成为这个样子，因为她凡事都奉上帝的名，随时向上帝尽忠尽责。您这样做，就会和她一样，尽管你们人生的外在环境截然不同。

您说您已婚，不像她那样有闲又有钱。

确实如此，所以您不能像她一样，花那么多时间和金钱用于慈善事业。

但是，米兰达的圣洁不在于她用了多少钱，也不在于钱的用途，而在于她精打细算，善用上帝给她支配的一切时间和财富。因此，只要您也尽量善用可以支配的时间和金钱，那就和米兰达一样了。

如果米兰达一年有两百英镑而您只有两文钱，您岂不更必须精打细算、加以善用吗？如果米兰达有许多时间而您只有很少时间，您岂不更必须谨慎守望，免得连这点时间也浪费了吗？

您说，假如效法米兰达朴实便宜的穿着，恐怕丈夫不悦。

首先，在您以此为借口之前，请先和丈夫确认这点。

第二，如果您丈夫确实要求您涂脂抹粉、敞胸露乳，穿着华服贵饰，那么有两种解决办法：按照丈夫允许的程度尽可能克制自己；尽量用真正的美德感化他，纠正他的虚荣心，教导他爱您那些在上帝和天使眼中看为可爱的贞德。

关于衣着朴素的教义，有些自作聪明的人以为可以用一个问题加以反驳："难道所有人都要穿一样的衣服吗？"

提出这类问题的人，通常是故意胡搅蛮缠、不守规矩的人。

假设我建议所有人的饮食都应当节制，难道这不是理智的建议吗？可是，难道贵族和工人因此必须吃完全一样的食物吗？

假设我呼吁众人生活节制，难道宗教不倡导这样的教义吗？然而，难道所有人就因此必须喝一样的酒吗？

同样道理，尽管所有人都应当穿着朴素，但这根本不会导致千人一面，都穿一样的衣服。

那么，到底什么才是节制的规矩呢？喝不同种类的酒以及酒量不同的人，如何都保持节制呢？

节制的规矩无非是：每个人都要克制自己的性情，按自己的良心 [①] 饮酒，不论吃什么喝什么都要恪守基督徒节制的准则。难道不是这样吗？

既然如此，我们把这个准则延伸到穿着，一切问题都会迎刃而解。

只要每个人都反对虚荣的服饰，都按照良心穿衣，都愿意善用金钱，那么每个人都会有一个正确的准则，足以指导在任何环境中的任何身份地位的人。这个准则让上层社会的人士不再爱慕虚荣的服饰，正如他们在饮酒的时候节制自己，但它又允许人们在穿着上各有所好，正如在饮酒上有所区别。

然而，您或许要说：既然允许人们喝不同类型的酒，那么您就可以按自己的意思使用最昂贵的葡萄酒。不然怎么能说可以随意选用服装，因为穿衣戴帽可以有所分别？

因为尽管我们可以喝不同类型的酒，但我们没有任何理由酗酒，哪怕一点点也不行。同样道理，我们可以穿不同样式的衣服，但我们没有任何理由在服饰方面放纵哪怕一点点虚荣心。

不难知道什么叫"虚荣的服饰"，正如人人都晓得什么是"酗酒"。尽管宗教并没有指明每个人具体的酒量，但宗教给了我们足以指导各等人的总原则。

宗教告诉我们：上帝给我们喝酒的自由，目的是为了保护我们的健康，帮助身体和心灵活出圣洁和虔诚。愿意正确使用这个自由来荣耀上

[①] 基督徒在喝酒吃肉这类问题上，遵循的原则是个人良心的原则。真基督徒既不像无宗教之人那样放纵和败坏，也不像假宗教徒那样自义和骄傲。可参考《罗马书》和《哥林多前书》相关经文。——译者注

帝的人必然明白自己喝多少算酗酒。

　　同样，宗教也告诉人们穿衣的目的是遮羞以及免得着凉得病。愿意节制而智慧地使用衣物来荣耀上帝的人，必然清楚自己穿什么算虚荣的服饰。

　　有些人认为没有必要谈论"如何按照宗教的规矩穿衣"，因为这不是什么大事。这类人同样也会认为没有必要谈论"如何按照宗教的规矩喝酒"。这种想法是不明智的，因为在服饰方面的奢侈放纵与在饮食方面的奢侈放纵一样，都是严重践踏上帝的恩典。只有让宗教成为人生的尺度并严格遵守，我们才能不犯罪。既然宗教在其中一个问题上要人虔诚，也必然在另一个问题上要人有同样敬虔的动机。

　　再说，正当不见得有益。①喝酒穿衣都是正当之事，但因虔诚而节制自己才是成圣之道。

　　因此，如果某人本有理由可以喝酒却愿意舍弃；如果他本有能力购买昂贵的葡萄酒却不至于犯罪，却选择不花这笔钱；如果他如此行不仅是为了让自己更加敬虔，而且是为了让自己能够帮助有需要的人、穷人和病人；如果某人愿意克制自己而不去买昂贵的衣服，尽管他完全买得起，但他平时的习惯比宗教禁止的标准更加节省；如果他这样不仅是为了让自己更加谦卑，而且是为了让更多的人有衣服穿，那么可以说，这样的人有基督舍己的精神，尽管基督的律法本身并没有规定必须这样做。

　　因为，如果"无论何人，因为门徒的名，只把一杯凉水给这小子里的一个喝，这人不能不得赏赐"（太 10：42），那么，那些常常给自己水喝，好让基督的病患肢体能够喝葡萄酒的人与基督的关系该有多么亲密！

　　回到刚才的话题。这里对已婚妇女说的话，也适合指教尚在父母监

---

① 正当不见得有益，参《哥林多前书》10：23。——译者注

护之下 ①的女子。

圣经命令子女顺服父母。尽管圣经并没有规定子女追求美德绝不能高于父母的要求，但孝道要求他们应当凡事顺从父母，只要不违背上帝的律法。

因此，如果您的父母要求您效法世俗的风气生活，或在穿衣打扮上大手大脚，或把时间浪费在不符合基督徒圣洁生活的事情上，那么您必须暂时顺服他们，背起自己的十字架，直到能够自由地遵守基督更崇高的教导，并有权选择成圣的最佳途径为止。

现在，尽管您还在父母手下，或许不得不放弃某些成圣之道，但您此时拥有的成圣途径却是成人所没有的。

因为儿女在父母手下，顺服就是最大的美德。如果您在一切正当的事情上出于虔诚和宗教责任而顺服父母，那么您的行为不仅不会阻碍美德，反而会促进美德。

虽然您因为选择服从父母而失去改善自我的某些机会，但您的损失都通过顺服父母得到了补偿，因为您谦卑自己，为了遵守父母的命令而违背自己的本性。

这里说的事仅限于正当之事，所以不包括英国人现在热衷的事情。这些事情放在任何其他地方都是绝对出格的。 ②

由此可见，受人监护的人也能效法米兰达过智慧而敬虔的生活。

但是，至于那些完全自己掌控生活的人 —— 如果他们的自由使他们渴慕更大的恩赐，使他们选择最妙的道；如果他们善用自己的权力，把自己的全部人生转变为竭力操练至高美德的历程，那么他们就真是效法基督的有福之人！

这话不是人人都能领受的。谁能领受，就叫他领受。感谢圣灵如此

---

① 在父母监护之下，指女子出嫁前顺服父母的权柄，出嫁后顺服丈夫的权柄。——译者注
② 英国王政复辟时期各种可憎之事在 1726 年仍然盛行。

美好地在他们心里运作。

任何身份地位都能服侍上帝和荣耀上帝。但是，正如某些身份地位比其他的更值得羡慕，更能洁净我们的心，更能改善我们的美德，使我们更加向上帝而活，同样，上帝呼召那些有自由选择权的人，应当比受别人管教的人更加敬虔地服侍上帝。

自从基督教之始，在真基督徒中就有两种人等。一种是在世俗生活和普通职业中敬畏上帝、服侍上帝的人。另一种人离弃普通职业和人生乐事，诸如财富、婚姻、荣耀、享受，而献身于贫困、贞节、敬虔、顺服。他们通过这种方式每天操练神圣崇高的生活，完全向上帝而活。

著名教会历史学家优西比乌的作品给我们这样的见证。他生活在制定《尼西亚信经》的第一次大公会议的时代，当时的教会正处于最荣耀、最纯洁的时期，许多主教都是圣洁的教父和杰出的圣徒。

他说："由此可见，基督教会里有两种生活方式或态度。一种超越自然状态和普通的生活方式，弃绝婚姻、财富、世俗利益，完全与普通生活隔绝。人们内心充满属天情感，愿意把自己完全奉献给上帝，敬拜服侍上帝。"

"此等人在世人眼中看为死人，他们的身体尽管活在地上，但他们的思想住在天上。在那里，他们与许多天上居民一起俯视人生，为全人类祈祷，替他们向全能上帝代求。他们祷告不是借着牺牲动物的脂血，也不是靠焚烧鸟兽的气味，而是通过操练真正的敬虔，借着纯净的内心和恪守美德的人生。这就是他们的牺牲，是他们不断向上帝献上的供物，为他们自己和同胞祈求上帝的怜悯和恩典。"

"基督教认为此乃完善的生活方式。"

"另一种是稍低一等的生活形式，它更适合人的本性，让人拥有贞洁的婚姻，照料孩子和家人，经商营业，并按照敬虔和敬畏之心从事一切人生职业。"

"按时脱离世俗缠累来服侍上帝并操练敬虔，定期聆听和学习上帝的话语——选择此种生活方式的人拥有第二种类的敬虔。"①

这就是博学的历史学家优西比乌的话。

因此，如果人们——不论男女——被米兰达的生活所感动，并因此渴慕成为完全圣洁；如果他们愿意结成小型社团，宣告自愿过贫穷生活，用贞节、顺服、敬虔和节俭的生活来行善和帮助穷人；如果众人因他们的祷告和榜样而蒙福受益，或者他们达不到这个程度，但愿意尽自己最大努力操练这种生活，那么这样的人绝对不是迷信或盲目敬虔。不，他们是恢复了基督教的敬虔，就是许多伟大圣徒在世时早期教会的荣耀。

正如博学的历史学家优西比乌所观察到的：是一种特别强烈的属天情感，让古代圣徒超越普通人生，从而达到如此圣洁敬虔的程度，耶稣基督的宗教，今天也能让崇高的情感充满许多基督徒的心，这不足为怪。

因为既然基督教展示如此荣耀的景象，它所揭示的事情如此高过万有，它如此彻底地战胜死亡，它向我们应许如此蒙福的居所，而我们将在那里变得好像天使一样，那么，如此伟大的宗教、如此伟大的真理和盼望，在某些人圣洁的心中摧毁一切属地欲望，并让他们热爱一切属天之事，成为他们持之以恒的激情所在，那有什么好奇怪的呢？

因为既然基督徒的宗教始于被钉在十字架上的上帝之子，始于耶稣受侮辱、被嘲笑、遭鞭打、忍受苦难，源于基督贫穷受逼迫的一生以及痛苦无比的受死，那么，这属天奥秘的诸多崇拜者，这位被钉之主的众多爱慕者，愿意离弃世俗享乐，奉献一生，治死肉体情欲，与这位基督一同在地上受苦，好与他一同在天上掌权，那有什么不可理解的呢？

既然真理向我们保证，只有一件事是不可少的，那么，有一些忠实的基督徒完全相信这话，甘愿离弃世界，好得着这不可少的美事而不被

---

① 优西比乌，《福音的确据》第一卷第八章。

世俗缠累，那有什么不可思议的呢？

既然伟大的救主说，"你若愿意作完全人，可去变卖你所有的，分给穷人，就必有财宝在天上，你还要来跟从我"（太 19：21），那么，基督徒忠心跟随基督，积财宝在天上，渴慕圣洁，甚至舍弃一切地上的财富，甘愿贫穷，尽力周济穷人，那有什么好大惊小怪的呢？

既然蒙拣选的器皿圣保罗说，"没有娶妻的，是为主的事挂虑，想怎样叫主喜悦；娶了妻的，是为世上的事挂虑，想怎样叫妻子喜悦。妇人和处女也有分别。没有出嫁的，是为主的事挂虑，要身体灵魂都圣洁"（林前 7：32—34），那么，完美的贞洁成为早期教会的称赞和荣耀，基督徒渴慕服侍上帝，渴慕最高的贞洁，竭尽全力增进美德，甚至舍弃婚姻的幸福，一生守贞收拾油灯，洁净心灵，服侍上帝，那有什么匪夷所思的呢？

如果今天我们缺乏这样敬虔的榜样，如果神职人员和平信徒都没有这样的精神，如果我们已经偏离正道如此之远，甚至那些呼吁舍己，离弃世界，敬虔、顺服、贞节、贫穷的基督徒，今天在人看来是胡言乱语传播怪异教义，就像圣保罗在雅典的遭遇（徒 17：18），那是因为这个世代已经过于堕落，不仅多人爱心冷淡了，而且众人的心都冰冷如墙。

我诉诸古代教会并引述经文，是为了支持米兰达生活中某些看似特立独行的做法，并说明米兰达圣洁人生的准则，她的敬虔、舍己、离弃世界、慈善、贞洁、乐贫，都来自基督和众使徒最崇高的教导，合乎来世的盼望，是崇高大爱的典范，初代至纯至荣教会中最伟大的圣徒无不持守这些准则。

"有耳可听的，就应当听。"（太 11：15）

第十章

全世界所有男女，不论等级或年龄，都应将自己全然献上，向上帝而活

我在前面几章举了几个真正敬虔的例子，并且说明：我们必须理智而敬虔地使用一切，按照上帝的荣耀来指导我们的一切行为和意图，让我们日常生活的一切，我们的职业、才干和财富都完全圣洁，成为可喜悦的供物献给上帝。

　　现在，我要说明：如此敬虔的规矩，平时的圣洁，敬虔地使用我们所拥有的一切——这些是各等基督徒的共同责任。

　　福尔维斯①接受过良好教育，拥有大学学位，所以他觉得自己不应该受任何准则的约束。他不愿意从事任何职业，也不想经商，因为他认为每种职业都叫人筋疲力尽，失去自由。他说自己没有从事神职的原因，是他认为神职人员必须生活非常圣洁，而自己不是卫道士。他说自己从不想结婚，因为他不愿意约束自己，每天过千篇一律的生活，行为规矩。他认为自己尽不到丈夫身为家庭之头的责任。他不当侄女的教父，因为不想辜负别人的信任。

　　福尔维斯认为这种做法对得起自己的良心，因此他懒惰散漫、随心所欲地生活，不觉得这有什么不好。

　　他不信宗教，也不灵修，更不祷告。他不按照任何准则生活，他认为自己无可厚非，因为他既非祭司，也不为人父，既不当监护人，也不管理职业或家庭。

　　但是，福尔维斯，您是一个理性的受造物，既然如此，您就有责任

---

① 　福尔维斯（Fulvius），古罗马著名家族，暗示世俗权势和虚荣。

过理性和有秩序的生活，正如神职人员必须管好圣餐，管家要忠于职守。倘若您生活违背理性，您不仅犯了小错，不仅辜负了别人一点信任，而且您违背了您本性的规律，悖逆了那位赋予您本性的上帝，并且置身于背信弃义者之列，让自己承受那位赋予人理性、设定万物秩序之上帝的刑罚。

尽管您没有职业，但是，您如何受洗并借此宣告信仰基督的宗教，您就应当如何按照基督徒的圣洁精神来生活，履行受洗之时的一切承诺，正如任何人都要在工作中尽忠职守。倘若您对这样伟大的呼召充耳不闻，那就不是在小事上弄虚作假，而是践踏耶稣基督的宝血，把上帝的独生爱子重钉十字架，蔑视圣善之至高榜样，羞辱上帝的教会，玷污基督的身体，并且糟蹋蒙恩之道和荣耀应许。当审判的日子，推罗、西顿所受的比您还容易受呢。

因此，若有人以为自己地位比别人卑贱就可放纵自己，此乃大愚妄。因为如果辜负信任是可恶之事，如果罔顾呼召是可怕之事，那么我们更要害怕糟蹋理性，更要担心罔顾基督徒的呼召，因为上帝赐给我们理性和基督徒呼召，并非为短暂人生之小用，而是为了救赎灵魂归向上帝，引领圣徒进入天国，并且成就上帝永恒荣耀的国度。

因此，无人能因自己选择了碌碌无为、与世无争的生活，就觉得自己不用恪守敬虔和道德，因为人必须过理智圣洁的生活——这不在于此生的地位和职业，而在于上帝永恒不变的神性以及人的本性。人并非因为是祭司或家长而要理性和圣洁，而是因敬虔良善乃普遍人性之律法，所以他要做虔诚的祭司和慈父。假如有人不按理性与秩序生活却能讨上帝喜悦，那么祭司背道或家长失职也无可厚非。因此，糟蹋理智和祭司失职同罪，忽略基督徒圣洁生活与背信弃义一样当罚。

倘若有人宁可挖出自己的眼睛而不愿欣赏光明和看见上帝的大工，倘若他故意绝食自杀，那么每个人都会承认这人是悖逆上帝的，应当承受上帝至高的愤怒。您不会说这仅在祭司或家长是罪恶，不，这在任何人都是罪恶。

这种做法何以为罪呢？是否在于此人糟蹋了自己的本性，拒绝按照上帝创造肢体的目的使用它们？如果是，那么一切糟蹋理性、不按照上帝创造目的而行的人都和此人同罪，他们所行都是悖逆上帝，都应当为此承受上帝的愤怒。

假设这个人没有挖出眼睛，仅用它们来观看非礼之事或干脆闭眼沉睡不起；假设他没有绝食而死，而是日日宴乐饮食无度，那么我们能说他的生活更加荣耀上帝吗？我们岂能说他比挖眼绝食更好地使用了上帝所创造的肢体？

那么，只要假设某人行为不合理智，只要假设他虽未挖出眼睛却弃绝理智，虽未绝食而死却一辈子行为愚妄无所事事，您就会发现这同样是悖逆上帝。

因为挖眼自杀之罪在于人糟蹋上帝所赋予的能力，拒绝按照上帝创造肢体的目的来使用它们，故意违背上帝旨意。毫无疑问，生活不理智、不圣洁、行为愚蠢的人，其罪过也正在于此。

因此，正如任何地位或个人生活方式都不能成为糟蹋肢体的理由或自杀的借口，同样，任何地位或个人生活方式都不能成为糟蹋理智的理由或忽视基督教圣洁生活的借口。因为，正如"正确地使用眼睛，妥善饮食保全生命"是上帝的旨意，"尽量发挥理智、恪守基督教的纯全和圣洁"，当然也是上帝的旨意。

因此，除非一个人能表明自己尽心竭力地按照上帝的旨意生活，想成为上帝所要的样式；除非他能表明自己努力地按照基督教的圣洁要求生活，否则，不论他是谁，不论他身处何种地位，他都无法向上帝交差，正如自杀的人、辜负了最大信任的人、一切对最崇高的呼召充耳不闻的人一样。

每个人都承认各等人都应当同样诚信。不论个人生活如何，地位高低，人人都有此责任，概莫例外。由此，只要我们查验理智和事物之本质，只要我们思想上帝的神性和人的本性，我们就会发现人必须正确利用理智，基督徒生活必须具备各种恩典美德或宗教情操。我们不能认为一个人必须举止敬虔而另一个人不需要，或者一个人必须完全诚实而另一个人不需要，因为基督徒的谦卑、节制、奉献、敬虔，与正义和信实一样，都是理智人生不可或缺的部分。另一方面，骄傲、肉体情欲和贪婪，与不忠和撒谎一样，都是大愚昧，都是严重糟蹋理智，都是悖逆上帝。偷盗和撒谎的罪在俗人看来更恶劣，因为它们严重危害文明社会，理应遭到世俗法律严惩。但倘若我们从更高的角度来审视人类，把人类视为上帝的秩序或理性生物组成的社会，人类应当借着妥善使用理智和遵守人性的准则来荣耀上帝，那么我们就会发现：每一种不好的性情，就是一切违反理智与秩序、违背上帝的目的和旨意、玷污理性世界之美好荣耀的性情，都是一样的罪，都同样为上帝所憎恶。

由此我们明白：肉体情欲的罪与撒谎的罪一样恶劣，它使我们成为上帝厌恶的对象。

并且，如果我们从更高的视角审视人类，把人类视为一个蒙恩得救的社会，是由堕落的灵魂所组成的，他们受洗归入上帝独生爱子的团契。上帝救赎他们，是要让他们成为圣灵的殿，要按照上帝圣洁的感动而活，要献上理智的祭物，就是一个谦卑、虔诚和感恩的人生。他们要洁净自己，脱离堕落之后的各种腐败和混乱，妥善使用蒙恩之道，成为永恒荣耀之子。如果我们在此真光中审视人类，就会发现：一切破坏如此圣洁社会、辜负如此大怜悯的性情，以及一切使我们丧失基督形象、羞辱基督身体、糟蹋蒙恩之道、破坏荣耀盼望的行为都会使我们在上帝眼中永远看为可憎。因此，虽然骄傲、肉体情欲和其他种种陋习不像欺骗撒谎那样严重危害人类文明社会，但是这些不敬虔的性情所危害的是一个神圣的社会和上帝的旨意。在上帝眼中，这个神圣的社会比这个世界的种种社会伟大得多、荣耀得多。

因此，我们绝不能以为自己没有担任公职，没有承担重要职责就能随心所欲地生活，大吃大喝，忽略敬虔圣洁的责任。没有什么想法比这更加错谬，因为假如我们能这样想，就有充足的理由欺骗撒谎。因为糟蹋理性、沉溺于贪婪和肉欲、不按照真基督徒的理智来使用恩赐的人和欺骗撒谎的人一样，他们的生活都被上帝视为可憎。

因此，如果您宁可懒惰享受而非不忠于配偶；如果您宁可贪婪奢侈而非损人利己，那么您并不比一个宁抢民宅而不偷教会的强盗更蒙上帝悦纳。

因为糟蹋自己的本性和损害别人的利益都是悖逆上帝，对上帝不敬虔和对人不诚实，同样会使自己陷于诅咒。因此，"所有人无论何等地位都必须保持诚实"的理由，也能证明"所有人无论何等地位都必须保持圣洁虔诚，行事的方式都要能荣耀上帝"。

另外，众所周知，基督徒必须祷告，这一点也说明"各等人都应当在日常生活中成为圣洁，都必须敬虔地使用一切世物"。

显然，各种地位、各种条件的人都应该祷告。如果我们深究其理由，为什么没有一种地位可以免除祷告的责任，那么我们就会发现，这个理由正是"为什么每种生活状况都必须完全成为敬虔和圣洁"的理由。

"我们必须向上帝祷告，用感恩的话语和赞美的诗歌荣耀上帝"——此等原因在于我们必须完全向上帝而活，并且用各种方法荣耀他。 不是因为赞美的话语或感恩的祷告，比其他东西更适合灵修或更适合敬拜上帝，而是因为它们可以用来表达我们的依靠、顺服和奉献。既然我们用嘴赞美和感谢上帝的原因，是"我们要用各种方法向上帝而活"，那么显然，我们同样要用其他敬虔和顺服的行为来敬拜和荣耀上帝。并且，由于行为比话语更要紧，所以，"在平时凡事荣耀上帝"，就比"在某些时刻说某些话"①是更好的敬拜，更蒙上帝悦纳。

---

① 在某些时刻说某些话，指在规定的时间祷告。——译者注

　　由此可见，既然我们应该用各种感恩的方式来敬拜上帝，那么，"因一切都出于上帝而定意为生活中一切祸福风雨而知足感恩的人"，与"在某些时刻吟唱诗篇的人"相比，前者有更好的敬拜。"因敬畏上帝无处不在而不敢说无礼之辞或行愚妄之事"，就是比"不敢错过教会敬拜"更好的灵修。"在世上作客旅和寄居的，用世物像不用世物的，通过一切行为使生命趋于完善"就是比"神圣崇高的祷告"更好的供物。

　　"凡事谦卑，远避骄傲虚荣之表现，在言谈、对话、衣着、行为和举止上柔和谦卑，效法我们伟大的救主"，是比"每逢公共崇拜就俯伏在地"更好的敬拜。有衣有食就满足，把剩余的都给穷人的人；因为相信钱是上帝的恩赐，必须按照上帝的旨意加以善用，所以从不敢浪费钱的人——这样的人用来赞美上帝的生活乐章比赞美诗更加荣耀。

　　按时祷告是正确的灵修，但一个随时随地并且任何行为都恪守智慧圣洁的人，他的敬拜是最真实的。因为谁不知道：成为纯全圣洁的人好过谈论纯全圣洁的事？谁不明白：一个人被认为是纯全、圣洁、公义的程度不应超过他平时真正纯全、圣洁、公义的程度？既然如此，显然，有圣洁的生活，就比有圣洁的祷告更蒙上帝悦纳。

　　因此，祷告远不足以构成灵修，祷告仅是灵修当中微不足道的一部分。我们要用话语赞美上帝，因为这是荣耀上帝的一个途径。上帝既然给了我们这个能力，我们就要用它。但是，正如与我们生活的其他事情相比，话语本是小事，按时祷告不过是小事；同样，与我们生活每个部分和每种环境中的灵修相比，定时按照格式祷告也不过是极小的事。

　　而且，因为用我们的话语敬拜上帝，按时向上帝祷告是容易的事，所以这是最小的敬虔。然而，另一方面，用我们的物质敬拜上帝，以珍惜一切时间来尊崇上帝，把"不断舍己和治死老我"献给上帝作供物是困难的事。因为我们要更加敬虔，才能或吃或喝都为荣耀上帝而作，或张或弛都奉上帝的名而行；因为"治死我们一切败坏的性情，纠正我们一切私欲，使敬虔成为我们平时一切行为的准则和尺度"——这比"嘴上的服侍"更加困难。所以，这种灵修是更蒙上帝悦纳的服侍，胜过我们在教会或在密室献给上帝的祷词。

每位清醒的读者都不难明白，我无意贬低祷告真实而重要的价值，不论公祷或私祷。我的意图不过是让读者明白：与一个全然敬虔的人生相比，祷告不过是基督徒灵修生活的一小部分。

为了更好地明白这点，让我们假设有一个人安排一定的时间唱诗赞美上帝，并严格加以遵守。然而，在平时，他焦躁不安、牢骚满腹、抱怨一切、从不满足。除非偶尔心情好，否则他总是怨天尤人，对发生在自己身上的事情感到不快。

您能想象还有什么事情比这更荒唐和更不合情理吗？这样一个人能说因为按时赞美上帝就是向上帝感恩吗？当然不是。这种赞美远非蒙上帝悦纳的奉献，反而是遭上帝厌弃的可憎之物。然而，您在这个例子中所看见的荒唐事正发生在我们生活的其他部分。如果我们平时的生活违背我们祷告的精神，那么我们的生活就和一个满腹牢骚者的赞美一样可憎。

双膝跪拜却披戴骄傲，向天上呼求却在地上积聚财宝，圣洁灵修却活在世俗的愚妄之中，温柔而仁慈地祈祷却心怀傲慢和反感，按时祷告却日复一日年复一年浪费时间于无聊的消遣、随便的串门、愚蠢的享受——这些行为是荒谬、不蒙悦纳的服侍，正如一个生活中满腹牢骚的人所做的感恩祷告一样。

因此，除非我们平时的生活与祷告的精神相符，否则我们的祷告就不是真灵修，也不叫真奉献。它们不过是嘴唇上的敬虔，甚至可能是最臭名昭著的虚伪。

因此，既然我们必须把祷告的精神和性情贯穿成为平时生活的精神和性情，那么我们就该知道，各等人都要努力追求基督徒的完全。因为既然所有基督徒都使用同样圣洁崇高的祷文，既然他们都同样切切向圣灵祈求，那么，这足以证明身处不同地位的基督徒都要尽心竭力，使自己的生活与他们所求的圣灵相符。

因此，同样圣洁的祷告必然要求同样圣洁的生活，那么一切基督徒也必然领受了同样的呼召，要过同样圣洁的生活。

虽然上帝没有呼召某位士兵或商人管理圣餐或布道，但每位士兵或商人在日常生活中都要敬虔、谦卑、圣洁、崇高，正如神职人员在平时工作中要热心、信实、勤恳。

而这一切都是为了这个明显的理由：因为众人都要祈求同样圣洁、智慧和神圣的性情，尽量让自己配得上同一个天国。

因此，众人——作为人——都拥有同一个要务：不辜负他们的理性，让理性和秩序掌管他们的一切动机和行为。一切基督徒——作为基督徒——都领受同一个呼召：按照基督徒的精神生活，让福音成为他们平时生活一切性情的准则和尺度。凡是一人需要的，就是众人需要的。

商人不再在地上积聚财宝，当兵的不再为荣耀浴血奋战，学者不再以探索科学为骄傲资本，但众人都必同心合意"将万事当作有损的，以认识主基督耶稣为至宝"（腓3:8）。

贵妇必眼中流泪，披戴谦卑；绅士必弃绝浮华心思，哀伤痛悔；富贵之子必离弃出身之傲，鄙夷重生之前的自己。为奴的必以劳苦为服侍上帝。做主的必称奴仆为基督里的弟兄，是基督奥秘身体的同胞肢体，倍加尊重爱惜。

少女必将童贞之身献于敬虔、祷告、舍己以及一切善工，或结婚嫁人，圣洁、节制、谨慎地照顾家人，在敬虔、谦卑、灵修中养育后代，满有各样善行，在各自的地位上努力尽责。她们不选择别的任何东西，只是一心在自己的位分上服侍上帝。她们或嫁人或单身生活，无论如何，她们总是让自己圣洁、谦卑、委身，履行一切基督徒的责任。她们不再因为拥有财富或生于富贵之家而游走于上帝和世俗之间或尽情享受财富，正如她们不能时而贞洁节制，时而奢侈浪费。

她们不会思想宗教给自己多么美好的形象，或以为自己可以用灵修祷告点缀自由散漫、空虚轻浮的生活。不，她们必细查什么是祷告的真精神和性情，思考什么是基督教的本质和目的，然后发现不论嫁娶或单身，自己手里只有一件要务：成为智慧、虔诚、圣洁，不在于敬拜的细节和形式，而在于他们心思意念的全然回转，在于他们一切行为的整体形式，在于平时每天的生活。

青年绅士必须思想我们伟大的救主在福音书中对青年财主说的话：变卖所有的分给穷人。尽管这节经文不要求所有人变卖所有的，但它显然命令各种人以理智和慈善的方式使用一切财富，如此足以表明他将一切所有的都献给上帝，不留下什么不给穷人，反而浪费在无用、虚荣、愚蠢的地方。

因此，倘若青年绅士向往尽情享乐的人生，倘若他们把财富用于昂贵的生活方式，用于奢侈和纵欲、面子和排场、娱乐和消遣、赌博和打猎，用来淫荡地迎合他们愚蠢的私欲，那么他们就没有任何理由看自己是基督的门徒，正如没有理由看自己为天使一样。

他们要相信基督徒绅士不可少的一件事就是大行善工，彰显福音最高尚的美德，厌弃庸俗的无知和软弱，做周围众人的良友和恩人，活出最崇高的智慧和圣洁，用整个人生表现真正敬虔的心灵多么伟大。他们所渴慕的高贵精神，是跟过伟大的主耶稣才能学到的，他们所展现的绅士精神，是与圣洁的使徒同住才能拥有的。他们必须学习如何尽心、尽性、尽力、尽意爱上帝，并爱人如己，然后在地上拥有一切伟大和尊贵，从此在天上也配得永恒的喜乐。

这是基督徒都有的圣洁，是一切基督徒共同的生活，不论他们身处什么地位和条件，是男人还是女人。

商人不应把灵修之责推给神职人员，神职人员不当把谦卑之德让给工人，贵妇不当以为谨慎、贞洁、顾家、衣着端庄、廉耻、节制乃贫女之操守，穷人不当认定敬拜服侍上帝乃富人之独责。身处高位的必显出何为灵里贫穷，卑下受苦的人必以上帝为喜乐。

有权有势的要饶恕敌人，并为敌人祷告，无辜受苦、戴枷坐监的人，必与保罗和西拉一同唱诗赞美上帝。因为每个基督徒，无论身处何种地位和环境，都要荣耀上帝操练圣洁，宗教精神要成为每个人共同的精神。

因为上帝的儿子从天上来，不是要在种种属世的生活道路之上添加一种外在的敬拜形式，让人仍照老样子生活，而性情和好恶与世俗的模样和精神毫无二致。不，耶稣基督从天降临，全然圣洁、全然崇高，带着他自己的神性，特要呼召人类过圣洁崇高的生活；要完全改变人类的本性和性情；要用圣灵重生他们；要让他们行在上帝的智慧、光明和大爱中，并且竭尽全力效法上帝；要离弃一切光鲜的世俗之道，不论是权势、金钱还是享乐；要治死最喜爱的情欲；要活在智慧、纯全、圣洁之中，好配得进入上帝的荣耀，永远以他为乐。

因此，基督徒生活中凡有什么愚昧的、荒谬的、虚荣的、属地的、情欲的事，都是不当有的，应当用悔改的泪水洗去这些斑点污秽。但如果这类事情贯穿整个人生，如果我们允许自己活在这些虚空、愚蠢、体贴肉体的事情中，那么我们就离弃了自己所宣告的信仰。

因为正如耶稣基督真是智慧和圣洁的，正如他来真是为了使我们更像他，好受洗进入他的圣灵，同样，唯有那些尽心竭力活出智慧、圣洁、崇高人生的基督徒才真叫"守住了信仰"。这才叫基督教——即生活凡事都圣洁，一切行为都充满崇高的智慧，不效法世界的精神和性情，反而将一切世俗的享乐换为灵修和奉献，专以服侍上帝为人生至幸。

然而，既然这样全然敬虔的心态，这些内在圣洁的习惯才是真宗教，那么真宗教，就是各等人的共同责任和喜乐，因为这样的真宗教里，没什么是只值得向一人推荐，却不值得向众人推荐的。

如果照这种敬虔精神而活，满有这些圣洁性情，凡事向上帝而行是主教的喜乐和荣耀，那么照同样的精神而活，也是一切男女老幼的荣耀和喜乐。若有人发现古代主教应当专顾圣事，一生殷勤操练敬虔、智慧和灵修的任何原因，那他也能发现今天自己应当如此尽心竭力的许多原因。

倘若您说主教理应彰显基督教的圣洁，因为他有崇高神圣的呼召，诚然如此。但倘若您说他如此行，是因为成为圣洁于他比于您更有益处，那就大错了，因为大圣洁于主教大有益处，于每个家庭中的每位年轻人同样大有益处。

因为高度敬虔、坚定委身，以及敬虔地使用一切恩赐，是各种地位之人共同的荣耀和喜乐。

只要您想象自己希望世界上最虔诚的主教应当具有什么精神，您多么希望他爱上帝，您多么希望他效法我们救主和众使徒的生活，您多么希望他脱离世俗，凡事都彰显崇高生活的荣耀，那么您就已经找到了自己生命应当具备的精神。

我愿每位读者掩卷思考这个问题，或许他会因此得到许多启示，超过他的想象。每个人都说多么希望某人变好、变虔诚；每个人都知道脱离世俗、彰显基督徒完全、树立敬虔榜样的主教是多么智慧理智；一旦您想到一位智慧的古代主教，您会想象他们非常敬虔，是福音书里所描述的一切圣洁性情的鲜活典范。

现在，如果您问自己什么是年轻神职人员最大的幸福？您不得不承认，他最幸福、最荣耀的事情，就是像这位古代主教一样。

如果您再问什么是任何年轻绅士或女士最大的喜乐？回答必定也是一样的：他们最喜乐、最荣耀的事情，莫过于像那位好主教一样常常敬虔灵修，操练圣洁生活。因为宗教当中凡是伟大荣耀的事，既是主教的真荣耀，也是每位男女老幼的真荣耀。如果热爱上帝、乐善好施、纯洁无瑕、情感崇高、治死老我、常常灵修祷告是任何基督徒最美好、最幸福的生活方式，那么这也是每个基督徒最美好最喜乐的生活方式。

再想：倘若您看见一位主教整个一生都为人鄙俗，效法一切世俗的愚蠢性情，喜好和恐惧与世人毫无二致，那么您会如何看他？您岂会觉得他仅仅犯了小错？不，您会谴责他不仅大错特错，且在唯一要紧的事上犯错。请掩卷思想片刻，直到您的头脑完全相信主教过放纵的世俗生活是多么悲惨的错误。

与此同时，请将思绪转向您认识的人，您的弟兄姐妹或任何年轻人。现在，倘若您看见他们平时的生活不符合福音的教义，倘若您发现他们的生活方式称不上是努力进窄门，那么您所看到的就是您应当因同样的理由、同样严厉地谴责的事。他们所犯的并非小错，而是在关乎他们一切的大事上犯错，他们失去了自己的真正喜乐，正如那位失职的坏主教一样。现在，请反思您自己：倘若您发现自己正过着懒惰、放纵、虚荣的生活，宁可迎合自己的私欲，不愿遵守基督教义，不遵守伟大救主清楚的教训，那么您就有充足理由责备自己盲目和愚昧，正如您责备任何失职的主教。

因为，基督徒生活的一切美德——全然纯洁和崇高性情——是主教人生的唯一准则，也是您人生的唯一准则。倘若您忽视这些圣洁性情，倘若您不渴慕这些性情，倘若您不活出这些性情，那您就失去了自己真正的喜乐，成了自己的大敌，犯了大错，您就和那位宁可经营小家、不愿效法使徒的坏主教一样。因为如果您有任何理由认为最大的圣洁、最崇高的性情是主教的责任和喜乐，您就有同样的理由认为，这种性情是一切基督徒共同的责任和喜乐。正如最智慧的主教就是活出高度圣洁、成为敬虔人生典范的主教，同样，最智慧的年轻人和最智慧的女子——不论单身已婚，就是达到基督教最大的圣洁，平时不断操练一切神圣崇高品格的人。

第十一章

大敬虔使生命于今世便充满
大平安和大喜乐

一些人或许会反对说：凡事都要追求在上帝面前的圣洁，这些准则太约束人；凡事都要考虑上帝，这会使人太焦虑；剥夺基督徒这么多看似无伤大雅的人生乐趣，我们的生活会变得无聊、艰难、忧愁。

对此，我的回答如下：

第一，制定这些准则的目的与这些人的想法正好相反，遵守这些准则的结果也与他们所想的正好相反。遵守基督教的原则不仅不会使我们的生活变得无聊忧愁，反而会让人充满喜乐和满足。我们遵守准则，才能改变我们虚荣和病态私欲的幼稚满足，才能享受健康心灵的真正喜乐。

第二，今生的喜乐中没有安慰的根基，人得安慰的根基在于相信一位智慧良善的上帝永远掌权。同样，我们越是在一切事情中看见上帝，越是凡事顺服上帝，越是凡事依靠他，越是凡事遵从他的旨意，越是按他的智慧行事为人，并效法他的良善——我们越这样做，就越以上帝为乐，就越有分于属神的性情，越提升和增加人生一切幸福和安慰。

第三，人如果努力在内心克服并根除宗教所反对的一切骄傲、嫉妒、野心等邪情私欲，他就比那些想方设法让自己放纵私欲的人更加幸福——甚至在此生已经如此。因为这些情欲是人生一切焦躁与偏执的病根，让我们头脑发涨发热，内心充满虚假的欲望，永无休止地追求自己本不需要的东西，并且败坏我们原本的品位，使我们无法欣赏那些真正美好的事物。

请您想象您在什么地方见过这样一个人：他定意让理智掌管一切行

为；他除了自然需求和宗教赞成的事之外别无他求；他毫无骄傲、嫉妒、贪婪之心，正如他毫无杀人的想法；他摆脱世俗私欲的辖制，灵魂充满了神圣的爱，希望并祈祷众人都在世上得到他们想要的东西，并有分于来世永恒的荣耀。只要您想象这样生活的一个人，您自己的良心会立刻告诉您：他是世界上最幸福的人，最丰富的想象力也无法设想在人目前的生活状态①中有什么比这更喜乐。

另一方面，只要您想象他多少不够完全；只要您想象他有一种愚蠢的爱好或虚荣的私欲，那么您自己的良心再次告诉您，他多少剥夺了自己的幸福，不能真正以自己的美德为乐。因此，我们越遵守宗教准则，生活就越平安、越幸福。此言不虚。

并且，正如只有最深刻地灵修，最彻底地弃绝私欲和最严格地遵守宗教准则，人才有真喜乐；人类的苦难也是同理。如果我们细查世界，观看人生的各种焦躁和麻烦，就会发现它们都源于我们狂暴的冲动和不受约束的情欲。

既然一切麻烦和不安的原因是这样或那样的需求，那么，如果我们想找出麻烦和焦躁的真正原因，就必须找出需求的原因，因为导致和增加我们需求的东西，同样也导致和增加我们的麻烦和焦躁。

全能上帝差我们进入世界，只有很少的需求：我们生活所必须的就是饮食和衣物；既然饮食衣物是我们目前唯一的需求，那么这个世界已经足以供应我们的所需。

即便一个人掌握半个世界，他能用的也不过如上所述；他所需的不过就是维持生命。半壁江山并不能为他做别的什么，也不能增添他的喜乐。

这就是人的状况——生来需求极少，又活在一个极大的世界里，这

---

① 目前的生活状态，指人类暂时活在地上的状态——灵魂与肉体相联合，无法摆脱各种软弱，尚未进入永生和完全成圣。——译者注

个世界完全可以供应人的需求。既然如此，人完全有理由认为，众人本应在满足和感恩中生活，至少他们应该摆脱狂暴的焦躁与偏执，因为他们被置于这样富饶的世界，一个足以满足他们一切需求的世界。

但是，如果我们进一步思想：这短暂的人生，虽然如此丰富，足以满足我们一切所需，但它只是永恒荣耀的短暂过渡，而我们将在永生中披戴天使的荣光，进入上帝的喜乐。那么，我们就更有理由认为，人生本应是一种平安、喜乐，并以上帝为乐的状态。假如理智完全掌控我们，我们当然应该这样来看待人生。

可是，唉！尽管上帝、自然界以及理性都让人生如此脱离各种需求的辖制，并让人生充满喜乐，但我们却悖逆上帝、本性和理智，用各种私欲另造了一个邪恶的世界，使人生充满臆想的需求和虚荣的焦躁。

骄傲者有千种需求，无不出于自己的骄傲。这些需求使他充满麻烦，好像上帝在他心里创造了万千欲望，却没有给他任何东西可以真正满足这些欲望。嫉妒和野心也有无尽的需求，使人的灵魂焦躁不安，用自相矛盾的想法让人又愚蠢又悲惨，好像那些想边飞边爬的人一样。

只要任何一个怨天尤人、焦躁不安的人告诉您他烦闷的根据，您就会看出他是自寻烦恼；然而，只要他愿意安分守己，遵守上帝、自然和理性的要求，这些烦恼就会不翼而飞。

如果您看见一个人整天因为自己不能在水面行走或抓不住空中飞鸟而烦躁不安，您会立刻说此人不安真是活该。但是，如果您调查人生最折磨人的各种焦躁，您会发现它们同样荒谬：人们受苦不过是因自己的愚妄，他们用来折磨自己的东西并不比凌波擒禽更关乎自己的利益，或更利于自己的美德。

想象一下，有一个人，整天为自己不会飞而伤透脑筋，日日夜夜冥思苦想如何才能翱翔天空，他抛妻弃子，然后费尽力气爬山跳崖，苦苦央求遇到的每个人把他从地上抬起来并扔出去，以致摔得体无完肤，直到折断脖子——你能想到比这更愚昧、更离谱的事吗？而这一切都是因为他以为得到众人注目就很光荣，在最高的树顶上吃喝睡觉就很幸福，您难道不会立刻承认，这样的人是因自己的愚妄而烦恼吗？

如果您问：为什么要想象这样愚蠢的、在生活中根本不可能存在的一个人？

回答是：只要您在任何地方见到一个野心勃勃的人，您就看见了这样虚荣疯狂的家伙。

再如，倘若您看见这样一个人：他有一个大池塘，却总是口干舌燥，不肯喝池塘里的一滴水，因为他担心池塘变小；如果您看见他费时费力地四处找水倒进池塘，总是口渴却随时手持水桶，每天从早到晚望着天空指望接几滴雨水，望眼欲穿地盯着每片云彩，兴冲冲地跳进每个泥潭打水，永远都在研究如何让每个沟渠里的水都流进自己的池塘，倘若您看见他在这些焦虑工作中逐渐苍老，一辈子受干涸之苦，却最终掉进池塘淹死，您难道不会说他不仅是自找麻烦，而且愚蠢透顶，疯狂过头？然而，尽管这个角色非常愚蠢荒谬，它还不足以描述贪婪之人一半的愚妄行为和荒谬的焦虑。

这样我就能轻易证明，我们其他一切欲望也会产生同样效果。我们一切的苦难、偏执和牢骚完全是我们咎由自取，和上面那些贪婪不安分的人一样荒谬。您不论看哪里，您所见的一切世俗偏执都与家里池塘足饮百马，却四处掘沟挖渠并在泥潭里找水喝的人别无二致。

西莉亚①总是在说她多么生气，发生在她身上的事情多么令人无法容忍，多么可怕；她如何被人利用，她无论走到哪里都遇到疯子。她告诉您，她的忍耐已经到了极限，她受不了周围人的行为。她每次出席聚会，总是带着一肚子气回家；总有一些人说话做事叫任何理智和有教养的人都无法接受。她总是一语回绝那些祈求施舍的穷人，不是因为她舍不得钱，而是因为她自己的麻烦已经够多了，根本顾不上别人。虽然西

---

① 西莉亚 (Celia)，"空虚"之意。

莉亚家产殷实，无需操劳，但是她抑郁的心态让人觉得她好像没吃没穿且无家可归的人一样。如果您看见她脸色比平时还苍白，如果她和您说话的时候嘴唇颤抖，那是因为她刚聚会完回家，而卢佩斯完全对她视而不见，反而和露辛达热络不已，而露辛达家产还没有她一半多。有时，意外事件让她感到头疼，必须找医生才吃得下东西，这种时候她会向医生抱怨上帝的护佑不周，因为她自从出生就没好过，她嫉妒每个看上去比她健康的乞丐。

这就是西莉亚焦躁的生活，令她备受折磨的就是她自己的精神。

如果您能让她心里有基督徒的谦卑，她就能和世界上任何人一样幸福。这种美德会使她因为自己拥有现在一半的健康而向上帝感恩，并帮助她将来过得更加幸福。这种美德会使她摆脱各种健康问题，诸如精神颓废、缺乏食欲、血气不畅，等等。

我举这些例子的唯一目的就是希望您明白：宗教的严格准则不会让人生变得无聊、焦虑、不适。正好相反，世界上的一切苦难、烦忧、牢骚都是由于人们缺乏宗教的约束，都是源于我们永不满足的种种私欲，而这一切正是宗教教导我们必须弃绝的事情。

因为，使人生变得浮躁动荡的种种需求——让我们不接纳自己、与人争竞、不感恩，让我们在徒劳无益的工作和愚蠢的焦虑中筋疲力尽，让我们从这事忙到那事、此处跑到彼处、追求我们所不知道的东西——这些需求都不是上帝、自然、理性所赋予我们的礼物，而是被骄傲、嫉妒、野心和贪婪灌输到我们内心的欲望。

因此，只要您的欲望不超过自然和理性所需，只要您按照宗教准则来约束自己内心的情感，您就能消除无尽的欲望和过度的偏执，您的内心就能恢复平安。

多数人虽然承认宗教能保守我们免于许多邪恶，在很多方面帮助我们知足常乐，但他们认为这种情况只适用于温和的宗教，不能信过了头，宗教应只是稍微约束我们不要太贪婪。他们认为：恪守宗教准则和高度敬虔有悖人性，必然导致人生变得无趣而难受。

　　尽管前面已经说明这种看法站不住脚，但容我再赘述几句。

　　有些人认为：宗教倘若温和地加以施行，可以增加人生的喜乐，但若按宗教对完全的要求去追求敬虔，则会产生反作用。

　　因此，他们以为：只要不过分嫉妒就是幸福的，但毫无嫉妒之心则是人生不幸。他们以为：不过于野心勃勃是好的，但毫无野心则不是好事。他们以为：人生的喜乐在于美德和陋习交织，骄傲和谦卑相混，慷慨和嫉妒兼具，崇高与贪婪并存。这种荒谬的想法就如同一个人以为没有剧痛是好事，但没有小痛则是不幸，或以为健康的幸福在于半病半痊。

　　因为既然谦卑是心灵的平安，那么最谦卑的人才能从谦卑中得到真喜乐。既然嫉妒折磨人心，那么扑灭一切嫉妒火星之人才能彻底摆脱内心啃噬之苦。既然遵行上帝旨意有平安和喜乐，那么越遵守宗教准则的人就越平安、越喜乐。

　　每种美德都是如此：您越是操练它，您越从中得到喜乐。陋习也是如此：如果您仅仅遏制它不要过头，那么您受益有限；但如果您完全弃绝它，那您就会感到改邪归正的真平安和真喜乐。

　　举例来说，假如宗教仅仅限制您过度报复，却允许您心里有些许仇恨，那么您的宗教只不过让您外在生活看上去稍为体面，却没有使您变得更加幸福，有真平安。但是，如果您顺服上帝，完全放弃一切复仇的想法，并决心永远弃恶从善，那么您就使自己更像上帝，更配在他爱与荣耀的国度里享受他的怜悯。只有这样的大美德才会使您感到大喜乐。

　　第二，至于那些世俗的满足和享受，就是敬虔灵修所要求我们舍弃的东西，会剥夺我们生活中的真正安慰。

　　因为，首先，灵修不要求我们舍弃任何理智的行为或荣耀上帝的生活方式。灵修的最严格规矩也绝不拒绝我们在界限之内享受一切生活方式、一切满足和喜乐。不论您——在上帝面前——作为他的仆人，或作为从他领受理性和知识的受造物，不论您可以做什么，不论您喜欢做什么，凡是您可以安然按照理性和上帝旨意而行的事，都是灵修的规矩所允许的。难道您认为不冒犯上帝、不成为傻瓜疯子、不凡事抵触上帝刻在您心里的理智，您就不舒服？

而且，至于那些世俗的满足，就是那些不敢献给圣洁上帝的事、出于世俗愚妄和败坏的事、煽动情欲的事、使心灵沉溺于粗鄙和肉欲的事、使我们今生和永生都不讨上帝喜悦的事。如果宗教救我们脱离这种取死之深渊，并使我们得享永恒喜乐，那么我们的生活当然不可能是难受而痛苦的。

假设一个人完全没有感官的知识，独自一人在某个地方，身边有许多他不会用的东西：面包、酒、水、金砂、铁链、石头、衣服、火，等等。假设他不知道如何正确使用这些东西，他的感官也没有告诉他应该如何解渴充饥或使用周围的东西。假设他口渴了把金砂放到眼睛里，眼睛疼就把酒灌入耳朵，饿了把石头放在嘴里，身上疼就把自己用铁链捆住，冷了就把脚泡在水中，看见火就跑开，累了就用面包做凳子。假设他由于不知道如何正确利用周围的东西，他活着就白白折磨自己，最后把自己折磨死了，死的时候眼里揉着砂子，嘴里噎着石头，身上捆着铁链。假设有位善者来帮他，让他明白周围一切东西的本质和用法，给他制定正确使用这些东西的规矩，那么，如果他遵守这些规矩，他显然会得到幸福，不会再饥寒交迫。

现在，倘若您还有一点理智，您会说这些关于如何使用周围事物的严格准则，会让这个可怜人的生活变得无聊而痛苦吗？

这多少代表了宗教的严格准则：它们不过是缓解我们的无知，免得我们自寻烦恼，并教导我们正确利用周围一切，使我们真正受益。

人置身于一个充满各种事物的世界。人的无知使人误用和糟蹋很多东西，正如那个把金砂放进眼睛里止渴、用铁链缠身消除疼痛的人一样。

所以，宗教来解救他，帮助他制订严格的准则，教他如何正确使用周围的事物。如果他按照自己的本性和事物的本质来做事，就能乐而受益。宗教让人明白如何吃穿住行才是正道；让他知道世界上的事物只应该用于满足自己身体所需；让他晓得只要能够就应当援助一切弟兄，让他们也因他受益。

宗教告诉他：这个世界只能供应生命必需，此外不能给他任何幸福。告诉他攒钱圈地、华服龙床、面子排场、浮华虚荣，这一切只是水中捞月，徒劳无功。这些东西不能给人一丝喜乐，正如眼中的砂子不能解渴，嘴里的石头无法充饥。相反，就像砂子和石头放错地方一样，无知而错误地使用这些东西，只会使人更加不幸。

宗教教导他：尽管这个世界只能满足人身体所需，不能给他更大的满足，但有一种更大的福分已经为人预备得当，它远远胜过口舌之福和衣着之乐。宗教告诉他：尽管这福分暂时眼不能见，太过荣耀，甚至血肉之躯尚不堪承受，但上帝已经为他存留，一等这短暂生命结束就要进入那大光。在那里，他要变得好像天使一样，永远住在上帝的荣光之中。

宗教让他知道：这荣耀要留给那些善用世物的人，给那些不用金砂迷眼、不吃石头充饥、不在自己的铁链捆绑下哀嚎，而是理智地使用面包、水、酒、衣服的人；给那些信实感恩地敬拜那位赏赐了此生一切享受和来世一切盼望的恩主的人。

现在，有谁能说如此严格遵守宗教准则会剥夺人种种安慰？那他岂不也能说不准人用石头把自己噎死的规矩会剥夺人许多乐趣？因为恪守这些准则的原因仅仅在于它们是完全正确的。

谁会抱怨"禁止任何人把砂子揉进眼里"过于苛刻？谁能说因为这个规定不容商榷所以不近情理？而这正是宗教准则的严格之处——宗教所严厉禁止和不容商榷之事，都是我们一意孤行就会害己害人的错事。

如果宗教禁止人一切报复行为，不容例外，那是因为任何报复都是一种毒药；而且，就算我们吃得少，不足以立刻毙命，但只要我们吃一点，全身的血液就会中毒，难以复元。

如果宗教命令我们要有普世之爱，要爱人如己，要毫无保留地饶恕敌人，为敌人祷告，那是因为爱得越多，我们心灵就越强壮、越健康、越喜乐，就如同饮食使身体健康满足。

如果宗教反对我们在地上积攒财宝、命令我们吃饱穿暖就应感恩，那是因为除此以外的用途都是糟蹋，只能导致我们执迷不悟，把原本便利的工具变成吞噬我们的牢笼和陷阱。因为简朴的生活让我们免于骄傲嫉妒之苦，让我们更容易走在通往永生的窄路上。

如果宗教说"变卖你所有的分给穷人"，那是因为除此之外别无自然或理智地使用财富的做法，没有别的办法可以让我们因财富而更加幸福；那是因为"把我们不需要的东西施舍给别人"和"按照我们的需求来使用东西"，是同样正确的做法。因为，如果一个人拥有的食物超过了自然需求，而他宁可花尽心思以自己的肚腹取乐，也不愿意让挨饿的同胞得到一点安慰，这是多么卑鄙而愚蠢的做法！因此，正确对待财富根本不是苛刻的宗教律法，一个理智的人会以这样的真宗教为乐：它教导他以施舍为乐，不以聚敛为荣；它教导他如何把多余的饮食变成更大的祝福，而不是用它们把自己变成饭桶和衣架。

如果宗教要求我们时而禁食、拒绝我们自然的食欲，那是为了减少我们天然本性中的挣扎，那是为了让我们的身体更适合作纯洁的器皿，更顺服神圣的恩典在我们内心的感动；那是为了抽干与圣灵作对的私欲的源头；那是为了扑灭我们血液中的欲火，让我们的心思更加适合神圣的灵修。因此，尽管这些节制的规定给我们的身体带来一些痛苦，但它们能降低肉体欲望的能力，增加我们属灵喜乐的品位，越是操练，越能增加我们生活的安慰和喜乐。

如果宗教呼召我们过守望祷告的生活，那是因为我们四面受敌，永远需要上帝施以援手。如果我们要为罪忧伤痛悔，那是因为认罪可以使我们心灵得释放，如同卸下肩上的担子，让身体感到轻松自在。如果我们要常常热切祈求，那是为了让我们定睛仰望真神，并使我们永远不缺乏活泼信心的幸福、喜乐的盼望和对上帝的坚定信心。如果我们要常常祷告，那是因为只有祷告，才能给予我们说不出的喜乐，只有与上帝面对面交通，才能使我们的内心充满进入天堂之前所能感受的一切喜乐，这样的喜乐能让我们保持幸福。

假如世界上有什么事比灵修更值得我们用心，假如有什么运用心智的事或与人交谈比与上帝相交更于我们有益，那么上帝就不会叫我们常常祷告，不断祈求。但是，如果一个人思考自己灵修祷告时所失去的东西，他会发现他可以常常摆脱无事可做的状态，或无聊的忙碌；可以常常离弃无益的工作或虚荣的闲谈，而得到的却是大喜乐。如果他思想凡这世上的和其中的一切忙碌，不过是为了满足肉体所需和属肉体的享受，那么他就有理由喜欢祷告良辰，因为祷告赋予他更加崇高的安慰，提拔他超越这些俗事，打开他的内心，让他看见许多更大的事，让他的灵魂以盼望这些事为乐。

如果宗教命令我们全然向上帝而活，凡事向着上帝的荣耀而行，那是因为其他生活方式都与我们自己作对，最终成为我们自己的羞辱。

因为，正如凡不接受上帝光照的都是黑暗；正如凡不领受上帝启示的都是愚昧；正如凡与上帝的生命无分的都不能存活；正如若非上帝命定万有就都是空虚；同样，只有上帝的荣耀与伟大才是真正的荣耀与伟大。

虽然我们会提到人的荣耀，如同谈论人的生命与人的知识，但正如我们确知人的生命不在于我们自己，而在于依靠上帝而活，或享受在上帝里的生命；同样，人的荣耀也必定仅仅在于我们与上帝的荣耀有分。

这就是一切被造物的状况，不论是人或是天使。正如他们被造不由自己，他们也不能因自己得到任何喜乐①。如果他们有任何伟大之处，

---

① 自在、自满、自足、自乐是唯独上帝才具有的属性，被造物的满足和喜乐都是依赖性的。——译者注

那么他们的伟大必定只是他们领受了上帝较多的恩赐；他们的能力只不过是上帝的能力在他们里面运作；他们的智慧只不过是上帝的智慧在他们里面发光；他们的荣耀只不过是上帝的大光和荣耀照在他们身上。

正如他们成为人或天使，不是因为他们自己定意如此，而是因为上帝的旨意造他们如此；同样，人喜欢这个或天使喜欢那个，也不是因为他们定意如此，而是因为上帝的旨意命令人要喜欢这个而天使要喜欢那个。那么，既然上帝的旨意命定万有；既然上帝的旨意是万有的尺度和自然的准则；既然凡事成就无不借着他的能力；既然凡事显现无不借着他的光明；既然我们只敬畏他的公义；既然我们只盼望他的良善；既然这就是人的本性，人自己如此无助无能；既然这是一切被造物的状况——不论是天上的还是地上的；既然他们本是无有、无能、无力承受痛苦、无法体会喜乐；既然他们一切能力都是上帝能力的运行；既然这是一切事物的状况，那么，倘若我们不完全向上帝而活，凡事遵行上帝的旨意，我们怎能得到丝毫喜乐或安慰？把生命全然献给上帝，凡事完全依靠他，凡事向着他的荣耀而行，这绝不会让人无聊难受，反而让人凡事都得安慰。

如果您想知道那些按己意而行的人——就是那些不顺服上帝、不能向上帝而活、不愿意过"无聊而忧愁"生活的人——活得何等幸福，您可以看按才受托的比喻中那个领一千两银子的仆人。

他不按主人的旨意来使用这一千两银子，却按自己的方式来处理。他说："主啊，我知道你是忍心的人，没有种的地方要收割，没有散的地方要聚敛。我就害怕，去把你的一千银子埋藏在地里。请看，你的原银子在这里。"

主人就按仆人自己的话定了他的罪："把这无用的仆人丢在外面黑暗里，在那里必要哀哭切齿了。"（太25：24，25，30）

在此，您看到仆人不按主人旨意行事而使自己变得"何等幸福"。照他自己的说法，是一种抱怨和不满的幸福："主啊，我知道你是严厉的人"；是害怕和恐惧的幸福："我害怕"；是徒劳无功的幸福："我去把你的一千银子埋在地里"；在一时放纵愚蠢私欲之后，在经历啃噬人心的恐惧和徒劳无功的辛苦之后，他得到的报应是黑暗、永远的哀哭和切齿。

这正是一切小看宗教准则之人的幸福，就是那些以为严格按时祷告、正确使用恩赐会让生活变得无聊而忧愁的人的幸福。

他们或许能暂时摆脱宗教的约束和引导，但是，取而代之的是，他们必定受制于自己荒唐的私欲，他们必定和这个恶仆人一样不顺服、不安分，胆战心惊地生活。他们或许能不行善，不灵修，不积攒财宝在天，不给赤身露体的人穿衣，不探望生病的人，但是，取而代之的是，他们必定和这个恶仆人一样徒然劳累，于己于人都毫无益处。他们必定操劳辛苦，把他们的恩赐埋在地里。他们必定和这个恶仆人一样，当主人回来的时候，要自己给自己定罪，被自己的良心控告，并且他们要让自己关于宗教的一切说法和思想，证明他们在永远的黑暗里哀哭切齿是出于上帝的公义。

这就是那些为了自己生活幸福而不遵守宗教规矩之人的得失。

另一方面，如果您想知道什么是"正确对待生活和把生命完全奉献给上帝"的幸福，那么您必须看看这个比喻里领受五千银子的仆人。他说："主啊，你交给我五千银子，请看，我又赚了五千。"主人对他说："好，你这又良善又忠心的仆人，你在不多的事上有忠心，我要把许多事派你管理，可以进来享受你主人的快乐。"

在此，您看到一个专心致志发挥才干恩赐，完全向上帝而活的生命是喜乐的，他有欣欣向荣的工作和荣耀的成功。正如前面的故事所说，其中没有浮躁的欲望、不安的埋怨、空虚的恐惧和徒劳的工作。这人不在地里徒然辛苦，虔诚的工作在他手里结出硕果，他的喜乐增加，且五千银子变成一万。他还得到主人表扬："好，你这又良善又忠心的仆人，进来享受你主人的快乐。"

正如比喻中这两个仆人没有别的选择，要么用恩赐荣耀上帝并得到幸福，要么按照自己的血气和人意浪费恩赐，并走向悲惨境地。同样，基督教也没有给我们别的选择。

我们所有的一切，我们所是的一切，我们所爱的一切，都只是上帝给我们的恩赐。如果我们为了敬虔圣洁生活的目的来使用这些恩赐，那么我们的五千银子就会变成一万，我们的工作就会领我们进去享受主的快乐；但是，如果我们为了私欲而糟蹋上帝的恩赐，为了自己的骄傲虚荣而舍弃上帝的恩赐，那么我们在地上的生活，就是徒然的操劳和愚蠢的焦虑，以宗教为愁苦之事而设法逃避，控告上帝是严厉的主，然后堕入无穷无尽的痛苦深渊。

我们或许可以暂时用虚名浮声和喜乐的影儿欺骗自己；我们或许可以说这人或那人多么伟大、多么尊贵；但是，如果我们想得到真喜乐，那么唯一的道路就是提高我们的才能，真正圣洁虔诚地使用在当前状况中的人的能力，好让我们来世在天使的权能中可以享受幸福、荣耀。

除此以外，既无安慰亦无幸福，这是极其明白而确凿的事实。因此，那些以为严格敬虔灵修的生命必定是一种无聊而难受之状态的人，是何等愚昧无知！可以说，他们是根本不懂宗教，不明白人，也不认识上帝的人！

第十二章

以不同的人为例，
进一步证明全然奉献于上帝，使人生满有喜乐，
而按血气生活之人，则沉溺于空虚、骄傲、
肉体情欲和庸俗消遣中

那些不恪守灵修之道反而通过其他途径追求快乐的人，难免落入种种可笑的算计和庸俗之中，他们的生活方式反衬出那些敬虔生命所拥有的真喜乐。

如果我们观察那些不遵守宗教准则却迎合血气和人意的人，如果我们看出他们所谓的喜乐、伟大和幸福到底是什么，如果我们看见他们如何反反复复在各种幻想中欣喜若狂却又后悔不迭、改弦更张而又落荒而逃，那么我们就有充分的理由，为上帝向我们指明通向生命的正道和窄路而感到欣慰。因为上帝没有任凭我们沉溺于自己的愚妄，也没有放任我们满足于喜乐的影儿，如世人的软弱和愚妄发明①的那些庸俗乐趣。我说"发明"，因为世界引以为乐的这些事情不过是人的发明而已，它们毫无理性和自然的根基，绝非真美善或真喜乐，既不能使身体更加完善，也不能使心灵更加纯洁，更不能让人实现人生真正的目的。

例如一个男人想让自己高人一等，并以这种野心勃勃的方式得到幸福，这就是一种人发明的喜乐，它没有自然的基础，而仅仅是人自己营造的骗术，似乎爬梯子就能得到幸福。

如果一个女人在脂粉、珠宝和服饰上追求幸福，这也只是一种人为的幸福。这种做法之抵触自然和理性，相当于她相信在树桩上涂脂抹粉和披金戴银就能让自己得到快乐。我称这类世俗的幸福为人为的幸福，因为上帝、自然或理性都没有如此安排。倘若这些事物中有什么看似喜

---

① 发明（invention），此处含"空想"之贬义。——译者注

乐、伟大、幸福的东西，那完全是我们自己的盲目和虚荣心营造出来的。

我希望您注意的正是这些人为的幸福，或许您会由此明白一个拯救您脱离这么多愚妄和虚空追求的好宗教是多么伟大，正是这些愚妄和虚空追求使那些错失上帝里面真喜乐的人备受折磨。

看看弗拉特①，看看那些沉溺于私欲之愚妄的人是多么的悲惨。

弗拉特又富裕又健康，但他总是不安分，总是在寻找快乐。每次您去看他，都发现他又有新构思，他兴冲冲的样子好像这件事会给他带来前所未有的乐趣。每件新事都让他废寝忘食，如果您不让他做，他就不舒服。他冲动的性情和强烈的欲望让他对每件事都抱有极高的期待，可他总是失望而归，从来得不到真正的满足。

他早年喜欢漂亮衣服，他的人生追求是当一名最好的裁缝，一心钻研如何打扮自己。他的钱都花在精美的服饰上面，但这些东西并没有满足他的期望，于是他把那些花团锦簇的大衣扔在一边，穿上普通衣服，嘲笑那些纨绔子弟，转而将所有热情投入赌博。

这个新乐趣有一段时间让他感到非常满足，觉得此生别无他求。但是，由于赌博的性质，他卷入一场决斗，几乎丧命，从此对骰子和赌徒避之不及，也不再追求赌桌上输赢的刺激。

下一个吸引他兴趣的事情是城里的聚会。有一年时间，您听说他整天谈论密室绯闻、生日派对、歌剧戏曲、舞会宴席这类事情。但是，他后来对这些事情也感到厌烦了，开始通过酗酒寻找满足。他在酒桌上度过许多欢快夜晚，是他以前从来没有体会过的快乐。他以为自己终于找到了人生最终的幸福，可是很不幸，他生了一场大病以后无法忍受烈酒的味道，从此与醉醺醺的幸福感觉分道扬镳。

之后他去野外追求欢乐。有两三年时间，他觉得没什么比打猎更有

---

① 弗拉特 (Flatus)，意为风与虚空。

意思。他一心扑在上面，整天驰骋于灌木树丛。您每次见到他，他都穿着狩猎的绿色外套。其他猎人都很嫉妒他吹号和驯狗的本事。如果天气不好，您在他家里遇见他，他会向您炫耀他的装备，并兴高采烈地谈起上次狩猎遭遇的意外事件。还没等弗拉特驯完猎狗，修完新狗窝和新马厩，买好新马鞍，他就厌烦了吵闹的狩猎生活，开始追求新的东西。他把猎狗全都送给别人，此后一段时间专心致志地研究建筑。

他发明新的鸽舍，他设计的谷仓和马厩花样翻新。他不明白传统的建筑为什么如此沉闷。他一心改善建筑设计，绝不用普通的方式挂门开窗。他告诉朋友自己从来没有这么开心过，他在砖头和泥浆里找到的快乐比打猎还多。只要他活着，就要找这些事来做。

一年以后，房子才修了一半他就放弃了，抱怨石匠、木匠多么糟糕。他转而全身心追求旅游的乐趣。您总是看见他骑在马背上，享受这种新的生活方式。他会告诉您，一人一马漫步宁静乡间——此外他别无所求。新鞍新辔和良种马匹给他带来很多乐趣。但是，一段时间以后，他对自己和马都感到厌烦，现在他觉得最有意思的事情是出国旅游，见识异域风情。确实，这种快乐超乎想象，他后悔没有早点享受。但一个月以后，他就回了家，因为再也忍受不了外国人的愚蠢和懒惰。

然后，他当了一年的好学生：每天起早贪黑学习意大利语，因为他希望自己看歌剧的时候能听懂歌词，不像那些愚蠢无知和没有追求的人。

弗拉特的脾气要么非常坏，要么非常好，这完全取决于您拜访他的时候他的兴趣在哪个阶段。如果您在他兴趣快消磨完的时候见到他，那您就会看到一个暴躁粗鲁、缺乏教养的人；如果您见到他的时候他骑马刚入门或才学会了吹号的窍门，那您就会受到文雅礼节的欢迎。

现在弗拉特完全停了下来，他在干一件从来没做过的事情：反省自己。他花了几天思考应该重新尝试以前哪种生活方式。

但很快他又找到一个新乐子。他现在靠采集植物为生，整天在田间地头到处奔走，不逊于天下任何跑腿的人。

我用这么大篇幅列举这种生活的许多愚蠢行为，因为我希望每种愚蠢行为都自然地证明敬虔生活的智慧和喜乐。

如果我向您详细描述每天在海上颠簸求生的危险、恐惧和痛苦，那么我描述得越具体，您越能体会到生活在岸上的幸福。

同样，我越细数贯穿于一个放纵私欲和世俗喜乐的人生的种种愚妄、焦虑、自欺和不安分的欲望，您就越能感到宗教给人心带来的和平、安稳和满足。

如果您仅仅看一个疯子或傻子一眼，这或许对您没什么影响；但倘若您和他们同住几天，亲眼见证他们疯狂和愚蠢的行为多么可悲，那您就会深受触动，常常为自己能享受理性和知识所带来的快乐而感恩。

同理，如果您仅大致听说沉溺于世俗生活的种种愚妄和疯狂举动，您不会留下深刻印象；但倘若您每天和这样的人一起生活，如果您不断目睹他们愚妄而疯狂的行为，那您就会觉得触目惊心，并感谢上帝让您追求更大的幸福。

所以，这类人的愚妄和荒谬行为（前提是这些行为是自然的）最利于纠正我们的思想，所以最应该写在指导灵修和教导敬虔生活的书里。并且，正如我们常常通过反面的事物来认识事物的本质，我们也通过反思各种邪僻出格的愚妄来理解智慧之美。

因此，我将继续采用这个方法，通过其他例子向您说明不敬虔的人生是多么的可悲，从而让您看到敬虔灵修是多么的幸福。

您或许会说弗拉特这样荒谬而不安的生活不能代表所有按自己的血气生活、忽略宗教的严格准则之人的生活状态，所以这不能证明敬虔生活比世俗生活更加幸福。

我的回答是：这恐怕是最普遍的生活方式，而且没有几个人在读过之后不会在其中看到属于自己的东西。因为，我们在哪里能找到这样智慧而幸福的人呢:他一向心志坚定，从不朝三暮四追求种种肤浅的喜乐?

如果人们把自己一生分为几个阶段，问自己在二十岁、二十五岁、三十岁、四十岁、五十岁，直到他们卧床离世的时候分别有什么追求和想法，很多人都会发现他们曾经喜欢、厌恶和追求过各种幸福的影子，正如弗拉特的人生一样。

而且，凡是以为严格而规则地灵修就没有幸福的人，他们的人生必定或多或少是这样的状态。

第二，即便多数人的性情不像弗拉特一样朝三暮四，但他们的区别仅在于弗拉特总是在尝试新花样，而其他人则安于原状；他们不是一戒赌就去打猎，但他们的性情是一样的轻浮，有些人只追求积攒财富的幸福；其他人天天打猎玩耍；还有些人只求醉生梦死，不求别的。

那么，这样的生活中，难道有什么比弗拉特更加幸福或理智的东西吗？难道朝三暮四的人生不是和当一辈子守财奴、赌徒、酒鬼同样愚昧而且不幸吗？

那么，宗教呼吁人放弃这种快乐，转而按照上帝的律法生活，努力追求人性的完全，预备自己在上帝面前承受永恒的喜乐与荣耀，这难道应该被视为一种负担，或一种无聊而烦闷的生活方式吗？

请将您的目光转向费利西娅娜 ①，让她低俗的乐趣告诉您：单单以上帝为喜乐和盼望的人是多么的有智慧，他们所摆脱的是何等虚妄的事。

只要您与费利西娅娜同住半年，您就会看到她一生全部的乐趣。她每天重复的都是那些只有庸俗愚蠢的人才觉得有趣的事情。

她每天不外乎重复这些事情：穿上漂亮衣服，四处串门。换衣服颜色，戴新头饰，往脸上扑粉。观察谁聚会的时候举止最优雅，谁歌剧唱得最好。一天拜访十个朋友，一天十次尽量机灵、轻松而礼貌地谈论各种废话。

① 费利西娅娜（Feliciana），含"世俗的快乐"之意。

她因新时尚流行而兴奋，又因旧服饰过时而生气。打牌到半夜，又赖床到中午。因虚伪的恭维而开心，又因假想的对立而烦恼。为赌博的好运而高兴，又因输掉的金钱而心疼。她预备生日晚会，又看见满城都是要约会的好友。听人讲城里的政治阴谋，关于私相授受的秘密消息和关于结婚、吵架、分手的最新公报。这就是她日复一日、年复一年的生活。

如果您看见她下车脚步轻快、言谈活跃、表情兴奋，那是因为城里进了一批新时装或有什么新消遣。

这些东西都是费利西娅娜喜乐的本质和规律。她生命每一天的快乐全在于此。

正是因为这种快乐，所以她总听不进宗教道理；她的心一直太轻浮，没法从永恒的角度考虑是非对错，听到智慧、敬虔、宗教这些词就觉得沉闷。

正是因为担心失去哪怕一点这种快乐，所以她不敢默想灵魂永生的问题，不敢思考自己与上帝的关系，也不敢转头去想圣徒和天使在上帝荣耀中的无限喜乐。

但是，应当看到，尽管这种喜乐极其贫瘠，但很多逃避宗教约束和追求世俗享乐的女人却连如此贫瘠的喜乐都只能得到一点。因为她们在世界上没有费利西娅娜那样的财富和地位，所以她们必须放弃敬虔人生的种种安慰，才能换来费利西娅娜喜乐的一小部分。

如果您去观察世界上许多庸俗女人的生活，就是那些不听劝告、不愿意全然向上帝而活、不能智慧、虔诚、安守本分的女人，您会发现她们失去了宗教的所有安慰，却没有得到费利西娅娜喜乐的十分之一。她们浪费时间财富，只是在模仿富人的种种享受；与其说她们在享受，不如说她们在羡慕这些价格不菲的虚妄之物。

但是，如果一个出身高贵、家产万贯的女人读了福音书以后，宁愿在某个敬虔家庭当仆人，在那里专心灵修，智慧敬虔地度日；如果她宁可这样生活也不愿意享受费利西娅娜最大的喜乐，那么我会认为她既不疯狂也不忧愁，反而认为她正确地判断福音的精神，她宁可成为贫穷的拉撒路，也不愿意当财主，穿着紫色袍和细麻布衣服天天奢华宴乐。（路16：19—31）

但是，如果您想进一步认识被宗教智慧掌管之人的喜乐，以及全然献身于敬虔灵修生活的喜乐和盼望，那就看看萨格斯①的可悲生活，他最大的幸福就是上床就睡好，起床就吃好。他谈论幸福所使用的语言，总让人看出他想的只有床榻和饭桌。

萨格斯重视饮食和就寝，所以其他事情都要服从这两件事。他不会让任何事情影响吃饭的心情或干扰休息的安排。他读书不会超过半小时，因为半小时足以自娱；而且他只读那些让他发笑的东西，好让自己吃得更香，睡得更沉。或者，如果他曾花时间进行严肃思考，他只钻研古代烹饪法的实用论文。萨格斯对政治问题不感兴趣，因为他只关心自己的享受，重视自己肚腹之欲胜于关注辉格党和托利党的政见。

他冷静谈论一切话题，担心自己沉迷于某种欲望如同担心自己感冒一样；他相信两者同样伤胃。如果您看见他比平时激动，那是因为当时人们正在热烈讨论烹饪问题，或他正在捍卫自己所钟爱的、让自己如此幸福的美食。因为他对这些话题深有研究，熟悉双方的各种说法，又常常驳斥各种反对意见，所以，他通常能够一锤定音。

萨格斯忠心耿耿，他一发现葡萄酒可口，就由衷地为国王健康干杯。什么也不能把叛逆思想灌输进他的头脑，除非他在有生之年看到严禁吃鸡蛋的布告。

凡是与睡觉吃饭无关的时辰，萨格斯都认为是无用的或多余的时间。所以，他住在咖啡屋和酒馆附近，早晨一起来就能听到新闻，晚上离开的时候也不需要走太远就能上床。每天早晨您总是看见他坐在咖啡

---

① 萨格斯（Succus），暗示"肉欲"。

屋的同一个座位。如果他看上去比平时专注，那是因为昨晚有罪犯越狱或某位女士遭到抢劫而现在还不清楚具体情况。他听完以后，就回家把这个消息告诉给他刮脸的理发师的儿子。

另一段没用的时间是午饭到晚饭。如果他感到心情低落，那是因为这段时间他必须一个人待一两个小时，而他人生的最大享受刚刚结束。他害怕睡午觉，因为他听说这时候睡觉对健康不好，所以他强迫自己拒绝这样一位深受欢迎的"贵宾"。

但很快他的问题就得到了解决。他在牌桌前安顿下来，一直玩到该思考晚饭吃些什么好东西的时候。

然后，萨格斯就会拿起酒杯，谈论英格兰宪法何等优越，夸一夸内阁里最懂得美食的大臣。

礼拜天晚上，您有时会听见他谴责城里的恶人。关于这些人，他最恶毒的话就是：他确实相信这些人是上帝的弃儿，他们一个星期也吃不上一顿好饭，也睡不了一场好觉。

晚上十一点，萨格斯向所有人道晚安，与一群朋友告别。现在他上床睡觉，睡到第二天早上起床便去咖啡屋。

如果您和萨格斯一起同住一年，这就是您见到他的全部生活，除此以外就是偶尔说几句脏话、发誓赌咒。

现在，我不禁要想：正如我相信，用真正的敬虔感动一个人的最佳途径是，让他看见伟大圣徒的榜样。同样，我相信，退而求其次的途径是，让他看见无宗教之人生的愚妄、低俗和可怜。正如前者促使我们羡慕宗教的智慧，后者则导致我们担心自己缺乏这种智慧。

因为当人看见不敬虔之人堕入种种愚妄时，他们怎能不感谢上帝赏赐他们蒙恩之道和荣耀盼望呢？当人看见那些以不敬虔的方式追求幸福的人沉溺于多么无聊的私欲、多么狭隘的认识、多么粗俗的爱好时，他们怎能不专心操练敬虔生活、"坚固不摇动、常常竭力多做主工"（林前15：58）呢？

因此，不论我们思想宗教是何等伟大，或思想一切其他事物是何等渺小和一切其他爱好是何等鄙俗，我们都会发现：按照事物的本质，找不到任何东西可以让智慧心灵有所依赖——除了宗教盼望里的喜乐。

现在，请您自己思想，"一个敬虔的生活必然是无聊焦虑的状态"这种想法多么不理智！因为既然宗教责任和约束只会剥夺您面前这些虚假的快乐，那么有任何一点理智的人怎能说它们必定使我们的生活变得忧愁而沉重呢？

不断操练恩慈、敬虔、节制，并按智慧美德行事，竭力行善，效法上帝的完美，预备自己以上帝为乐，这样的生活难道一定繁琐乏味吗？脱离盲目和虚荣，摆脱虚假盼望和无谓恐惧，增进圣洁，凡事良心安稳，知道上帝爱我们，知道万事为您效力，不论是生是死，不论是人是魔鬼，都不能真正伤害您，只会让您一切的苦难和工作成为献给上帝的供物，您所有守望和祷告、仁爱的工作、成圣的一切努力，很快就会得到上帝的赏赐，在上帝面前享受永恒的荣耀，这样的生活难道必定使人筋疲力尽吗？难道这样的生活状态，因为少了弗拉特或费利西娅娜的所谓乐趣，就必定是无聊疲倦的吗？

如果不是，那么严格灵修就无所谓失去喜乐，敬虔的人也不需要嫉妒别人的生活状态。因为世界的一切脱离了宗教的手段算计，既不能让人生比弗拉特和费利西娅娜的更充实，也不能使人更幸福。

地球上最聪明的智者和最伟大的天才，如果不受宗教约束，他追求享乐的方式必定与萨格斯一样愚昧、庸俗、虚荣。

要是您看见一个人一辈子徒劳地用同一个空杯子解渴，您当然会鄙视他无知。

可是，如果您看见更漂亮、更聪明的人嘲笑一个杯子的愚蠢，而他们却用许多镶金边的空杯子满足渴望，您岂会认为他们更有智慧、更幸福、更善于运用其才干吗？

而这就是您在此生喜乐中看到的全部区别。

愚钝的心灵或许能满足于一个虚空的喜乐表象，一辈子不断尝试拿同一个空杯子喝水。但是，就算天下的聪明人、学者、天才、大政客、绅士一起绞尽脑汁，他们也只能让您看到许多虚空的喜乐表象；即使把全世界给他们，让他们任意雕琢，他们也只能造出各种各样的空杯子。

所以，如果您不认为"为了宗教而放弃饕餮之乐"是难事，那么您就没有理由认为"克制自己脱离一切世俗享受"是难事。因为不论如何深究细查，您都不能在这些世俗快乐中找到任何比大吃大喝更加高贵、伟大的东西，除非您在宗教智慧和律法中去寻找。

而且，既然世界上的一切不过是许多空杯子，那您拿哪个、拿多少或拥有多少，有什么区别呢？

倘若您愿意让自己默想这些事情，反思各种不敬虔人生的虚荣，考虑世俗一切道路都只是走向错误与盲目的各种途径，那您很快就会发现自己内心由此变得更有智慧和更善良。这些默想会使您灵魂苏醒，渴慕那不会摇动的喜乐，就是在上帝里才有的真喜乐。

刻苦灵修之人世上少有，您或许不喜欢和这种人一起生活，或许他们的光和热无法点燃您内心的美德。但是，世俗之人的悲惨和愚妄则举目可及，您不用登高望远就能看见缺乏宗教智慧的人如何虚度光阴。

这就是为什么我描述这么多过着世俗虚荣生活的人物，要您从这败坏的世代汲取教训。尽管您没有看到何为真正的敬虔，但观察那些不受敬虔约束之人如何受制于悲惨和愚妄，或许能让您变得智慧。

倘若您转头去想这些事情，您自己的观察会进一步教导您，并且您与世人的交往会每天说服您相信人必须追求更大的幸福，要超越世界的一切庸俗享受。

默想上帝完美的属性、沉思天国的荣耀、想象那些永远活在上帝的无比荣耀里的圣徒和天使是多么喜乐；这是灵修练达之人的所思所想，并不常见。

但是，每人都能看见并思想一切世俗喜乐的空虚和谬误、肉体情欲之粗俗、骄傲之可怜、贪婪之愚昧、服饰之虚荣、地位之空妄、私欲之盲目、生命之缥缈、世事之无常；这些事，人人都可思想，人人都能感动；它们不需要深邃崇高的思想，相反，一切感官都向我们大声疾呼，每天所见所闻都向我们发出指示。

正是这种智慧"在街市上呼喊，在宽阔处发声，在热闹街头喊叫，在城门口、在城中发出言语"（箴 1：20，21）。它在所有事情上、在每个地方、借着我们一切所见所闻、借着新生和葬礼、借着疾病和健康、借着生命和死亡、借着苦难与贫穷、借着悲惨与虚荣、借着无常的世事与人生的祸福教导我们，让我们知道人生的追求与前进的目标，唯独在于敬虔盼望之中的真喜乐。

第十三章

以不同的人为例，说明不仅追求
虚荣和放纵情欲的人生，毫无真正喜乐，
就连最规矩的人生，倘若没有高度敬虔加以约束，
也依然是悲惨、贫乏和空虚的

我们的救主和生命的主耶稣基督对门徒说："你们的眼睛是有福的，因为看见了；你们的耳朵也是有福的，因为听见了。"（太13：16）这句话意味深长，它至少教导我们两件事：第一，在属灵的事情上，人思想的愚钝可比作瞎眼的和耳聋的。

第二，上帝使万事万物都充满了圣洁生活的动机和理由，那些能听能看的有福之人不可能对此充耳不闻和视而不见。

尽管这句话是说给使徒听的，特指他们亲眼见证我们伟大救主的生活、神迹和教义，但这句话也适用于今天所有基督徒。因为理性和敬虔的呼召深深地铭刻在万物之中，我们所遇见的每件事，强烈、不断地提醒我们的一切感官，只有眼瞎耳聋之人，才可能置若罔闻，无动于衷。

有什么比一切世俗享乐的虚空和粗鄙本质更能促使人过敬虔的生活呢？然而，有谁不在每天生活中亲眼看见并亲身体会这种虚空和粗鄙？

有什么比此生的痛苦、疾病、死亡和执迷不悟更呼召人转向上帝？然而，有谁不每天耳闻目睹这些苦难？

有什么神迹比每天许多同胞的生离死别更感人肺腑，有什么来自天上的话语比这更振聋发聩？因此，这不可少的一件事，或人生最大的目的，无须缜密推理或深刻反思，上帝只用最清楚明白的方式，借着我们一切感官的体验，通过我们生活中的一切遭遇，时刻催逼着我们，叫人无可推诿。

只要我们愿意看、愿意听，那么整个世界就变成一本智慧之书和人生指南。自然的秩序、世事之无常、自己的一切错误和不幸、我们在别人身上看到的种种痛苦和过错——这些都会明明白白地反复教训我们，使我们如天使一般确信：若不将心思意念和行为全都转向来世的喜乐，我们无法享受真正的喜乐。

我愿带您这样来正确认识世界，指导您观察各式各样的人类愚妄之行，好让您自觉自愿地过圣洁敬虔生活，实现受造的至美、至大之目的。

只要您愿意通过世俗愚妄的渺小和虚荣来认识宗教的伟大，只要您有这个心志，那么您每天在每个地方都会发现，每一个完全向上帝而活的人多么有智慧。您遭遇的每件事，都会使您变得更有智慧、更善良，而且信心更加坚固。

屋大维①是个很有学问的聪明人，他熟悉英国文学，曾游历欧洲诸国。一天，长期困扰他的热病暂时消退以后，他对朋友说了这样一番话：

"我的杯，已经快要空了。你们的眼睛看见我身上有许多衰老和死亡的征兆，但我自己的感觉比旁人所想象的更加强烈：生命正在飞快地消逝。我完全相信，最多一年，一切都将结束。"

这番话让朋友们聚精会神，期望如此有学问的人在面对最后一年的生命时说些真正的美善之言。于是，屋大维这样说道："因此，朋友们，我再也不光顾酒馆了，因为廉价葡萄酒对我这个衰残之躯没有太大好处。我现在必须注意酒的品质，不能再像以前一样随随便便，所以我下决心，只喝最高级的葡萄酒，尽管它们很贵。

"我还必须告诉你们，朋友们，年龄迫使一个人在许多其他方面明智起来，改变许多看法和做法。

"你们知道我多么喜欢广交朋友，但我现在觉得这是个错误。三四个开心的玩伴足矣，因为我发现，在我像现在这样软弱的时候，不论是独处还是面对许多人，我都会觉得不舒服。"

屋大维对朋友说了这番话之后没几天，他的病再次发作，只能由护

---

① 屋大维，暗指罗马皇帝奥古斯都，他临死前让朋友在床边鼓掌，如演员谢幕。——译者注

士照顾。在最新一批葡萄酒运到之前，护士已经帮他永远合上了眼睛。

当时在场的一位年轻人尤金 ①听了屋大维这番话以后，回家成了一个新人，因为他下定决心，把自己完全奉献给上帝。

尤金说："我看见这样有学问的屋大维离世时却因为没有宗教而显得如此可怜和庸俗，顿时深感宗教的智慧和重要性。

"我以前经常羡慕他的学问、他的口才、他的历史知识、他游刃有余地谈论各种话题的风度！但我看到这个生命结束得多么可怜，人生最后一年竟然这样安排，如此有成就的人，由于缺乏敬虔的喜乐和盼望而谈论如此愚蠢的话题。我终于明白，没有什么比真正敬虔的生命更值得羡慕，也没有什么比无敬虔的死亡更加可悲和更令人不安。"

年轻的尤金因此得到教导和造就。所以，如果上帝祝福您 —— 让您拥有像他一样深思熟虑的性情，您也会得到许多这种教导。您会发现，严格的敬虔无处不显出其智慧和喜乐，并以最明白无误的方式向人的一切感官发出呼吁。

您会发现全世界都在向细心的人布道。只要有耳可听，您遇到的几乎每件事都会给您某些智慧的教导。

于是，在这些教训之外 —— 就是在我们借助各种感官并从人生体验所得到的这些教训之外 —— 再加上宗教之光，也就是上帝儿子教导的那些伟大真理，那么，人无疑只有一种真正的幸福，正如人类只有一位真正的上帝。

因为，既然宗教让我们知道灵魂是不死的，既然我们知道灵修会使灵魂进入上帝永恒的喜乐，而世俗和肉体的性情会使灵魂与许多恶灵一起永受煎熬，那么，放弃上帝里的真正喜乐，反而追求别的东西，这是多么无知和愚蠢！

倘若人一死百了，那么我们或许可以假装相信世界上有各种各样的幸

---

① 尤金 (Eugenius)，"出身高贵"之意。

福，就像很多人现在所说的一样。但既然我们的一切都始于身体的死亡；既然众人的灵魂在另一个世界都是不死的——要么永受煎熬，要么永享福乐；既然所有人都朝着未知世界飞奔而去，死亡随时可能降临，或于疾病中，或于健康时，或于睡梦中，或于行走时，或于午夜，或于鸡鸣时，全都在自己无法预知的时候。难道这还不足以使人确信，除非人拥有超乎常人的美德，以便使他能够安然离世，否则，无人能拥有真正的喜乐？

科纳图①是一个节制、规矩的牧师，在世上有好名声，深受教区各界人士尊重。教会的人都说他为人诚实，很善于做买卖。农民会仔细听他讲什么季节卖玉米利润最高。

过去的二十年他一直积极关注市场，加上他善于经营，所以积累了大笔财富。

科纳图很正统，尊重英格兰的教会礼仪传统，礼拜三和礼拜五他不祷告，因为前任牧师在这个教区没有开这个先例。

由于他无法身兼两职，所以他用最低的薪水找了一位助理牧师，帮他照顾教区的灵魂需求，他认为这是个人的良心问题②。

尽管科纳图一直都很富裕，但他仍然像很多沉迷于世俗事务的人一样焦躁和偏执。赋税、财产损失、十字架③、坏账、佃户欠债不还、时运不济……这些是他常常谈论的话题；季节收成好坏对他的精神也有很大的影响。

科纳图积攒财富的唯一目的，就是留一大笔财产给侄女，他用两份收入来保证她享受最好的东西，把她培养成体面的人。

周围的人认为科纳图是一位幸福的牧师，因为他们看见他（按他们的说法）一帆风顺；其中一些人也想把儿子献给教会，因为他们看见科

---

① 科纳图（Cognatus），"认识"之意，暗示裙带关系。

② 良心问题，出自《罗马书》和《哥林多前书》，指无关律法，可自行酌情处理的问题。作者暗示科纳图认为这样做并无不妥，无人可横加干涉，但这种想法显然不敬虔。——译者注

③ 十字架，指责任和负担。——译者注

纳图在这个职业中多么成功，尽管他的父亲不过是个普通人。

　　但是，倘若科纳图最初从事神职工作时就认识到，"借基督福音发家致富"是多么荒谬的事情。倘若他让自己效法早期教会的圣徒；如果他和圣奥古斯丁一样敬虔，不让任何亲友从教产得益；倘若他把每年的收入按照基督徒慈善和怜悯原则分配财富，而不是二十年如一日在地上积累财富；倘若他照顾、安慰、帮助许多孤儿寡妇和受苦的人，好让他们在末日为他在上帝面前辩护，而不是用钱财溺爱侄女，用使徒所禁止的金银首饰来装饰她，使她骄傲；倘若他深知天上的财宝没有虫子咬，不能锈坏，也没有贼挖窟窿来偷（太 6：20），并因此而得到安慰，而不是为别人欠自己的债，为坏账、不划算的买卖忧愁挂虑；倘若他做到了这一切，那我们还有什么理由可说，他糟蹋了圣工真正的精神和尊严，消灭了神职人员应有的喜乐呢？

　　倘若科纳图不以从事副业为乐，反而认为经商图利这样的事情不符合牧师的身份；倘若他认识到，与其聘请助理牧师，从而鼓励侄女懒惰，还不如以身作则教育她诚实工作；与其让许多灵魂得不到医治喂养，让其他神职人员难以靠管理圣餐维持生计，还不如让侄女没有华美的服饰和阔气的丈夫。倘若科纳图有这样的精神，那么，我们还有什么理由说，宗教准则和敬虔生活剥夺了科纳图真正的喜乐呢？难道我们能说，"福音精神管理的人生"必定比"科纳图积攒财富溺爱侄女的人生"无趣而忧愁？

　　既然科纳图如此，那么其他生活方式也同样如此。如果您进入这种生活，您就会发现：不论它看上去多么一帆风顺，但只要缺乏敬虔，就不会有真正的喜乐。

　　现在来看看众人艳羡的生活方式。

　　尼哥西乌①性情温和，为人诚实。他曾经为一个大老板工作，但他

———————————

① 尼哥西乌（Negotius），"商人"之意。

现在有了自己的事业，生意做得越来越大。三十年来，他每天要写五十甚至六十封商函，整天忙着和欧洲各地的商户打交道。对尼哥西乌而言，商业利益就是人生利益。不论是他敬佩的人，还是他喜欢或讨厌的事情，不论是教会的，还是政治的，他的赞美、表扬或谴责，都或多或少与生意有关。

因为金钱不断地涌向他，所以他常常乐意让钱通过各种渠道流出，包括慈善活动。

尼哥西乌愿意参加公众募捐活动。只要捐钱的袋子传到他面前，不论是为赛马大会筹款，还是为赎犯人出狱组织义卖，您可以相信袋子里面肯定有他一份。

他为乡下教会捐献了一套钟，而且他还可能要为市场交易大厅修一个更漂亮的门面，别的地方都没有见过如此漂亮的门面。尼哥西乌就是这么慷慨，什么事情都不喜欢小气。

如果您问是什么让尼哥西乌远离各种丑闻，答案正是让他远离灵修的同一个东西——他的红火的生意。他脑子里总惦记太多重要的事情，心里已经装得满满的，所以不可能搞荒唐的事，但他也感觉不到内在严格的灵修有什么必要。

所以，他对淫荡之乐不感兴趣，对灵修之乐亦无动于衷。他对这两种生活都没有欲望，因为两者均不能使生意兴隆，而发财才是他喜乐之所在。

倘若人们问尼哥西乌生活的目标是什么，他会不知如何回答，就像问他其他人在想什么。因为尽管他总是自以为知道自己在干什么，并且他脑子里总盘算很多事情，这些事情是他一切行为的动机，但他却不能告诉您生活目标到底是什么，他为什么要选择这条人生道路以及他辛苦受累的真正价值所在。

他脑子里长期存在一些混乱的想法，例如生意必须比别人做得大才好，自己经手的交易要超过一百个同行，必须越来越有钱，死前积攒大量财富。最让尼哥西乌有活力、有精神，并且也是他想得最多的事情，就是希望自己死的时候比所有同行都富有。

绝大多数人，当他们思考什么是幸福的时候，他们会想到尼哥西乌。因为尼哥西乌一生似乎什么都不缺：节制、谨慎、富有、昌盛、慷慨、乐善好施。

因此，现在让我们来看看另一种人生，看看什么才是真正的幸福。

让我们假设这位尼哥西乌是一个非常辛苦的人，每天忙于各种事务。他既不酗酒也不放荡，而是节制而规矩地做生意。假设他终其一生这样操劳，一切工作、操心、忙碌的目的，都不过是为了死的时候拥有十几万双靴子、马刺和许多贵重衣服。

让我们假设许多人说他死的时候是一个很幸福的人，精通商务，还拥有十几万双靴子和马刺。

如果这是真的，我相信人们一定会认为没有比这样白白操劳的人生更贫乏可笑的事了。可是，如果我们说，"把所有时间和心思都用在做生意上，其目的是死的时候拥有十万英镑家产，这样的人比为了拥有十万双靴子而操劳至死的人更有智慧"，那不也是无稽之谈吗？

因为，既然我们的全人都在于性情和灵魂状态，既然人生的唯一目的是尽力脱离罪和努力提升美德，既然我们赤条条来、又赤条条走，而死后还要在基督和诸多圣洁天使面前接受审判，并且承受永恒的喜乐或永恒的痛苦，那么您如何看待一个人身后所留之物？您说它们属于他或属于别人，您称之为树木草场或飞鸟羽毛，您叫它们十万英镑或十万双靴子马刺——又有什么意义呢？我说"叫它们"，因为这些东西对他来说不过都是虚名而已。

显然，正如为了拥有靴子和马刺而虚度一生乃愚妄行为；同样，为了拥有万座城邑而操劳一生，亦是愚妄行为。

因为，既然当他得到所有城邑或靴子之后，灵魂必要回到灵魂的归宿，身体要放在棺材里，直到审判的号角响起为止；既然到审判的时候，要审问的是当我们尚在身内之时，我们的语言、思想、行为是否谦卑、敬虔、纯洁、温柔、虔诚、仁爱、崇高，那么我们怎能说耗尽一生积攒十万英镑的人，比操劳一辈子买了十万双靴子的人更有智慧呢？

不仅如此，假设尼哥西乌刚刚入行的时候正好认真阅读了福音书，眼睛被打开，发现手里有比当学徒更重要的工作，有比眼见之物更要紧的事情——它如此荣耀可贵，值得我们奉献一生；如此艰难危险，需要我们全神贯注；如此确定无疑，忠实工作必不落空。让我们假设，他阅读福音书，并发现生命在于灵魂而非肉体；品格高尚的心灵胜过魁梧的身材或鼓胀的钱包；地上广厦百间，不如天上居所一处；拥有许多留不住的东西，不如拥有一样夺不走的喜乐；与其死到临头才发现自己无法面对审判，不如活着的时候，就常常操练谦卑、奉献、敬虔、仁爱和舍己；与其在商务和财富上无人能及，不如在品格上更像救主和圣徒。让我们假设尼哥西乌相信这些事情都是真实的，在他入行之初即完全向上帝而活，决心一生单单追求敬虔、谦卑和舍己的事业。他活着唯一的目的就是克制自己，竭尽全力满足其他同胞灵魂和身体所需。让我们假设，他不是一年到头为生意奔波，而是常常安息灵修，恪守祷告的安排。假设他不渴望攫取财富，而是内心充满上帝的爱和崇高情感，常常警惕世俗的性情，并且不断追求上帝的恩典。假设他毫无世俗喜好和算计，致力坚固自己的灵魂和抵挡罪的明侵暗袭。假设他厌弃荣华富贵和奢侈排场，喜爱操练一切谦卑之事。假设他的家常常以节制的饮食招待疲乏客旅，而不是大摆筵席，酒池肉林。让我们假设，他的喜乐满足保守他脱离一切嫉妒愤怒，他的敬虔让他在十字架面前和逆境当中向上帝感恩，他的仁慈使他常常奉献从而成为贫穷。那么，如果这是尼哥西乌的基督徒精神，难道有人能说他，因为效法基督按照福音的盼望而活，所以失去了人生真正的喜乐和幸福？这样殷勤操练基督徒美德而成为世人榜样，使我们常常在他身上真实地看见天堂，让我们的心灵因他而感到喜乐和提升，在地上预备我们迎见上帝——难道我们会说这样的人生与积攒如风之财的人生相比，又可怜又无聊？

这样的例子数不胜数，无不让您看到：在人生各种状况中恪守敬虔，所失去的是多么渺小，所得到的又是多么丰盛。

因此，我现在将这个留给您自己进一步思索，希望这里所说的一切已经给您足够的指引，使您相信真正的高度敬虔绝不会使人生无趣而疲惫。相反，它才是身处各种境况之人的唯一喜乐和幸福。

想象一个得痨病或其他无药可治之重疾的人。

想象您看见这样一个人：他专心致志，凡事都按照宗教精神而行，并且理智地使用所有时间、财富和能力，如果他尽心竭力认真灵修，并努力善用余下的人生；如果他逃避一切空虚的忙碌，只顾那不可少的事；如果他反感世俗的一切愚妄和虚荣之事，厌弃浮华，只在宗教盼望中寻找一切安慰，那么您必将赞赏他的谨慎，您会说他已经选择了真正的幸福之道，尽管身染重疾，却得到了身处此种软弱状况之人所能得到的一切喜乐和幸福。

相反，如果您看到这人双手颤抖，呼吸急促，脸颊凹陷，目光呆滞，只要还剩一口气，只顾生意买卖；如果您看见他已经没力气站起来穿衣服还喜欢漂亮衣服；宁可花钱养马驯狗，也不用钱为自己的灵魂买一点穷人的祷告，不让他们为自己即将与肉身分离的灵魂辩护，那么，您一定会责备他是软弱愚蠢之人。

您很容易就能在痨病患者身上看见宗教精神的理智和喜乐，您也很容易能在其他任何人生处境中看到敬虔性情的智慧和喜乐。

因为，任何一个健康的人都多么容易沦为痨病的状况！他很快就会渴望得到每个濒临死亡的人都渴望得到的宗教安慰和满足！

既然在我们只有一年可活的时候，敬虔生活是理智而幸福的，那么，在我们有更多年头可活的时候，敬虔生活岂不更加理智和更加幸福？既然死前一年的敬虔生活是如此宝贵，那么，许多年的敬虔生活岂不更加宝贵？

　　如果一个人还有五年可活，他必然会仔细思考如何最好地利用这五年时间。他发现自己在这个世界上存活的时间如此短暂，必然会想到自己其实不属于此世；他看见另一个永恒的世界离自己只有咫尺之遥，一定会明白自己必须竭力预备迎接来世。

　　敬虔是身处这种生活环境中的理智选择，同样，敬虔也是身处每种生活环境中每个有头脑的人的理智选择。

　　因为，除了疯子，谁敢保证自己还能活五年？

　　而且，既然我们知道自己五年以后就要死，所以有理由，也有必要弃绝世俗性情，完全向上帝而活；那么，不知道自己能否再活五个礼拜，岂不是更有理由、更有必要敬虔度日吗？

　　再说，就算我们还能多活二十年——何况许多人实际上活不了那么长——这点时间又是多么可怜！五年和二十五年的区别多么不值一提！

　　圣经告诉我们：上帝看一日如千年，千年如一日，因为与上帝的永恒相比，千年与一日的差别算不得什么。

　　既然我们被造为永生之人，既然与我们在上帝里的永生相比，千年万年也算不得什么，那么对比我们的永生，二十五年实在是微不足道！

　　我们必须思想自己生命持续的真正状态，才能对时间做出真实的判断。如果我们只是暂时的活物，那么很短的时间在我们看来显得很长，但既然我们是永恒的活物，那仅仅几年的区别就算不得什么了。

　　假设有三种不同的理性生物，各有各的寿数，一种只能活一个月，一种能活一年，还有一种寿命达一百年之久。那么，假如这些生物聚在一起谈论时间，它们一定会有非常不同的说法，只有一个月寿命的生物与能活一百年的生物，在它们看来，半小时必定是截然不同的概念。

　　因此，时间对不同的人有截然不同的意义。所以，如果我们想知道时间究竟意味着什么，那就需要考虑自己的真实状况。

　　既然我们永生的地位是确定无疑的，正如我们晓得自己是活人；既然我们必定永远活着，那么，只有我们把时间与永生——我们被造本是为此——相比，我们才能知道时间对我们的真正价值。

如果您想知道五年对一个能活一百年的生物意味着什么，那就必须把五年与一百年相比，看看它占多大比重，然后才能做出正确判断。

所以，如果您想知道二十年对亚当之子①意味着什么，那就必须把二十年与永生相比，而不是与一百万年相比，因为一百万年根本无法与永生相比。然后，您就能做出正确判断：它算不得什么。

因此，如果有人为了死前在地上享受一日的财富、地位、名声，宁可失去将来永恒的荣耀，您想想自己会如何谴责他的愚妄！

何况时间将到，到那时，许多年头将显得比一日还短暂，那么，为了享受不足一日的喜乐而失去永恒的幸福，这种愚妄又该如何形容呢？

我们为什么觉得一日是小事呢？那是因为前面的时间数以年计。是许多年头让一日显得不足挂齿。

一个人的寿数与永生相比是多么微不足道啊！而我们所应当做的，正是将在世的年限与永生相比！

这正是每个人的处境，一旦离开身体，他就必定忘记年日之别。他衡量时间不是看太阳运行的轨迹，而是与永生相比。

由于恒星离我们很远，所以看似细微难察。我们的生命也是如此，一旦我们进入永恒之所，回顾过去，所有年月都不过是沧海一粟。

因此，任何人在永恒中回顾过去都会发现，奢侈放纵荣华富贵的五十年与刚犯罪就被治死之人的人生一样短暂而贫乏。

论述时间只是为了阐明一点，有些人以为自己距离死亡或许还有数年之久，所以无需像只能活几周的人那样严肃思考永生之事——这种想法多么可怜，他们的判断何等荒谬！

---

① 亚当之子，指全人类。——译者注

第十四章

探讨体现在祷告次数与
时间上的敬虔；讨论每日晨祷，
我们应如何改善祷告形式，如何加强灵修

前面几章论述了基督徒必须让敬虔的精神和心态贯穿于平时生活的每个部分，要敬虔地对待工作，敬虔地使用上帝给我们的一切恩赐。下面，我将论述另一种敬虔，即与祷告次数和时间相关的灵修生活。

　　每位身体健康的基督徒都应该早起，我认为这是理所当然的。与其因为他是工人、商人、仆人，必须起床，为生活操劳，而认为他应该早起，我们更有理由认为，因为他是基督徒而应当早起。

　　一个人该工作的时候却赖在床上，我们自然会感到些许厌恶。我们想不出一个贪睡而不顾正事的人有什么好。

　　可想而知，如果我们本该起床赞美上帝却昏睡或在黑暗中一言不发，如果我们因给困寐做奴仆而顾不上灵修，那么我们在上帝眼中该有多么讨厌。

　　如果一个人宁可赖床而不愿意起床尽世俗责任，他就是懒惰的寄生虫，那么，宁可蜷在被窝里也不愿意起来满心赞美和崇拜上帝，这样的基督徒岂不更应谴责！

　　祷告是我们亲近上帝的至捷途径，也是此生以神为乐的最高福分。

　　祷告是灵魂最珍贵的操练，把我们的各种崇高能力发挥到极致，使我们在地上犹如在天上的伟大圣徒。

　　当我们满心思想上帝时，当圣洁的渴望达于施恩宝座之前时，我们就进入人类最崇高的境界，登上最伟大的巅峰；我们得以脱离地上许多君王长官的辖制，前来觐见宇宙唯一的主宰；我们在祷告中顶天立地，直至死亡被荣耀吞没。

与之相反，睡觉是身体最低级、最愚钝的享受，本非喜乐。我们睡觉要么是不由自主地处于麻木状态，要么在做傻梦。

昏睡是非常无聊愚蠢的存活状态，连慵懒的动物也不免遭人嫌弃。

所以，放纵懒惰性情而不愿早起灵修的人，就是舍弃心灵最崇高的职业，转而选择肉体最无聊的享受；他宁愿身处即便是动物也当受责备的状态，却不愿操练属于天使的荣耀。

您或许会说，尽管您起床晚，但总是一起床就祷告。

即便如此，那又如何呢？难道仅仅因为您起床就祷告就可以迟迟不起吗？

难道仅仅因为您花了一点时间祷告，所以床上浪费的许多时间都一笔勾销了吗？

您必须起床祷告，这是您的责任。如果迟迟不祷告，那么您向上帝献上的祷告不过是闲散懒惰的空话，起床祷告正如偷懒的仆人起床工作一样。

再说，如果您以为自己虽然睡懒觉，但一起床就记得灵修，那是自欺欺人，因为您不可能好好灵修祷告。因为不能舍弃这种懒惰性情的人，必然把清晨的宝贵时光浪费在床上，起床的时候也不可能为祷告做好准备，正如他没有为禁食、节制或其他任何舍己的事情做好准备。他确实可以轻描淡写地诵读一篇祷文，因为履行这个宗教责任相当容易，但他不可能真正具有祈祷的心灵，正如他无心禁食。因为贪睡的习惯让我们的性情变得软弱而闲散，使我们只喜欢那些和睡觉一样吻合懒散心态和迎合属血气性情的东西，从而无法欣赏别的事物。所以，这样一个被懒惰奴役的人即便起床以后，他的性情仍旧是懒散的，尽管他并非处于昏睡的状态，却受其影响。并且，他必定喜欢一切懒散、放纵、享受的事情，正如喜欢睡觉。另一方面，任何需要专心致志、克服困难、舍己为人的事情都让他觉得厌烦，正如讨厌起床一样。早晨喜欢睡懒觉的人，白天也喜欢用同样的方式让自己快乐或至少尽量让自己舒服。他整天都回味着床榻的温暖，庆幸自己用不着像傻子一样去教堂挨饿受冻。

所以，根本不可想象，这样爱肉体的人怎么能真正治死肉体，同样也无法想象，这样的人能认真灵修。一个人怎么可能一面活在这种放纵的慵懒中，一面喜爱灵修生活呢？

倘若有人认为自己不值得为了祷告而早起，那么他必不能佯装自己真知道并体验到祷告的喜乐。

喜欢享乐的人不可能真正敬虔。人必须首先离弃肉体情欲，然后才能感受灵修的喜乐。

于是，养成睡懒觉习惯的人，同样也会使自己的心灵变得败坏和混乱，让自己的心灵成为肉欲的奴隶，从而无法具有敬虔和崇高的性情，正如贪食的人把必需的饮食变为放纵。

吃喝过多的人自己感觉不到这有什么不好的影响，他认为自己不像臭名昭著的饿鬼或酒鬼那么糟糕。然而，这种放纵的生活方式尽管在世人眼中可能算不上特别恶劣，也不折磨人的良心，却足以阻碍人增进美德。这让人有眼不能看，有耳不能听；它在灵魂中催生肉体情欲，并使其能力增强，让人无法真正进入宗教精神。

浪费时间睡觉的人正是如此。贪睡虽然不像臭名昭著的恶行一样使人生混乱不堪或让人丧失天良，但它和其他普通任性行为一样，会悄无声息地逐渐消磨宗教精神，让灵魂陷入麻木和放纵的状态中。

如若您以为灵修不过是按时定量祷告，您或许能一面每日放纵自己，一面按时灵修；但如若您相信灵修乃敬虔心态，乃内心深深感到自己的悲惨和软弱，并渴望圣灵胜过万事，乃是内心如此火热，那么您会发现放纵的精神与祷告之心彼此不容。敬虔生命与灵魂在于治死凡属血气的放纵，若不能早起祷告，何谈治死自己？若连如此起码之敬虔都不具备，何谈背起十字架跟随基督？

鸡鸣日出之时，连碌碌之世人亦起身操劳。而不能如此按时克己之人，何谈胜过自己？何谈砍断右手？何谈预备受苦？何谈向上帝献上自己为祭？

某些人大言不惭，说白日昏睡乃是因为无事可做，还说倘若有事要做或有乐子可寻，便不会如此将时间荒废于床榻。但此种人须知其大谬，因他们有最大的事要做：他们还有一颗硬心亟待改变，还欠缺真正的宗教精神。因为凡是以为灵修不如生意或娱乐重要之人，凡是以为除祷告之外别无他事并因此无事可做之人，可说尚未得着一丝宗教精神。

因此，您切不可以为缠绵于温床是小罪，须知缺乏宗教精神、不想祷告是何等悲惨！生活如此软弱和闲散，无法履行真基督徒属灵生活的最起码责任是何等危险！

只有这样才能正确判断何为"荒废光阴于床榻"之罪。

您切不可仅看事情本身，而要思想其来源：它说明您缺乏何种美德？它会巩固哪些陋习？因为恶习必显明人的心态，证明人的心思整体如何。

我们伟大的救主常常早起祷告，有时通宵祷告；全然敬虔的亚拿昼夜不离开圣殿（路2：36，37）；圣保罗和西拉半夜祷告唱诗赞美上帝（徒16：25）；早期基督徒不仅白天祷告，半夜还在教会举行公共聚会并唱诗祷告，如此坚持了几百年之久——这些行为岂不显明他们的心态吗？岂不证明他们的心思整体如何？

并且，如果您活在与之相反的状态，每日浪费大好光阴于温床软榻，以为任何时候起来祷告都不迟——这些做法岂不同样表明您的心态？岂不证明您的心思整体如何？

既然如此，如果您一向放任自己，就有充分理由相信自己缺乏真正的敬虔精神，正如您必须相信早期教会的众使徒和圣徒真是敬虔的祷告者。因为正如他们的生活方式体现了他们的敬虔，您与之相反的生活方式也印证了您缺乏敬虔。

您阅读圣经时，可以看到真宗教意味着全人、整个身心灵、一切的喜乐都在上帝里面。这种真宗教让我们的心灵脱离属地私欲和肉体性情之捆绑，预备我们承受另一个身体，进入另一个世界，得享另一种喜乐。您看见基督徒是圣灵的殿，是白昼之子，他们将要头戴永恒冠冕，是时刻警醒的童女，灯常常燃着，等待新郎到来。然而，若他连起床祷告的热心都没有，又岂能说他以上帝为乐，追求永恒，时刻警醒？

您阅读早期基督徒的作品和生平，看见与圣经里相同的精神。他们所关注的都是现实、生命和行为。守望祷告、舍己、治死老我，这些都是他们生活中共同的要务。

从那时到今日，没有一个人像他们那样敬虔无比，也无人像他们那样彻底舍己和治死老我，因为这是走向基督国度的唯一道路。

可是，如果您不效法他们的艰苦朴素和治死肉体，不离弃这种放任自流的糟糕态度，连起床祷告都不愿意，那么您距离这种生活方式是何等之远呢？抑或说与之正好相反！如果舍己和肉体受苦、守望和禁食是人在审判日得荣耀的记号，那到时候我们这些懒散度日的人该去哪里埋头遮羞呢？

您或许找到一些借口为自己辩护，说自己用不着像早期基督徒那样严格地禁食和舍己。您以为人性变得越来越软弱，世风已经转变，如今不可能在这些寒冷的地方①像他们那样艰苦朴素。

但这些都是借口，因为人的改变不在乎外在事物的状态，而在乎内心的状态。只要我们里面有使徒和早期基督徒那样的心志，只要我们像他们一样重视宗教的分量，只要我们有他们一样的信心和盼望，那我们就能像他们一样背起我们的十字架，拒绝私欲的诱惑，并且治死自己。

假如圣保罗当年身处寒冷国家，假如他的身体因胃肠不好而软弱并经常生病，那他就会用一点酒，像他建议提摩太那样。但他仍旧会舍己和治死老我。他仍旧会这样描述自己："所以，我奔跑，不像无定向的；我斗拳，不像打空气的。我是攻克己身，叫身服我，恐怕我传福音给别人，自己反被弃绝了。"（林前9：26，27）

---

① 作者所在的英国比早期基督徒所在的中东和小亚细亚等地寒冷。——译者注

　　让我们假设您以为没必要像众使徒那样节制警醒，警惕自己的私欲，躲避危险，保守得救的地位；让我们假设您幻想自己不像他们那样需要完全舍己和治死老我，克服己身，洁净心灵；您想象自己不用像他们一样以真理束腰，让油灯长明，那么您这种生活状态岂不与他们正好相反？您岂不是常常活在软弱和任性中，而他们却活在克制和舍己中？

　　因此，若您以为虽然您赖床，但时间还多，足以祷告和履行其他宗教责任，请允许我说服您早起，因为这是舍己的功课。这件事如此微不足道，您若连这点小事都做不到，遑论大事！

　　如果我劝告您不要迎合口腹之欲，贪吃狂饮，我的理由不是这种行为浪费金钱——尽管这是很好的理由。我的理由是，这种行为让您走入歧途，使您放纵肉体情欲，任性妄为并导致您无法品尝宗教要义之真滋味。

　　同样，我劝您不要贪睡，这也不是因为嗜睡浪费时间，尽管这是很好的理由。我的理由是，它让您内心变得软弱和懒散，不仅让您毫无基督和众使徒的活泼、热忱、警醒、舍己的精神，缺乏历代圣徒和殉道士的精神，而且使您不能抵制这个败坏的世界，只能与之同流合污。

　　因此，我们在此必须批评这种行为，我们指责它不是因为它邪恶，而是因为这种习惯会渗透进我们的心灵，培养一种完全错误的心态。

　　它违背灵修的精神，不在于它是生活中的偶然错误，而在于它是一种恶劣的习惯，会持续破坏健康。

　　另一方面，如果您每天早起，用这样的方式舍己，离弃任性的习惯，拯救时间①和为祷告预备内心，那么您会发现早起有诸多大利。尽管这看似不值一提的小事，但它会促成大敬虔。它会随时提醒您不可懒散，提醒您舍己是基督教的重要内容。它会教导您如何操练自律，让您逐渐离弃各种败坏人心的肉体享受和不良性情。

　　这个规则就会教导您如何思想其他规则。它会让您变得严谨，并且

---

① 拯救时间，意为珍惜光阴。——译者注

很可能会让您一整天都遵守谨慎和敬虔的准则。

但首先,这种方法于您有一个确凿无疑的益处:它能好好塑造您,预备您领受圣灵。您需要在宗教精神中开始一天的生活,离弃睡眠,因为您要离弃懒散,拯救您的时间;这能调整好您的心态,也能帮助您迎接圣灵:上帝既栽种浇灌了,也必使它生长。您会由衷发出赞美,灵魂会苏醒,祷告会如灵粮一般使您饱足强健,您会感受到自己说的是什么,并且逐渐认识众圣徒恳切祷告的心灵。

但凡如此为祷告预备自己之人,但凡以此种性情早起之人,其状态必迥异于缺乏此种准则之人。后者起床任凭自己的感觉,或是因为他突然讨厌躺在床上,或是因为实在睡不着。若此人祷告有口无心,若他心里不明白自己在说什么,若他的祷告尽是些想当然之事,若他的祷词不过是毫无生气的仪文,若他反复重复这几句不过是因为它们好记,那是意料之中的事,因为他的庸俗气质正是懒散生活状态的自然结果。

因此,我希望您已经相信早起祷告乃必要之事,现在我继续论述每日祷告的方法。

我的意图不是指教您使用什么具体的祷文,我只想让您看到必须清晨早起祷告。

下面我会提到一些固定的祈祷文,目的是用这些祷文帮助您更好地灵修。如果您本来就常常灵修,用自己的话语随时向上帝祈祷,那么您就没有必要借鉴这些形式。

虽然我认为固定的祷文对公祷既必要也方便,但如果某人在私祷的时候有比预先准备的祷文更好的话语来感动自己的内心,激发敬虔的情感,那么为什么要加以反对呢?我这里的目的不过是尽量提供帮助和引导。

我相信,多数基督徒在每次祷告时应适当地使用固定祷文。显然,每个人都可以从固定的祷文开始祷告,而在祷告的中途,如果他感到内心有新的感动,突然想到全新的、更好的祷告词,那么他就应该暂时放下固定的祷文，跟随内心的这种感动，直到自己感觉需要常用祷文的帮助。

显然，私祷不能过于死板，虽然它应该有一定的形式，但我们必须允许按照当时的心态使用各种新的表达方式，这些新的语言可能比从前的任何祷文更加感人，更能让我们的心体贴上帝的旨意。

任何鉴察过自己内心的人都知道自己灵修的时候，内心是何等多变。有时候，我们的心苏醒，清晰地感到上帝的同在，为我们的罪感到深深的刺痛，甚至无法用语言来告白，只能在泪水中忏悔。

有时候，上帝的荣光照耀我们，让我们能够看见另一个世界的事。上帝的奇妙恩典和良善让我们的内心充满感动，让我们由衷地崇拜上帝，甚至语言不足以表达内心的圣洁感受。灵修让我们与上帝相交，这种感受只能意会不能言传。

与之相反，有时我们会堕入属肉体的状况，对属灵的事情感到麻木和无动于衷，我们的心情阴沉低落，不想祷告；我们不能持守信仰告白，感觉心中的意念和口中的言语极不相称；我们用口舌感谢和赞美上帝，内心却与之无分。

因此，我们必须抵挡内心的这种反复无常，要常常借着祷告来调整自己的心态。心情低落的时候，要用祷告来提升我们自己的情感。因为语言在任何场合都能感动我们的心，同一件事如果说法不同就会产生截然相反的效果，所以我们应该善用语言，用最好的表达方式来感动和更新心灵，让内心充满各种圣洁的情感。

跪下祷告的时候，第一件事是闭眼，静默片刻，让心灵来到上帝面前。用这种方法或其他更适合您的方法，把自己与一切世俗的心思分别开来，让内心尽量去体会上帝的同在。

如果灵修必须集中精神——谁说不需要？——那么性急的人祷告必然是糟糕的。他们匆忙开口，不给自己预备时间，连形式都顾不上，更别提专心致志了！他们嘴里念念有词，却不是真正向上帝祈祷。

然后，尽量每次都在同一个地方祷告。把那个地方留出来专门用来灵修，不要做其他俗事。除了灵修的时候，平时不要去那里。您可以专门留一间房出来，如果不行就留出某个房间的一部分。这样就把这个地方分别为圣献给上帝。这能培养您敬虔的心态和性情，帮助您改善灵修的效果。屋里有一个地方被分别为圣，好像礼拜堂或上帝的圣殿一样。一旦身处于此，就融入宗教精神之中。您独处时，智慧圣洁的思想就会充满内心。自己的房间能帮助您提升圣洁情感，如同肃立于圣餐桌之前。您会唯恐在自己家里有什么愚蠢的思想或行为，因为那是向上帝祈祷，与上帝交通的圣所。

您向上帝祈求时，应用各种词语描述上帝的属性，让自己深刻地体会上帝神性的大能大力。

因此，可以用下列词语开始祷告："哦，自在永在的上帝，万有之本，光明荣耀之源，众人与天使的恩父，您的圣灵无处不在，您赏赐生命、光明、喜乐给天上地上一切受造物……"

因为这些词语代表了上帝神圣的属性，或多或少让我们看到上帝的庄严和伟大，可以提升我们的心灵，以便真实、活泼地敬拜和赞美上帝。

为什么很多人听见葬礼上的这些祷词会深受感动："哦，至圣上帝、万军之主、圣洁恩慈的救主，救我们脱离永死之苦痛"？因为这些词语从不同角度描述了上帝的威严和伟大，所以能够感动每颗天良未泯的心。

因此，祷告不在于华丽辞藻，也不在于能言善辩，而在于它们向人的灵魂发出诚恳呼吁，能够提升灵魂里面的思想，因此这些话语——它们充分表达上帝的能力和同在。描述上帝的属性，提升人的灵魂来思想上帝的伟大和护佑——是最有用、最造就人的祷告。

当您向我们伟大的救主发出呼求时，应当使用这类词语："哦，世人的救主、万主之主、光中之光，您是父神荣耀所发的光芒，是上帝本体的真像；您是阿拉法，也是俄梅戛；您是万有之始，也是万有之终；您打破魔鬼的权势，您胜过死亡；您进入至圣所，坐在父的右边，高过一切执政掌权的，并为世人代求；您审判一切活人死人，您在父的荣耀里降临，按众人的工作施行审判；您是我的光，是我的平安"，诸如此类。

因为这些描述救主耶稣基督的本质和能力的话语，不仅是正确的崇拜行为，而且能让我们内心充满最热烈的敬虔情感，只要我们言而由衷，不口是心非。

另外，如果您向我们伟大的救主祈求什么特定的恩惠，当这样说："哦，圣洁耶稣，至高无上的上帝独生子，为世人的罪受苦，被绑在柱子上受鞭打，被钉死在十字架上。求您让我与您的十字架联合，用您圣洁、谦卑、甘愿受苦的灵充满我心。哦，恩赐怜悯的上帝，您在十字架上拯救了强盗，愿您救我脱离犯罪的生命。您从抹大拉的马利亚身上赶出七个鬼，求您照样从我心里赶出一切邪恶思想和邪僻性情。哦，赏赐生命的主，您使拉撒路从死里复活，求您照样使我的灵魂从罪的死亡与黑暗中复活。您给使徒权柄驱赶不洁的灵，求您照样赐给我能力，让我可以掌管自己的心。您在门后向门徒显现，求您照样在我心里的密室中向我显现。您洁净大麻风，医治患病的，让瞎眼的看见，求您照样洁净我的心，医治我灵魂的疾病，用您的圣洁荣光充满我。"

这种呼求有双重益处：第一，这种行为是信心的正确表达，我们不仅借此表明自己相信基督的神迹，而且把这些行为变成各种各样的敬拜。

第二，我们呼求上帝来帮助我们，这让我们思想上帝的能力和良善，从而强化和增添我们祷告的信心。

因为人若心里没有渴望，若他不愿热切祷告，若他不能完全信靠基督，他就不可能求基督帮助他驱赶邪灵和起死回生。

我需要重复指出：为了让祷告充满敬虔灵修之美，您可以进而这样做：

阅读圣经或属灵书籍的时候，读到一段话，特别感动，并且感觉内心得到更新和提升，那就应该将这段话变成祈祷文，把它放到祷告中。这样一来，您就能祷告得更好，让祷告更符合上帝的心意，更蒙悦纳。

在前面提到的所有祷告时辰，您都可以这样祷告：一部分是固定的内容，一部分则可稍微灵活，这种方式大有益处。

您应该有一些固定的主题，这是您此时祷告的首要内容，同时又允许自己按照需要添加一些其他的祈祷事项。

例如：早晨是新生命的开始，上帝给您新的喜乐重新进入世界，所以您早晨第一次灵修应该赞美和感谢上帝，感谢他赐给您新的生命；然后应该献上您的身体和心灵，并且献上全部生命和所有的一切，用这一切服侍上帝、荣耀上帝。

既然每一天都是从死里复活，享受新生命，就要带着感恩的心迎接每一天；既然每一次日出都是上帝的恩典，上帝为了您重新创造了一切，就要带着喜乐的心享受上帝的良善；既然看到这么大的祝福，您的心就应当感到由衷的喜乐，并赞美创造主何等良善和荣耀。

因此，让您的赞美、感恩和奉献成为晨祷的固定主题，然后加上其他祷告内容。可以根据个人环境和自己心态的需要来添加祷告的内容。

因为私人灵修的一个最大益处，就是我们可以按照这两个条件来调整我们祷告的内容：具体的环境和当时的心态。

"具体的环境"的意思是，我们的外在身份、地位或条件的种种差别，例如疾病或健康、痛苦、损失、失意、困难、上帝特殊的怜悯或审判，以及来自别人的各种恩慈、伤害、责备，等等。

这些都是我们生活环境的重要组成，它们不断发生变化，我们的生活也随之而变化，因此灵修应该注意接受和圣化我们身份的一切变化，让我们在各种人生境遇中都按照当时的处境来向上帝感恩、顺服、祈求，如此于我们实有大利。

若人能在环境的每个变化中都向上帝发出与之相符的祷告，那么他很快就会发现这个方法不仅能有效帮助自己热切祷告，而且能够帮助自己像祷告一样热情地生活。

下一个条件是我们当时的心态，应按照它来调整祷告的内容。"心态"的意思就是内心的不同状态，诸如爱、喜乐、平安、宁静、心灵的麻木、焦虑、不满、嫉妒和野心、黑暗和抑郁的想法、仇恨、烦躁，以及易怒的性情。

由于我们本性软弱，我们都或多或少有这些性情，圣人也不例外。所以，应当常常把自己的心态摆在上帝面前，为此祈求上帝怜悯我们。

如果我们心里有喜乐平安，感到甜蜜轻松，爱上帝，以上帝为乐，那么我们就应该为拥有这种喜乐而感谢上帝，承认这一切美好感受都是他的赏赐。

另一方面，如果我们觉得心情沉重、压抑、灵里麻木、焦虑、不安，那就必须求上帝帮助我们谦卑自己，承认我们没有价值，向上帝陈明我们的困难，求他按照他的时间减轻我们的重担，救我们脱离各种私欲和心灵的不洁。

我们应该常常这样关注自己的心态，按照自己的缺乏来调整祷告的内容。这样一来，我们不仅能认识自己心灵的疾病，而且能够操练医治这些疾病的方法。

如果我们这样谨慎而智慧地祷告，就会从祷告得到一切的安慰，而我们内心的阴晴不定也给我们提供了很好的机会来操练圣洁性情，使内心变得更加敬虔。

鉴于以上所言，您必晓得：但凡在意祷告之巨大利益之人，都应重视自己创作灵修祷文。

固定主题的祷告事项可以借用别人写好的祷文，而特殊的祷告事项，就是那些与当前生活状况和心态相关的事项，必须靠自己按照当前的情况来祈祷、感恩、顺服。

认真操练此事的人多么有福！

如果闲暇之人，不论男女，不晓得如何打发时间，整天无所事事，四处串门，干许多无聊的事情只是为了消磨光阴；如果这些人能安排时间来学习灵修，想方设法培养敬虔精神；如果他们收集各种祷词，抄写最美好的祷告经文；如果他们整理《诗篇》里的祷文、告白、祈求、赞美、顺服和感谢的话语，并把这些经文归纳为不同的主题，使之成为敬虔之火焰的好燃料；如果他们常常如此用心预备祷告，常常默想这些经文，仔细思考，养成习惯，让这些祷文成为他们自己的语言，那么他们的祷告会多么崇高而热烈！这样利用时间岂不比整日游玩、荒废光阴好上万倍！

他们不会高唱圣徒的赞美诗歌，不愿意提升自己的心灵敬拜上帝，却用轻浮诗人的靡靡之音和野心贪恋来败坏、迷惑、混乱自己的内心，这是何等愚昧的事！

尽管这种研习更多是给闲暇之人的呼召，但工作繁忙之人不应以为自己无须投入精力。他们同样要按照此种方式或其他更好的方式祷告灵修。

因为他们工作愈是繁忙，愈应当掌握正确的方法，避免内心完全受到世俗事务的掌控，从而完全堕落为庸俗的状态。他们更应当保守自己的心，欣赏崇高的事物。小事只要持之以恒，就能积少成多，成就大事。

可是人们缺乏这种认识：他们不觉得灵修需要仔细呵护培养，需要兢兢业业才能学会，用心思考才能改善，靠正确的技艺和方法才能掌握，殷勤练习才能精通。正是因为他们缺乏这种认识，所以很多人不能从中受益，一辈子不晓得什么是敬虔精神。然而，他们只要按照正确的方法，认真操练灵修祷告，本可成为大敬虔之人。

因为，尽管敬虔心灵是上帝的恩赐，不是靠自己的能力换来的，但这个礼物只给那些懂得聪明殷勤地祷告、预备自己领受的人，并且上帝从不拒绝这样的人。

这真令人感到惊奇：我们看到人们多么积极地运用自己的身体、才智、时间，学习、应用和操练各种世俗之事，千方百计得到自己在世上想要的一切；又看到他们在灵修上多么麻木、无知，愚钝地运用自己的身体、才智和能力！

孟大纳①是一个外表体面、聪明能干的人。他已经人到中年，富有而成功。凡他从事的行当，都因他而受益，并且他总是想方设法把事情做到最好。孟大纳一切都追求完美。他的聪明和能力以及他对事物的正确认识，使他不能忍受任何瑕疵。

他能指出一切普通事务存在的一切缺陷和错误，不论是贸易、建筑，还是耕地、制造。他在这些事情上不断操练自己，常常借助写作提炼思想，尝试各种新方法，使自己的理解力越来越清晰，成为许多事情的行家里手。

就这样，随着年岁的增长，孟大纳的知识和判断力也逐渐增加。

他唯一没有长进的事情，唯一没有因他的聪明头脑而受益的事情就是祷告：他的祷告仍旧和六岁的时候一样幼稚，这个老人现在祷告的语言，他母亲从前就听过，每天早晚各一次。

就是这样一位孟大纳，一位生活中的一点一滴、任何细微事物都要细细考察思想的聪明人，一辈子祷告却和孩童时毫无两样。他从来没有想过自己本来可以更好地祷告，更多地祷告；他从来没有想过内心缺乏敬虔是多么糟糕；他从来没有想过一个聪明理智的人，可以通过多少方法帮助自己改善祷告，也从不知道我们必须加强和改善祷告，才能让祷告符合当前的心态和生活所处的具体环境。

孟大纳读灵修的书漫不经心，就像看小孩的拼字书一样，因为他记得多年前学拼写的时候，母亲就教会了他如何祷告。

虽然他在一切世事上都精明能干，却丝毫没有上帝的智慧——这样的行为是多么庸俗而可怜！

---

① 孟大纳 (Mundanus)，暗示"世俗"。

而很多人却喜欢效法这种行为，多么可悲！

这一切显然都是出于一种奇怪的心态：人们故意忽视重要的事情，不去思想什么是真正的敬虔灵修。因为只要他们认真反思，问自己一些问题，他们便会看到敬虔的心灵就与其他理性能力一样。只有刻苦学习，殷勤操练，常常应用，才能逐渐提高，正如人们必须要勤学苦练，才能精通艺术科学。

葛拉西①甚有学问，熟读经典文学著作。他了解这些作家的精神，可以惟妙惟肖地模仿他们的风格。他们的所思便是他的所想，他能灵活运用他们的语言。他精通文学，每每有年轻学者前来请教，他总能就其研究发表高见。

葛拉西劝告年轻人不可自满，才学点语言就以为自己贯通古今；他们必须每天阅读古代大师的经典，反复朗诵，让自己的心与名家融为一体，这样才能像他们一样，成为有品位的聪明人。

假如葛拉西按照研究世俗学问的方式来对待灵修，他会成为多么睿智、多么良善的人！

确实，他没有说过什么明确反对灵修的话，因为他从来不思想也不谈论它。他对灵修的态度就是冷漠和忽视。

假如旧约和新约没有希腊文的版本，就不会在他的藏书中占据显要位置。

葛拉西认为自己对圣经已经足够尊重，他说圣经是他唯一的灵修书籍。

葛拉西，您认为圣经比其他灵修书籍都好，这非常正确。若有人反对这点，就大错特错了。

可是，如果您因为圣经最好而不再看其他任何灵修书籍，那么，葛拉西，您为什么要读希腊和罗马的好书呢？您为什么如此渴望收集所有

---

① 葛拉西（Classicus），意为"古典人文学者"，暗示人本主义精神。

古代经典呢？您为什么认为阅读一本书可以加深对另一本书的理解？您
为什么如此如饥似渴、孜孜不倦、不惜耗费许多时间和金钱来修复古籍
里面的破文损页？

关于西塞罗、贺拉斯（Horace）、荷马的评论，您读了许多，而圣
经的解经书，您为什么一本也不读？为什么您喜欢读某个人的作品？为
什么您对西塞罗和奥维德（Ovid）的热爱，让您也喜欢风格与他们相似
的作者，然而您对福音的尊重，却没有让您渴慕阅读与福音同感一灵的
敬虔书籍？

您告诉年轻学者必须积极进取，不能满足于仅仅知道几个作家的名
字，而要坚持阅读他们的著作，如此才能进入他们的心灵，才能像他们
一样辨别美丑，为什么？

那么，为什么您只读圣经而不读别的灵修书籍？既然阅读古代著作
是我们理解经典文化的必要途径，那么领受这些圣徒的精神，阅读耶稣
真门徒的圣洁灵修著作，不也是我们融入福音和品尝福音的美好所必须
的途径？

欣赏诗歌的能力岂不是只有靠反复诵读诗歌才能获得？敬虔的心灵
岂不是同样只有靠常常阅读圣徒的神圣思想和虔诚祷告才能培养？

您不是推荐年轻诗人背诵一切能给自己插上幻想翅膀的时髦词句
吗？那么，凡愿追求神圣生活、热爱崇高事物的人，岂不照样渴慕一切
能感动、激发和吹旺灵魂圣洁火焰的敬虔话语？

您不是建议学习演讲者翻译经典的讲章，使之烂熟于心，常常操练
口才，在心里养成思维严密和说话公道的习惯吗？那么阅读灵修书籍岂
不有同样的益处？人岂不应该同样背诵这些经典，在心里养成敬虔的习
惯，常常思想上帝，渴慕圣洁？

葛拉西不能理智地思想和判断灵修的价值，原因在于他以为祷告只
要嘴上说说就足够了。他从来没想过灵修是一种心态，是一种可以不断
改善的性情。祷告与理性及判断力一样，是一种可以不断增长的才干，

是我们可以借助正确方法勤学勤练来培养的才能，正如我们养成其他任何聪明才干一样。

正是因为缺乏这点，所以他祷告的时候有口无心，反而去膜拜那些异教徒诗人和演说家。

可悲的是，许多学者多少都与这种愚妄有分。他们不重视灵修，却渴望取得世俗的成就，似乎他们相信，把自己的才干用来创作马提雅尔①式的诗句，比用圣奥古斯丁的精神来生活、思想和祈祷更高贵。

然而，怎样才能纠正这种性情，让一个人充满与之相反的圣洁性情呢？显然，我们需要的就是完完全全地相信基督教的真理。

而且，如果您询问孟大纳（Mundanus）及葛拉西，或任何事业和学问有成的人，敬虔是不是人生最大的完美，灵修是不是世上最高的成就，那么他们必然给予肯定的回答，不然他们就放弃了福音的真理。

因为，没有任何基督徒会把任何世俗成就与灵修相比，或认为世上任何事情能与灵修相提并论——那就像哲学家宁可喝酒吃肉也不愿意增进知识一样荒谬。

因为正如哲学的目的就是探索知识，基督教的目的则是支持、寻求、愿意和渴望拯救罪人，让堕落的人成为圣洁，培养圣洁的习惯，教导他们灵修，让他们进入天国，成为天国的圣洁子民。

凡不相信基督教这点的人可说是异教徒，而凡是相信这点的人，他的信心足以给他正确的判断力，能够明辨事物的价值，具有清醒的头脑，能够克服一切来自世上的试探。

总结本章内容：敬虔灵修就是正确认识上帝、好好爱上帝。

因此，一切有助于提高我们对上帝认识的做法，以及各种培养、加强、修补我们对上帝情感的生活方式，都可以被视为灵修，都于我们大有裨益。

---

① 马提雅尔（Martial），古罗马诗人。——译者注

　　祷告是神圣火焰的燃料，我们必须妥善加以利用，想方设法让祷告发挥最大功效：通过施舍、舍己、常常退修、阅读属灵书籍、为自己创作祷文或借用现成的经典祷文、增加祷告长度、遵守祷告时间安排，按照我们的生活条件和当前的心态来调整和改善我们的灵修，让灵修更加适合我们自己所需。

　　显然，上帝呼召那些闲暇时间较多的人更加严格地遵守敬虔生活的圣洁准则。而那些受制于身份地位、自己难有时间灵修的人，他们必须更加珍惜仅有的一点时间，因为祷告灵修乃敬虔生活的必由之路。

第十五章

论述个人灵修中的吟诵或歌唱诗篇，此种灵修之优点和益处，唱诗对我们内心产生巨大影响及唱诗的最佳方式

您在前一章已经看到您应当采用什么途径与方法来提升和改善您的灵修，也看到您应当如何早起晨祷，以及您清晨首次灵修的事项。

还有一件事必须要做，不仅因为它本是好事，而且因为它不容忽视。倘若您小看此事，那您的灵修必定大受亏损。这就是祷告一开始先唱一首诗篇。

此事甚合宜，于灵修大有益处，可大大感动人心，故此众人都当以之为通行规则。

我的意思并非您应当诵读诗篇，而是应当颂唱诗篇。因为歌唱之于诗篇，正如虔诚祈求之于祷文，乃合宜之举；仅诵读诗篇则如同仅阅读祷文一般，不足以表达心情。

唱诗的方法，如在神学院、大学和某些教会中唱诗，当易于众人上口。音高的变化应当平缓自然，好叫人人都可开口应和而不失于准确，然而旋律又要足以提升和表达我们内心的喜乐之情。

因此，您当以唱诗开始灵修，借唱诗唤醒您里面的一切良善与圣洁情感，呼召您的心灵履行职责，摆正您的位置预备崇拜，运用心灵的一切能力来敬拜和尊崇上帝。

因为，没有什么可以如此为祷告开辟道路；没有什么可以如此驱散内心的无聊感受；没有什么可以如此洁净心灵，使之脱离庸俗低级的私欲；没有什么可以如此打开天门，如此护送您的心直达上帝面前 —— 唯有唱诗。

唱诗让我们感受到上帝的同在，并使我们因上帝而喜乐；唱诗使我们心灵苏醒，渴慕圣洁；唱诗教您如何向上帝祈求；唱诗又帮助我们得着上帝的赏赐；唱诗燃烧圣洁的火焰，把您的心变成祭坛，使祷告变为圣洁之香，并将这馨香之祭献于施恩宝座前。

唱诗与读诗的区别显而易见。您只需考虑阅读和歌唱您所喜欢的一首歌曲之间的差别，便可明白。阅读只是欣赏，仅此而已。然而，一旦您开始歌唱，就会感到享受，乐在其中。诗歌会抓住您的心，您的情感随着音乐起伏跌宕，并且感到自己里面有与歌词里相同的灵，彼此应和。

如果您告诉一个人有一首歌不需要唱，而只需要读读歌词就好，他一定会大惑不解，并且以为您莫名其妙，好像您在说食物只是拿来用眼睛看的——只需看它是美食即可，不用口舌品尝。因为好歌不唱，正如美食不吃一般荒谬。

您或许会说，歌唱乃特殊才能，属于某些人专有，而您既没有动听的歌喉又缺乏敏锐的听力，实在唱不出美妙的音乐。

与之相反，倘若您说"歌唱是一种普遍的才能，并且人们的音乐才能因人而异，正如在一切事情上人的才能都有高低之分"，那么您的话就极其在理了。

因为人们思维能力的差异是特别明显，而这一能力不仅是人所共有，且是人性的本质所在。某些人的推理极其快速严密，而其他人则特别缺乏逻辑！有些人把最复杂的问题讲得特别清晰明白，而有些人连最简单的事情都说得乱七八糟！

但是，没人愿意因为自己的才能不如某些人就被剥夺思想、推理或发言的权利。而"一个人因为自己的思想、推理、言辞能力有限，而认为自己不用默想上帝，不用思考自己的宗教责任，不谈论得救之道"，这与"一个人因为自己的乐感不好或嗓音不美，而认为自己不用唱诗赞美上帝"同样荒谬。

因为这正如祷告所必须的，不过是开口说话的能力，而非巧言善辩；崇拜所必须的，不过是屈身举手的能力，而非长袖善舞；同样，赞美上帝所必须的，不过是口唱心和的能力，而非余音绕梁的水平。

假如某人因其语调奇怪而被禁止祷告，那么他就有借口因为掌握不好发音而拒绝唱诗。正如一个人尽管语调有点奇怪，但他的祷告足以满足自己灵修的要求。同样，一个人尽管嗓子不够美妙，但他的歌唱足以赞美上帝，足以因上帝而喜乐。

第二，假如您想取悦别人，那么这个借口或许还有点道理。然而，我们这里所说的唱诗不过是私人灵修，您只需要唱诗赞美上帝，根本不需要唱给别人听。

如果一个人的嗓音非常难听，说话结结巴巴，却要当会众的出口，那么他说自己的能力不堪重任，那就是一个很正当的理由。但是，假如他用同样的理由来拒绝个人灵修的话，那就极其荒谬了。

而我们这里说的唱诗正是个人灵修。您或许没有娱乐大众的歌唱才能，因此您不用在大庭广众之下唱诗，但是，如果您因此而拒绝唱诗赞美上帝，那么您就大错特错了，因为唱诗所要求的，只不过是起码的歌唱能力，正如祷告所要求的，只不过是起码的语言能力，我们所需要的，不过是自然而然的表达我们对上帝的热爱和喜乐。

我们伟大的救主和众使徒也唱诗，可想而知，他们唱诗是以上帝为乐，而非创作精致音乐，企图一鸣惊人。

您只需要老老实实地生活，让您的心真正以上帝为乐，让您的心真正受到赞美诗的感动，您就会发现这种心境足以让您开口唱诗赞美上帝，您既不缺好嗓子，也不缺好耳朵。每个人都会唱歌，只是程度有别；有的人此时此刻感动，有的人在其他场合喜乐，但总有一些时候与场合让众人一同和谐地表达喜乐之情。他们所感受的大喜乐让他们情不自禁，放开歌喉加入敬拜的合唱。

因此，说自己五音不全而无法唱诗的人，其实不是缺乏乐感，而是缺乏敬虔。他缺乏真正以上帝为乐的心。真正愚笨的不是他的耳朵，而是他的心。当他的心因上帝而感到真正喜乐的时候，当他真正品尝到诗篇的美味时，他就会觉得唱诗乃是十分愉快的事，他可以用歌声表达内心真挚的情感，而那是何等美好的享受啊！

确实，歌唱已经成为一门精致的艺术。人们要按照乐谱来引导自己的声音，抑扬顿挫，高低强弱，有缓有急。这种艺术并非自然才能，也不是心情的自然表达。因此，在这个意义上，高超的歌唱艺术并非人所共有之才干，正如专业舞蹈的动作，亦非人人都具有的普遍能力。

但是，当歌唱意味着用嗓音来表达内心的情感，并且按照我们对歌词的理解来转换音调时，歌唱就是众人所共有的自然能力，正如人们发怒时都会提高音量，在灰心丧气或乞求宽恕时都会降低音量。

因此，众人都可引吭高歌，正如众人都可思考、说话、欢笑、哭泣，因为歌唱并非人的发明，而是自然的情感流露，正如哀伤和喜乐一样。

每种心态自然使身体进入某种与之相适应的状态，从而表现出这种心态，让别人晓得。如果某人发怒或心存蔑视之情，不用任何人教他如何用语调表达这些情绪。他的心态自然就会让他用愤怒或蔑视的语调说话。

因此，如果没有人吟唱圣洁的诗歌，如果人们不接受这种灵修方法，那是因为他们的心还不够敬虔，感受不到赞美上帝的喜悦。

想象您自己亲身与摩西一同走过红海，亲眼见到大水分开，在左右成了墙垣；您看见这水墙在两旁耸立，待您走过红海以后又复原淹没仇敌；难道您不会高声与摩西一同欢唱"耶和华是我的力量、我的诗歌，也成了我的拯救"？（出15：2）难道您会因为五音不全或缺乏乐感而牙关紧闭？我知道您自己的心告诉您，那时众人必一同开口唱诗赞美上帝。因此，让这件事教导您，是我们的心引导我们唱歌赞美上帝，假如您不能喜乐赞美，那是因为您没有受到感动，耶稣基督拯救世界的事实还没有打动您的内心，您还没有像犹太人在红海边得救时一样向上帝感恩。

人心受到感动就会情不自禁想唱歌，这是人的本性使然，现实生活中不乏例证。如果您对着一个年老的流氓唱赞美诗或歌颂美德的歌曲，他可能无动于衷，他既不会唱，也不懂欣赏；然而，如果您轻浮地哼一首世俗歌曲，勾起他年轻时放荡不羁的回忆，那么他就会和您一起唱起来，让您看到他既有好嗓子，又不乏乐感，哪怕他的牙都掉光了。您使他的心醒过来，他就会自然而然地跟着您唱，正如他高兴的时候会笑。每首歌曲打动人心都是如此，只要您触摸到任何在人内心统治他的情感，他就会加入您的歌唱。

同理，如果您找到一个人，统治他的性情是敬虔，上帝充满他的心，那么他的口必以赞美诗为乐，因为这些诗歌荣耀上帝，是他内心的喜乐所在，尽管他既不会也不喜欢别的音乐。因此，如果您愿意在喜乐中履行这一灵修责任，您不需要学习什么曲调，或练习发音，您只需要预备您的心，因为正如我们伟大的救主所言，"从心里发出来的，有恶念、凶杀"（太15：19），同理，从心发出的，有圣洁的喜乐、感恩和赞美。如果您和大卫一同感叹，"上帝啊，我心坚定，我心坚定"，那么您很自然就会和大卫一样，说"我要唱诗，我要歌颂"（诗57：7）。

第二，让我们现在来思想如此灵修的另一个理由。正如歌唱是内心喜乐的自然表现，歌唱也有一种使人内心变得喜乐的自然能力。

灵魂与身体乃是联合的，它们相互影响。灵魂里的思想情绪会让身体产生这样那样的作用和行动。反过来，身体的某些行为也能对心灵产生影响，激发这样那样的思想和情绪。因此，歌唱既是内心喜乐的自然效果，又能自然而然地在内心激发喜乐之情。

内心的敬虔灵修，会自然地表现为外在的祷告行为。同样，外在的祷告行为，也是提升内在敬虔的自然途径。

内心的一切状态和性情都是如此：内在心态产生与之相符的外在行为。同样，外在行为也能激发与之相符的内在心态。怒火生出怒词，怒词煽旺怒火。

因此，只要我们思考人性，我们就会发现：唱诗是提升我们内心情感，是以上帝为乐的正确且必要的手段，正如祷告是激发我们敬虔心灵的正确且必要的途径。支持其中一个论点的理由，也完全可以用来支持另一个论点。

因此，如果您想知道我们为什么必须唱诗，那您就必须思想我们为什么必须赞美上帝，为什么必须以上帝为乐，因为唱诗能够真正操练和坚固我们感恩的心，正如祷告能够真正操练和坚固我们敬虔的心。如果您以为不祷告也可以灵修，那么您就可以不唱诗而以上帝为乐，因为唱诗是赞美和感恩的自然表达，正如祷告是灵修的自然表达。

灵魂与身体的联合并非实体的混合，而在于灵魂和身体会彼此作用、相互影响。

如果两个人彼此依赖，一个人做什么动作，有什么想法、感觉、痛苦或欲望，另一个人也必有相同的反应，那么我们就可说这两人是彼此联合的，尽管他们的肉体并不是合而为一的。

灵与肉的联合正是如此：两者的实体并未混合，但它们确实有联合的关系；一个的行动和感受必定影响另一个的行动和感受。灵魂的想法或冲动正是肉体的欲望；肉体有什么行动，也必然一定程度上影响灵魂。

您在世界上所看见的一切能力和效果，它们的根本原因都只是上帝的旨意。太阳发光发热不是因为太阳有如此能力；太阳周围的行星围绕它运转，不是因为它们有这样的本性，而只是因为这是上帝的旨意，是上帝命令它们如此。眼睛是视觉器官，不是因为眼睛的表皮、组织或液体自身有让人得到视觉的能力；耳朵是听觉器官，不是因为耳朵的构造具有掌控声音的自然能力，而只是因为这是上帝的旨意，是上帝要人通过它们接收视觉和听觉。同理，灵与肉彼此联合，根本原因并非人的灵魂或肉体的本性如此，而是上帝的旨意。

因此，如果您正确理解灵与肉的联合关系，您就会看到宗教外在礼仪和蒙恩之道存在的原因和必要性。

明白了灵与肉的紧密联系，我们就能明白，为什么我们在控制自己方面，既身不由己又得心应手。这种联系让我们对自己的灵魂感到无能为力，因为我们不能阻止外在物体对我们身体的影响，也就是我们不能控制外因，因此我们不能决定内心的状态。因为，正如外在物体无须我们许可就能影响我们的身体，我们的身体也借着灵肉统一之规律，对我们的思想产生影响。故此，灵魂和肉体的统一关系，让我们常常感到身不由己。

另一方面，这种联系也让我们可以控制自己，因为我们灵魂的状况很大程度上取决于身体，而我们对自己的身体有很强的掌控能力。我们可以控制外在的活动，并且让自己培养良好的行为习惯，自然而然地养成心灵的好习惯。我们可以治死肉体，远离那些挑动情欲之火的事物，所以我们能控制内在灵魂的状况。并且，我们可以主宰自己的外在行动，能使自己做各种外在行为，诸如阅读、祷告、歌唱，等等，而因为这些身体活动对心灵具有影响力，它们会自然而然地培养内心的良好性情。因此，我们主宰外在的身体行为，就能很好地控制内心的状态。故此，正是灵魂和肉体的统一关系，让我们能够得心应手地管理自己。

由此可见唱诗的必要和益处，以及一切外在敬虔行为的必要和益处。因为既然身体对灵魂有如此大的影响力，那么，当然一切能够影响灵魂的身体行为都具有重要的宗教意义。不是因为这些行为本身是真正的崇拜或敬虔，而是因为这些行为可以提升和支持敬虔精神，也就是真正的敬拜上帝。

因此，虽然宗教的宝座在人心里，但既然我们的身体对我们的心具有影响力，既然外在行为既出于心又始于心，那么外在行为就必然对人心里的宗教具有强大的影响力。

因此，我们既需要内在的默想，也要使用外在的行为来帮助我们在心里养成敬虔的习惯。

这个教义容易失之偏颇：一些人可能过于重视外在敬拜的方法，将信仰降格为迷信；有些人则会走上另一个极端。有些人认为宗教是内心的事，所以他们反对出声祷告，并且反对一切外在崇拜行为。他们断言，一切宗教都只能是寂静的冥思苦想，或在静默中与上帝奥秘式地相交。

这两种极端都是错误的偏见，都不明白何为真敬虔；而我们既不能用它们来反对内在敬拜，也不能用它们来反对外在敬拜。您既不能因为我强调宗教在内心的果效而责备我鼓励冥思苦想，也不能因为我强调外在敬拜行为的益处而责备我鼓励迷信。

因为，既然我们既不全是灵魂，也不全是身体；既然我们的行为既不能与灵魂脱节，也不能与身体分离；既然我们的习惯都是灵魂和身体的行为，那么，如果我们想养成灵修或以上帝为乐的习惯，我们不仅必须默想和操练灵魂，而且必须竭力操练身体，好让一切外在行为与内在性情相符。

如果我们要把心灵俯伏在上帝面前，那就必须用身体表现谦卑；如果我们想得到敬虔的热忱，那就必须时常操练口舌祷告；如果我们想除灭内心一切骄傲和私欲，那就必须迫使自己具有一切外在的忍耐和温柔行为。如果我们想感受内在幸福和以上帝为乐的情感，那就必须操练一切外在的敬虔行为，让我们的嗓子向灵魂大声疾呼。

因此，您现在应该明白了唱诗的理由和必要性，因为外在行为是必不可少的，我们需要用外在行为来支持内在性情。因此，外在的喜乐行为是必不可少的，我们要用这些行为来激发和支持内在的喜乐情感。

倘若有人因为祷告很少改善心情而决定放弃祷告，您会指责他们荒谬。您会认为他们应该继续祷告，严格遵守祷告的时间安排，如此才能消除内心的无聊和虚空。

唱诗正是此理。人们唱诗，感觉内心没有与歌词相符的喜悦，因此就忽视甚至完全放弃唱诗。他们不明白自己的行为与那些仅仅因为内心没有受到感动而放弃祷告的人并无二致。因为唱诗是激发内心喜乐情感的自然途径，正如祷告是提升敬虔的自然途径。

我赘述此事，只因真敬虔至关重要，因为没有什么心态比向上帝感恩更加神圣、美好、完全，因此，操练和提升这种心态乃敬虔之要务。

那些看似敬虔的人有时也愚钝麻木、焦躁不安、怨天尤人，但这种精神正与真宗教精神截然相反，因为他们虽然装作崇拜上帝，却弃绝上帝的主权和恩典。因为，若有人崇拜上帝，却不以上帝为无限良善的，就已经弃绝了上帝。

若有人不相信整个世界都像是上帝的家——在这个家中无事出于偶然，事事都受上帝的引导，上帝爱一切受造物，并因他的良善护佑万有。若有人心里没有此种信心，他就不是真的信上帝。然而，有此种信心之人，则足以凭信心胜过世界且能够凡事向上帝感恩。因为他相信万事相互效力，叫自己得益处，因此他不可能抱怨自己缺乏什么更好的东西。

因此，如果您住在怨言和牢骚里面，常常指责生活中的各种事故，这不是因为您是软弱的被造物，而是因为您缺乏宗教的首要原则——真信上帝。因为正如感恩是承认上帝的良善和他赐给您的益处，埋怨和牢骚也是指责上帝对您还不够好。

另一方面，您想知道谁是世界上最大的圣徒吗？并非祷告最多、禁食最多的人，不是奉献最多的人，也不是脾气最好、最仁慈、最公义的人，而是永远怀着感恩之心的人：上帝的旨意就是他的心意，他接受一切安排，相信凡事都是出于上帝的良善，随时愿意为此而感谢上帝。

一切祷告和灵修、禁食和悔改、默想和退修、圣礼和按立都不过是一些蒙恩的途径，目的就是让灵魂成为圣洁，可以遵行上帝的旨意，让它里面充满感恩，为一切来自上帝的事物而赞美上帝。这就是一切美德的极致，并且倘若有什么德行不引向它或源自它，那么这种德行就不过是未归信上帝之灵魂的虚假装饰而已。

因此，您不必奇怪我为何大费笔墨强调每次灵修都应唱诗，因为您明白这能塑造您的心灵，让它充满喜乐和感恩，而"以上帝为乐"正是圣洁生活的最完美境界。

您若想知道得到幸福和完全的必由捷径，您必须为自己定下一个规则：为一切发生在自己身上的事感谢和赞美上帝。因为不论发生了什么，哪怕看似灾祸之事，若您为此感谢和赞美上帝，就能转祸为福。所以，没有什么能比这种感恩的精神更于您有益，它的功效甚至大过神迹，因为它能用一句话疗伤治病，将它所到之处的一切痛苦变为祝福。

因此，如果您想得到真正永恒的利益，愿意让这种感恩之情成为敬虔的目标；如果您下定决心这就是灵修的目的，那您就有了一个明确的行为标准，凡事都要遵守这个标准；您就很容易看到自己努力的效果，并正确判断敬虔方面所取得的进步。因为只要您弃绝一切自私的性情和以自己意志为主的冲动，单单寻求上帝，以上帝的恩赐为满足，欢喜接受发生的一切，您就正在成为敬虔的人。

尽管这是您可以追求的最高标准，尽管这是最大的圣徒所能献上的最高贵祭物，但它不受制于任何时间、地点或场合。相反，您完全能做到，并且能每天操练它。因为我们每天都能在日常小事中发现和操练这种性情，并且这些小事足以表明，这种感恩精神在多大程度上掌管您的行为。

为此，我劝您按照这个方法灵修，让您的心常常赞美上帝，使每一天成为感恩的日子，叫那发怨言和不满的灵无法进入内心。

有些人或许还要强词夺理地说，尽管此种做法大有益处，却不大适合个人灵修，因为此种方式很容易为人所知，因此有"祷告时吹号鸣锣"之嫌。

对此，我的回答是：首先，有些人可以退到无人之处祷告，所以这些人不能以此为借口。不管别人如何推脱，他们责无旁贷。因此，这些人不可罔顾灵修的益处。

第二，很多人的身份、地位决定了他们周围随时有人，例如仆人、学徒、囚犯，以及家里住房拥挤的人，等等。

那么，这些人可以因为他们无法避免周围的人看见自己祷告就放弃祷告吗？他们岂不更要遵守祷告的时间安排，免得别人看见他们不敬虔的表现，就照着他们的榜样学坏？

灵修如此，作为灵修的一部分，唱诗亦然。

正确的规则是：不可祷告故意叫人看见，但如果您受条件所限，周围总是有人，那就应当担心被人发现您从不祷告，胜过害怕被人看见您按时祷告。

第三，这个问题可简化为：人要么可以在无人听见的暗处祷告，要么不可以。如果可以，那么这个反对意见就对他们没有意义。如果不可以，那么他们就应当这样想：身不由己的处境以及身份地位的各种限制就是一座监狱，而他们有一个很好的榜样可以效法——圣保罗和西拉。保罗和西拉在监狱里赞美上帝，圣经明明白白地告诉我们，众囚犯都侧耳而听。因此，他们并没有担心别人听见而不唱诗祷告。因此，如果有谁身陷窘境，不论在监牢里面或在外面，还有什么榜样比保罗和西拉更好呢？

我希望敬虔的读者不要无视上帝在这里的呼吁，他显然希望我们像保罗和西拉一样唱诗祷告。这两位大圣徒的做法是何等有力的推荐！

苦难当头的时刻——在牢里，在枷锁下，在被棍打以后，在黑夜的恐惧中，他们所做的最神圣的事就是向上帝献上赞美的诗歌。

而我们读了这些经文以后，还需要谁来劝诫我们应当像他们那样唱诗吗？他们夜晚在牢笼中所行的，我们白天反而不能行吗？他们能在监狱、锁链、黑夜中高唱赞美的诗歌，我们却不能在自己家里唱歌吗？

不仅如此，我们还晓得，正当保罗和西拉在地上祷告、唱诗、赞美

上帝时，"忽然地大震动，甚至监牢的地基都摇动了，监门立刻全开，众囚犯的锁链也都松开了"。（徒 16：26）

事实胜于雄辩。既然有这么大的神迹事实让我们看到上帝的大能，我们还不愿像他们一样祷告唱诗吗？

上帝既然用这样的神迹表明他垂听、救拔、奖赏那些敬虔的祷告者，难道我们还需要上帝从天上发出什么声音，以更清楚地命令我们唱诗赞美他吗？

言归正传，我现在继续回答刚才的问题。第四，暗中祷告不会因"有人看见"而遭受损失，倒是因"求人看见"而毁于一旦。

因此，如果您无法回避某些人听见您祷告，那么您的祷告仍旧是暗中的私祷，天父仍旧会暗中查看并报答您，如同无人看见一样。

第五，所谓暗中祷告是相对公众祷告而言，暗中祷告不一定没有见证人。丈夫妻子、兄弟姊妹、父母儿女、主人奴仆、教师学生都见证彼此灵修，然而他们的祷告仍旧是暗中的。主耶稣绝非要我们祷告时回避最亲近的人。

因此，亲友有时一起暗中祷告，有时也各自私祷。无论如何，唱诗都与之毫无冲突之处。

我们伟大的救主命令我们，禁食的时候，要梳头洗脸，不叫人看出我们禁食来，只叫暗中的父看见。

也就是说，不可在大庭广众之下向人炫耀禁食。

因为，如果只有没人晓得才称得上是暗中禁食，那就只有独身之人才能暗中禁食了 —— 因为每个家庭都必定知道家里有谁禁食。所以，"暗中禁食"并非不让任何人晓得，而是说不要故意向众人炫耀。

至于敬虔的百夫长哥尼流，圣经说他常常祷告周济穷人。他对彼得说："前四天这个时候，我在家中守着申初的祷告。"（徒 10：30）

哥尼流的禁食祷告当然是暗中的，也是蒙上帝悦纳的，因为天使看见就祝福他。

　　然而，他的禁食祷告并非完全无人知晓，此处和其他经文都表明这点。"向他说话的天使去后，哥尼流叫了两个家人和常伺候他的一个虔诚兵来。"（7 节）因此，不仅哥尼流的家人晓得他禁食祷告，连他手下的士兵和仆人都晓得，而且他们常常服侍他，看他的好行为，也效法他的好榜样，进而也成了敬虔的人。

　　这就是问题的关键所在。很多人都能够远离众人在暗中祷告，所以他们可以采取这种美好的方式灵修，只叫上帝和自己晓得。

　　因此，暗中禁食不会因为有人晓得而失去益处，暗中灵修也不会因为家人听见您唱诗而遭受损失。

　　另一些人的灵修则无法避免有人看见。因此，他们不可在灵修时忽略唱诗，好叫同住的人晓得自己也不可忘记祷告。因为，既然别人晓得您此时祷告，那么让人晓得您此时唱诗也无伤大雅。

　　如果有些时候，您渴望在暗中灵修而不愿意让别人知道，所以您故意在人面前忍住不唱诗。我不反对您这种做法，只要您到了大家都知道的应该祷告的时辰，不要忘记唱诗。

　　因为圣保罗和西拉半夜还不忘唱诗，那谁不愿意在白天常常如此行呢？而且，您唱诗的时候，会想起圣保罗的亲身经历。他一唱诗，上帝就震动监牢，监门全开——这对您灵修只有益处，没有害处。

　　最后，我们明白想象力对内心具有很强的影响力，并且能有力地感动我们。那么，在您灵修开始时，您可以想象某些场景，并用这些想象温暖内心，使您具有一种与灵修相符的敬虔性情，好让自己在美好的心态中向上帝献上祷告，这对您必定大有益处。

　　因此，在唱诗赞美上帝并且以上帝为乐之前，应当好好地运用您的想象力。

　　要安静自己，想象您看见天开了，众多天使在上帝的宝座前献上荣耀的大合唱。想象您听见天使的声音所组成的交响乐，日夜不停地赞美那昔在、今在、永在的上帝所发出的荣耀。

用这样的经文帮助您思想天上的事：

"此后，我观看，见有许多的人，没有人能数过来，是从各国、各族、各民、各方来的，站在宝座和羔羊面前，身穿白衣，手拿棕树枝，大声喊着说：'愿救恩归与坐在宝座上我们的上帝，也归与羔羊。'"

"众天使都站在宝座和众长老并四活物的周围，在宝座前面伏于地敬拜上帝，说：'阿们！颂赞、荣耀、智慧、感谢、尊贵、权柄、大力都归与我们的上帝，直到永永远远。阿们！'"（启7：9—12）

思想这样的场景，直到您乘上想象的翅膀飞到诸天之上，直到您乘云驾雾来到天使中间，直到您渴望加入他们的永恒合唱之中。

只要您愿意采用这种方法灵修，细细思想这一切美善的事，您很快就会发现，这是提升内心敬虔精神的最佳途径。

因此，您要先思想天上的事，再开口唱诗赞美；唱每句都要想象自己站在众多圣徒之中，想象您的声音加入他们的合唱，众天军与您一同喜乐，您也与他们一同喜乐；想象您在地上用细微的声音配合他们在天上雄壮的乐章。

想象一下吧！当我们伟大的救主唱诗的时候，您也和他一同赞美天父。想象他威严的面容，想象您站在他身旁，周围满了上帝的荣光。思想您与上帝的爱子一同唱诗，内心会如何熊熊燃烧，您会感到何等狂喜。反复思想这一切，思想这一切一旦成真，您会以何等喜乐和奉献的心情歌唱，而假如您在此种场合呆若木鸡，当受何等刑罚。让这一切教导您明白应当如何用唱诗赞美来感动自己。

想象您看见大卫手持竖琴，定睛望天，在永恒里向众受造之物发出呼吁，日月星辰、白昼黑夜、凡人天使都要与他的灵魂一同由衷赞美天上的那位主宰。

凝思并细细体会这样的场面，直到您认为自己正与这位神圣的乐师一同歌唱；让这位良友教您如何用下面这首诗篇提升自己的心，进而来到上帝面前。您可以常常在清晨吟唱这首诗：

"我的上帝我的王啊，我要尊崇你，我要永永远远称颂你的名。"
（诗 145），等等。

《诗篇》34 篇、96 篇、103 篇、111 篇、146 篇、147 篇都是展现上帝
荣耀的诗歌，特别适合灵修。您可以在任何特定的时辰背诵其中一首，
或选取若干片段，合并为一首颂词，作为自己灵修的诗歌。

第十六章

推荐每日上午九点祷告，
祷告主题是谦卑

我下面谈论另一个祷告的时辰，圣经称为一天当中的第三个小时 ①，按我们的计时方法是上午九点。

敬虔的基督徒此时当以为上帝呼召自己来到施恩宝座前，再次向上帝祷告。

圣经确实没有明确命令我们必须在此时灵修，但我们应当知道，圣经也没有明确命令我们必须在一天的开始和结束之时祷告。所以，假如我们可以在此时不灵修，那么，我们也有理由在每天开始和结束之时不祷告。

但是，如果历代圣徒的做法，以及虔诚的犹太人和早期基督徒的习俗对我们哪怕有一点影响力，那么我们就应该在这个时辰安排固定的灵修。

圣经让我们看到，犹太人和基督徒都把这个时辰分别为圣，用于灵修。因此如果我们愿意进入那些将自己完全奉献给上帝的圣徒之列，那么我们必须在这个时辰严肃灵修，献上自己。这种做法不仅本身具有权威，而且十分合理，这也足以让我们加以遵守。

因为如果您早晨按时起床，那么，您第一次灵修已经距离此时有几个时辰之遥；您已经在其他事上忙了许久，因此，您现在应当来做最要紧的事——提升您的心灵和情感来亲近上帝。

但是，如果您起床太晚，此时距离第一次灵修结束不久，那么您或许会通过第二次灵修知道早晨睡懒觉并非小事一桩，因为它耽误您灵

---

① 和合本中为巳初。——译者注

修，剥夺您蒙福的机会，使您不能借助殷勤祷告而享受许多恩典和祝福。

因为倘若祷告有与上帝同工之大能，倘若祷告能解开罪的捆绑，洁净我们的灵魂，使我们的心回到正路，并且让圣恩之手从天上帮助我们，那么损失一小时祷告岂是小事？

想象您身处空中，看见世人熙熙攘攘、来来往往；想象您一面看见所有基督徒每天向上帝献上祷告；再想象您看见一些基督徒像初代基督徒一样，日日夜夜求告上帝，虔诚地在每个灵修的时辰吟唱诗篇，为圣徒和殉道者从上帝领受各样恩赐和恩典而感谢上帝；想象您与此同时，看见另一些人灵修生活毫无规矩，不恪守祷告的时辰，只有满足了自己睡觉和懒惰欲望之后，才偶尔灵修，那么，假如您像上帝一样看见这一切，会作何感想？您想想自己会如何判断这些人？您能否想象那些严格遵守敬虔准则的人将一无所获？您能否想象他们的祷告和那些懒惰、放纵，以及不遵守敬虔准则之人的祷告得到相同的上帝的回应？他们不会得到比后者更大的祝福？

您是否认为两者都是上帝的真仆人？您能否想象他们的生活如此不同，却在死后得到完全一样的地位？您是否以为自己是哪种人都无所谓？

如果您不如此认为，那么但愿您加入敬虔基督徒的行列，成为圣徒社会的一员，就是您离世时希望自己与他们同在的那些人。

尽管祷告的次数和简单重复本身没有价值，但既然正确认真的祷告是我们修补和洁净心灵的最自然途径，既然圣经督促我们要常常殷勤祷告，那么我们就应当相信：常常殷勤祷告是得到敬虔生活诸多福气的最佳渠道。

另一方面，那些失职、懒惰、放任自己不能或不愿遵守敬虔准则和祷告安排的人，我们应该相信他们剥夺了自己许多蒙福的机会，这些恩典和福分是圣徒借着殷勤祷告从上帝那里取得的。

那么，既然殷勤祷告有圣经教义的依据，并且上帝的真信徒用实践告诉我们祷告的益处，那么我们就不应该认为自己不祷告也无伤大雅，我们应当认为在我们所做的工作中，没什么比按时祷告更蒙上帝悦纳。

我们绝不应当以为，无所事事、失职忘责、率性而为、消遣娱乐等借口可以使我们得到上帝宽恕，用来为不严格按时灵修而辩护。

倘若您具有敬虔的精神，您就会喜欢按时祷告，因为这种习惯让您的心灵保持圣洁，使您以上帝为乐；它将您的私欲改造为神圣的大爱，让您的内心充满强烈的喜乐和安慰，远超过别的事所能带给您的感受。

而倘若您不具有敬虔的精神，您就更加应当严格遵守祷告的安排，由此训练您的心思意念，帮助您真正地感受何为敬虔。

您已经看见基督教的圣洁精神，以及历代圣徒的榜样，您应当像他们一样每天安排按时祷告。您还要正确选择祷告的事项，您可以按照自己目前的状况改变或扩展这些事项，然后仔细为这些事项祷告，这对您大有益处。

这样一来，您就可以周全地照顾到各种美德和恩典，让这一切成为您祷告的主题。您一点一点地向上帝祈求这些美德和恩典，让它每天都成为祷告的内容，这样一来，您很快就会发现自己内心产生了明显的转变，发现自己无法一面频繁祷告，一面在一天剩下的时间按照与之截然相反的气质来生活。

如果一个喜爱世俗的人每天祈求上帝帮助他抵挡世俗性情的侵扰，如果他详细描述贪婪的试探，并渴望上帝帮助他弃绝一切私欲，从而不要让他的野心得到满足，那么他就会发现自己的良心被极大唤醒，令他要么放弃如此祷告，要么弃绝庸俗的生活。

其他的性情也是如此。如果我们求而不得，那是因为我们妄求。因为我们用冷冰冰的笼统语言来求，例如我们只说某些美德，却不加以详细描述，不具体到自己的处境，因此我们的心不能改变。然而，若有人在祷告中仔细阐明他所求的美德，就会唤醒自己的良知，进而诧异地发现自己的差距有多大。而一旦发现自己多么缺乏所祈求的美德，就会激发热心，追求更大的敬虔。

上一章，我向您说明赞美和感恩的美好，且推荐它作为第一次晨祷的主题。

因为心灵的谦卑状态正是宗教所要的状态，因为谦卑是敬虔的生命和灵魂，是每种美德和善行的根基和支柱，是一切圣洁情感的最佳保障，我推荐您让谦卑成为上午九点灵修的主题。我迫切希望您每日都以此种谦卑姿态呼求上帝保守您在操练温柔和谦卑的精神中度过一天，且以为若非如此便不得平安。

谦卑美德对灵魂的健康至关重要，若没有这种美德，人生就谈不上理智或敬虔。假如人没有谦卑精神也能活在宗教精神中，那么我们大可相信人没有眼睛也能看见，不呼吸也能存活。

虽然谦卑美德是一切宗教责任的灵魂和精髓，但是，总体而言，在一切基督徒的全部美德中，谦卑是人们理解得最肤浅、最不重视、最不渴望和最不追求的美德。

没有什么人比那些在敬虔生活中取得进步的人更应该担心骄傲的逼近，因为骄傲不仅与陋习共生，也与我们的美德同长，趁各种机会偷袭我们。

我们的每个好思想和每个好行为都为骄傲敞开大门，让我们容易虚荣和自满。

这种邪恶精神不仅借助人的美貌、财富，以及与生俱来的才能和社会地位来试探我们，而且借助我们的灵修和奉献、禁食和降卑来试探我们，用各种各样的新手段强烈地引诱我们，使我们陷入危险。

正因为如此，我积极呼吁每位敬虔之人每天操练谦卑，好叫谦卑精神保护自己，得享平安，免得自己好不容易增进了美德，自己反受其害。

谦卑不在于鄙视自己过于所当得的，亦非贬低自己过于事实。谦卑在于实事求是。正如一切美德都基于真理，谦卑亦然。谦卑的基础是真实公正地认识自己的软弱、悲惨和罪恶深重。只要人正确认识自己的这种状况，并按照这种认识来生活，那就是真谦卑。

我们软弱的状况表现为我们无能——作为人什么也做不了。按照我们生而为人的原本状态，我们完全没有任何能力；虽然人确实会动，但人行动的能力完全是出于上帝，不是出于自己。

靠自己的能力，我们连手脚也动不了；正如我们既无法使太阳运行，也不能让云彩止步。

我们说话的能力不在于自己，正如我们不能让死人复活。因为我们说话做声不是靠自己里面的能力，正如使徒赶鬼治病也不是靠自己里面的能力。

使徒开口赶鬼医病，完全是出于上帝的能力；同样，我们开口说话，也完全是出于上帝的能力。

我们确实能够说话，正如我们是活人；但言语之实行，并非靠我们自己的能力，正如生活之真味，亦不在于我们自己。

以上所述表明，无助和依赖性正是我们的可怜光景，所以我们必须谦卑。因为我们既不能因自己的身份或行为骄傲，也无力改变作为人的地位，所以，将这些荣耀归功于自己，当作自己的装饰，这无异于偷盗和欺骗。此乃偷盗，因我们把本属上帝的东西纳入私囊；此乃欺骗，因我们否认自己的真实地位，装模作样地欺哄众人。

第二，我们必须谦卑的另一个理由，是我们身处悲惨的状况。

我们之所以生活如此悲惨，原因在于我们用上帝的能力来折磨自己和同胞。

全能的上帝把理性思考的能力托付给我们，而我们却用这种能力来败坏我们的人性。我们用理性把自己陷于各种愚妄和悲惨之中而无法自拔，让人生成为表现愚蠢和满足私欲的过程；我们在各类表象中寻求虚幻的喜乐，为自己营造了万般欲望，用虚空的盼望自娱自乐，用无聊的恐惧自怜自艾；我们糟蹋整个世界远甚于没有理性的动物；我们相互嫉妒，彼此惹气，用无休无止的情欲和不合情理的争竞相互折磨。

任何人只要回顾自己的生活，看看他把理性用在何处，就会晓得自己多么难得寻求理性的智慧，多么难得遵从理性的指引。他的人生岂不是充满了愚蠢的私欲、虚荣的想法、无用的工作，以及奢侈的盘算？他的言行多么愚蠢，他的决断多么错误，他多少次避免错误是出于偶然，他多么难得让自己快乐一回，而又多么经常让别人恼怒；他多么频繁地改变自己的主意，讨厌自己原本喜欢的，又喜欢原本厌恶的；经常为一些琐事而愤怒或欣喜，又为完全相同的琐事而愉悦或忧愁，常常从一种虚荣的喜好转向另一种无聊的娱乐！哦，只要一个人这样来审视自己的人生，他就有充足的理由承认：人类绝无理由骄傲。

只要他思想这一点：假如世人了解他如同他自己了解自己一般，假如他们看见他的心被怎样的虚荣和私欲辖制，有哪些隐秘的性情玷污败坏了他最美好的行为，那么他就不会无谓地让别人尊崇他的良善和智慧，正如一具腐烂发臭的尸体不配得到别人的爱。

这是众人心知肚明之事。故此，人最惧怕的便是完全敞开内心，暴露在众人眼前。

绝大多数人宁死也不愿让自己隐秘的愚妄、错误的决断、虚荣的思想、虚假的伪装，以及内心常常奔涌的空虚、混乱的私欲、不安、仇恨、嫉妒、偏执为世人所知。

既然人心里清楚自己的行为多么可悲，那岂能怀揣骄傲之情？一个身处如此悲惨状况的被造物，甚至不能承担让世人知道他真实状况的羞耻，有脸存活仅因为暂时只有上帝，天使天军和自己的良心知道其羞耻，这样一个人岂敢在上帝和众天使的眼前自鸣得意？

第三，如果再加上犯罪的羞耻和罪责，我们就会发现我们更有理由谦卑自己。

即便一个受造物至死没有犯罪，它也不应该尊崇自己，因为它是受造物。他的一切所是、所有、所行无不出于上帝，所以它的一切荣耀都唯独属于上帝。

然而，如果一个受造物生来就是罪人，可耻地糟蹋了上帝所赏赐的能力而遭万有之主厌弃，只配得到痛苦刑罚；如果这样一个受造物竟敢因自己的所是或所为而自夸，那么只能说他不以为耻，反以为荣。

由此可见，那伟大的救赎①显出我们的罪性是何等丑恶可耻，若不是上帝亲自受死，我们就不能得以洗净。

除了上帝独生子的受苦和受死，别的什么都不足以挪走我们的众罪。若不是耶稣基督取了人性，人就会永远与上帝隔绝，我们就永远无法站立在上帝面前。

既然人性是如此败坏，那我们这些罪人怎能骄傲，怎能求自己的荣耀呢？

既然我们的罪让我们在那造我们的上帝看来如此丑恶可憎，甚至他不听我们祷告，也不接受我们悔改，直等到上帝的独生子降生为人，并替全人类受苦代求为止；处于此种可悲境况的我们岂能高看自己？我们既然不配为自己所犯的众罪祈求宽恕，只能靠上帝独生子的中保和代求来到上帝面前，那我们岂能因自己的价值而沾沾自喜？

这就是谦卑的基础。我们必须谦卑，因为我们的处境是如此可怜，因此，处于这种状况中的人，若是以为自己有什么荣耀——似乎是他创造了自己一般，那岂不是公然冒犯真理和极其违背理性？倘若他夸耀什么事，仿佛是自己的一般，那他必夸耀自己的悲惨和罪恶，因为除此以外，没什么真是自己的。

您应当把眼睛转离自己，定睛于天上，想象自己看见天上的事情；想象您看见基路伯和撒拉弗，并天上一切荣耀的居民，都合而为一地做同一件事，不从彼此求荣耀，不为自己谋上位，不思想自己的美好，不唱自己的赞歌，不看自己的价值，也不鄙视别人，他们为同一个工作效力，全都有一样的喜乐："俯伏在坐宝座的面前敬拜那活到永永远远的，

---

① 那伟大的救赎，指耶稣基督。——译者注

又把他们的冠冕放在宝座前"，把一切荣耀、尊贵、权柄都归给上帝，单单归给他。（启4：10，11）

然后，再转眼看这个堕落的世界，想想至高无上、荣耀无比的神子耶稣不求别的，唯独将一切尊贵、荣耀归于上帝，而我们这些可怜的虫豸和悲惨的罪人竟然因自己幻想的荣耀而沾沾自喜！这是多么不合情理和多么愚昧可憎的事！

骄傲不过是人类犯罪堕落之后的放肆表现。它只能藏匿于麻木无知、肉体情欲、谎言虚假、贪婪不洁盘踞之所。

当一个人自鸣得意的时候，他应当抬头看看耶稣被钉的苦像，思考伟大的救主四肢被扯开钉在十字架上，他要想想自己这样一颗充满骄傲和虚荣的心，怎能借着这样一位被钉在十字架上的温柔救主向上帝祈祷！这是多么荒谬不经之事！

这些事，您应当时常默想，好让自己谦卑地行在上帝和众人面前，因为这种精神才符合软弱、可悲、罪恶的人类本性，才符合堕落亚当的后裔的身份。

一旦这些想法让您相信谦卑乃合理之举，万不可因此自满，以为自己头脑知道谦卑有益且反对骄傲，那么自己就是谦卑之人。不，您要立刻让自己起而行之，如同完全不谙此道的初学者一般，要克服重重困难，循序渐进。您必须思想自己不仅需要学习这一美德，而且要时时长进，安于当学徒，努力追求更大的谦卑，每天操练谦卑的行为，正如您每日灵修一样。

您不会因为自己喜欢某些祷词，并相信灵修有益，就以为自己已成为全然敬虔之人。然而，多少人仅仅因为自己欣赏谦卑美德，并且强烈反对骄傲，就以为自己已经足够谦卑了！

斯科斯[①]家境富裕，身体健康，相貌堂堂。他喜欢漂亮衣服，喜欢

---

① 斯科斯（Cecus），意为"盲目"。

用各种装饰品打扮自己。他心高气傲，专横地对待一切不如他的人。他满口谈论的都是自己，从不怀疑自己有错。他不能容忍反对意见，只要您提出不同的看法，他就觉得您欠缺理解力。他经常改变房子里的家具和装饰，也经常改变自己的习惯和行头。一旦有什么华丽的东西流行，他就非拥有不可。斯科斯原本可能成为敬虔的人，但他太自满了，无法成为圣洁。

在斯科斯看来，最可憎的人莫过于骄傲之人。不幸的是，由于观察力敏锐，他发现每个人多少都有些虚荣。

另一方面，他特别喜欢谦卑、温柔和节制的人。他说，谦卑是一种特别可爱的品质，由不得人不爱。最卑鄙的人若有谦卑，就不会遭人鄙视；而最伟大的人若无谦卑，就难以受人尊重。

斯科斯从不怀疑自己有骄傲的毛病，正如他从不怀疑自己不够聪明。原因是他发现自己非常喜爱谦卑的人，厌恶骄傲的人。

是的，斯科斯，您说您喜爱谦卑和厌恶骄傲，这是事实。您不是假冒为善的人，您的话出于内心真实感受，但那又如何呢？斯科斯，您不过是喜爱别人的谦卑和厌恶别人的骄傲。您一生从未反省过自己，只知道指着别人的谦卑和骄傲评头论足。

斯科斯的问题也是众人的问题。很多人有各种各样的骄傲，纵容各样的虚荣心，却从不怀疑自己已经成了骄傲和虚荣的奴隶，因为他们知道自己多么厌恶骄傲的人，多么喜爱谦卑温柔的人。

他们以为自己赞赏谦卑以及怒斥骄傲的一切话语，都能证明自己具有真正的谦卑精神。

然而，实际上，这些话语不仅不能证明他们谦卑，反而证明他们不谦卑。

因为一个人越骄傲，越不能容忍别人骄傲。而一个人越缺乏谦卑，越要求别人谦卑，越喜欢别人谦卑。

因此，您必须反其道而行，要知道只有用一切谦卑的行为来要求自己，但绝不要求别人，这才是真谦卑；要晓得只有绝不容忍自己丝毫骄傲，且从不审查别人是否骄傲，这才是真正与骄傲为敌。

既然如此，您就要思想：对您而言，骄傲和谦卑若不成为内在的品格，就算不得什么。您要明白：骄傲和谦卑除非成为自己的性情，那就于您无益又无害。

因此，喜爱谦卑于您无益，除非您乐见自己的一切思想、言语、行为尽都谦卑。厌恶骄傲于您无益，也绝非您的美德，除非您由衷地厌恶自己心存丝毫骄傲之情。

那么，要真正行出谦卑，您必须首先认定自己是骄傲之人，并且承认自己一生多少受到这种败坏性情的影响。

您同样要相信骄傲是自己最大的弱点，它常常潜入心中，所以必须随时随地保持警醒，凡事抵挡骄傲的侵袭。

因为多数人，尤其是敬虔生活的初学者，正需要如此诚实地看待自己。

没有什么陋习比骄傲更加深植于我们的本性之中，我们一切思想和行为都在时刻滋养这种陋习。世界上找不出任何事情不会沦为骄傲的牺牲品，我们在世上所想或所用，或任何行为或责任，骄傲总有办法盘踞其间。因此，我们向上帝祷告之前，首先必须相信自己内心充满了各种骄傲，必须悔改。

因此，如果您发现自己心里不接受这点，并且认为自己并不希望彻底治愈骄傲绝症，那么您可以相信我的话，如同相信天使：您不仅不够谦卑，而且毫无谦卑，因为骄傲的最明显证据，莫过于以为自己已经足够谦卑。一个人若以为自己已经足够爱上帝，就证明自己还不懂得何为神圣情感；同样，一个人若以为自己已经足够谦卑，就证明自己根本还没有入门。

第十七章

说明世俗的精神和
性情使人们在生活中难以实践谦卑，
基督教的要求与世俗的相反

每个人开始操练谦卑的美德时，必须如我所言——视自己为初学者，因为新功课与旧心思和老习惯截然相反，彼此抵触，所以必须每日勤习才能长进。

他不仅如同学习新艺术或科学一样有许多新东西需要学习，而且有许多旧东西需要抛弃。他必须摒弃长期养成的精神和气质，必须摒弃许多私欲和观念。世界的风气、时尚和精神，让他以为这些欲望和观念都是理所当然的。

他必须离弃自己的精神，因为我们原本生在罪里，就是生在骄傲里。骄傲和自爱一样，于我们乃是最自然不过的事情，而且骄傲总是变着花样从自爱当中萌发出来。基督教之所以教导要"重生"和有"一颗新心"，这也是其中一个原因。

他必须放弃来自世界的各种观念和情欲，因为世界的时尚和模样好像暴风激流，让我们身不由己，随之飘荡，离弃正道，无法正确判断是非价值。世俗的时尚和模样在许多方面与谦卑美德正好对立。因此，我们必须首先忘记世俗精神灌输给我们的东西，谦卑的精神才会掌管我们的心。

圣经说魔鬼是这世界的王，因为它在世界掌权，因为世界的规矩和原则有许多都是邪灵的发明。它是说谎之人的父，一切虚妄之事都从它而出；它辖制世界，是为了让我们永远与上帝隔绝，阻止我们重获喜乐。

我们浸润于世界的败坏空气之中，世界的精神和潮流所追求的伟大尊贵和值得羡慕的东西大多名不副实，符合人性的真伟大和尊贵反而在于轻看这些东西。

发大财、住豪宅、穿华服、摆阔气、比排场、好面子、显官名头衔、想出人头地、颐指气使、爱受人崇拜、以力服人、镇压异己、想方设法让自己光鲜照人、享受高贵奢侈的生活、用最浪费的方式吃喝玩乐——这就是世人眼中伟大尊贵的好事情，是最令人羡慕的。很多人担心，如果自己原地踏步不去追求这些东西，全世界都会当自己是傻子。

福音史主要就是"基督精神征服世俗精神"的历史。只有那些跟随基督的精神，在生活中拒绝世俗精神，并且反其道而行的人，才是真正的基督徒。

"人若没有基督的灵，就不是属基督的"。"因为凡从上帝生的，就胜过世界"。"你们要思念上面的事，不要思念地上的事。因为你们已经死了，你们的生命与基督一同藏在上帝里面。"（罗 8：9；约一 5：4；西 3：2，3）这是整本新约的用语，这就是基督教的标志：您已经向着世俗的精神和性情死了，如今在耶稣基督里靠圣灵活出新的生命。

可是，尽管这些离弃世界的教义如此清楚明白，还是有许多基督徒一辈子都给世界的习俗和性情做奴仆，到死也没有自由。

有多少人因骄傲和虚荣而自我膨胀，因为他们拥有一些世人羡慕的无用之物！

要不是人们知道世人羡慕六套马车，怎么还会有人辛苦十年只为再添两匹马？有多少人担心自己马车装饰得还不够漂亮，或自己穿着还不够体面，仅仅是因为生怕世人看不起他们，以为他们出身卑贱！

要不是人们害怕被世界当作胆小鬼，有多少人甘愿忍让别人趾高气扬，又会有多少人常常表现出顺服的性情！

很多人愿意常常放下怨恨，饶恕对方，可是他们担心如果饶恕对方，世界不会饶恕自己。

倘若不是世人的刁难，有多少人愿意操练基督徒的节制美德，达于至善!

许多人愿意按照基督徒完美的准则而活，生活中却踌躇不前，因为顾虑世人的议论。

就这样，世界给我们的种种印象奴役我们的心思，让我们不敢在上帝和天使面前成为大的，因为我们担心在世人眼中被看为小的。

这就是培养谦卑之美德的最大困难。因为倘若人不向着世界死，不离弃一切渴望出人头地、受人崇拜的世俗想法，人就不可能真谦卑。因此，要真谦卑，必须彻底摒弃这辈子从世界的败坏精神学来的所有想法。

如果您不能打破心中世俗的权势，如果您不能定意拒绝盲从世俗的律法，那就无法抵御骄傲的反复进攻，谦卑的性情在您心里也没有立足之地。

一旦您能够在世俗洪流的冲击中站立得稳，能正确判断世人所羡慕事物的真正价值，您就在走向真自由的路上迈出了重要一步，并且为修补内心奠定了坚实的基础。

因为，尽管世俗的权势看似强大，但它完全建立在盲从的基础之上。我们只要睁开眼睛就能把它看穿。

您可以问任何人，不论是有学问的还是没有受过教育的，您可以询问每个知道并承认"世界的普遍性情不过是属血气的愚妄和放肆而已"的人。

谁不承认哲学的智慧和宗教的敬虔永远只属于少数人？这岂不说明世界的普遍性情和多数人的心灵既没有哲学的智慧，也不符合宗教的敬虔吗？

因此，世人已经定了自己的罪。世俗毫无价值，有思想的人很容易就能做出正确判断。

因此，要成为谦卑的人，您必须拒绝庸俗的气质，停止纨绔子弟和风尘女子的言行，不要再任凭世俗观念奴役自己。您必须按照哲学智慧和宗教敬虔来做出各种判断。我希望您不要认为这种说法难以接受，因为谁会害怕自己产生如此美好的转变呢？

再者，您不应当害怕或在乎世人的看法。要思想您去世以后，世人会多么迅速地遗忘您，不在乎您，甚至当您是淹死在臭水沟里的动物。

如果您的朋友有能力，或许会精心安葬您，为您立座碑，让后人知道您的骨头埋在这块石头下面。石头一被淹没，一切都会随之消失。您的位置自有别人补上，世界仍是原样。世界将把您的身影从视线中抹去，忘得干干净净，似乎您根本没有来过。

想想那些富有、尊贵、有学问的人，想想身居高位、广受尊重的人，很多都死在您的时代，而他们一死就消逝得无影无踪，世人遗忘他们之快，好像他们不过是水里的气泡。

再想有多少可怜的灵魂看见自己失去天堂，躺在永恒的悲惨中，因为他们的服侍和爱心都献给了一个忘恩负义的世界，一个有他们没他们都一样开心的世界。

因此，难道您愿意为了服侍世界这个恶主而放弃美德吗？这样做值得吗？

难道您宁可跪拜"没有眼睛、耳朵、心灵和置你不顾"的偶像，而不愿服侍"伟大、圣洁、万能并且愿意让众仆人一同承受他永生"的上帝吗？这样做值得吗？

难道您宁愿崇拜这根本不爱您的虚假世界，并且为了它而拒绝敬畏那位创造了您，并永远爱您、祝福您的上帝？

最后，您必须认识到基督教的信仰宣告要求您轻看、离弃、反对和超越世俗。

经文充分阐述了这点："基督照我们父上帝的旨意为我们的罪舍己，要救我们脱离这罪恶的世代。"（加1：4）所以，基督教意味着上帝救我们脱离这个世界，就是那些"宣告信仰、按照信仰告白来生活，抵挡属于这罪恶世代的一切事情"的基督徒。

　　圣约翰如此宣告基督徒必须反对世俗:"他们是属世界的,所以论世界的事,世人也听从他们。我们是属上帝的。"(约一4:5,6)约翰的描述足以说明:心思性情仍旧属世的人不是真基督徒。使徒约翰说:"我们知道我们是属上帝的,全世界都卧在那恶者手下。"(约一5:19)所以,基督徒只有认识到自己不属世界,才能知道自己属于上帝;基督徒若想得救,就不能顺从世界的道路和精神。因为世界的一切道路、准则、政治、心态、性情都卧在那恶者手下。只有胜过世界的人,才是属上帝的,才是在基督耶稣里从上帝生的;他们定意照信心而活,让上帝借着基督所启示的智慧,管理自己的一切行为。

　　圣保罗认定基督徒都晓得他们不在世俗中活着,这个原则不容置疑,所以基督徒应当废弃犹太律法的诸般规条:"你们若是与基督同死,脱离了世上的小学,为什么仍像在世俗中活着,服从那规条呢?"(西2:20)由此可见,使徒保罗坚信基督徒都知道他们的信仰告白要求他们离弃世界的一切性情欲望,成为新耶路撒冷的国民,活在天国里,谈论天上的事。

　　伟大救主自己已经说明这点:"他们不属世界,正如我不属世界一样。"(约17:16)如果您还没有脱离世界,反对世界,那您就还没有基督教的特征。您不属于基督,除非您像他一样脱离世俗的辖制。

　　如果我们乐意,可以用许多空洞无力的话去解释这些经文,以此自己欺骗自己。但如果我们是诚实人,就必须按照伟大救主的精神来理解这些简单明了的经文。用低俗浅薄的方式去理解经文,就是用属肉体的智慧来解释属灵的教义,糟蹋福音真理。

　　面对世俗的威逼利诱,基督徒最大的胜利完全在于基督钉十字架的奥秘。他在十字架上,教导门徒要离弃世界和胜过世界,教导他们如何才能成为门徒,门徒从此就晓得当如何行。福音的所有教义、礼仪、制度都指向这奥秘,解释其意义,并且将属天的福气落实在我们的生活中。

基督徒的身份不在于别的，正在于完全并且绝对地符合基督精神，就是基督在十字架上献自己为祭的精神。

因此，每个人在多大程度上与基督的圣灵有分，就在多大程度上是基督徒。因此，圣保罗情不自禁地感叹自己"断不以别的夸口，只夸我们主耶稣基督的十字架。"他为什么夸口？难道是因为基督替他受了罪，叫他免于受苦？绝对不是。是因为保罗的信仰告白呼召他渴望与基督一同受苦，并且让他明白：像基督在十字架上一样被世人蔑视嘲笑，像基督一样向着世界而死，这是无比荣耀之事。因为保罗紧接着又说："因这十字架，就我而论，世界已经钉在十字架上；就世界而论，我已经钉在十字架上。"（加6∶14）这说明他夸耀基督的十字架，是因为十字架呼召他像基督一样，向着世界而死。

基督的十字架之所以在圣保罗时代是基督徒的荣耀，不是因为他们勇于承认一位被钉死的救主，而是因为十字架说明他们所夸耀的信仰是以十字架的教义为核心的；十字架呼召他们像基督在十字架上一样忍受苦难，献上自己为祭，离弃世界，谦卑温柔，忍受伤害、责骂、蔑视，向着一切世俗尊贵、名誉、享乐而死——在这一切事情上效法基督。

要正确理解基督教，我们不能仅仅认为伟大的救主替我们受难，而要视他为我们的代表，在我们的位分上成就了救赎大功，使我们得以与他联合，蒙上帝悦纳。

他受苦牺牲，好让我们的苦难和牺牲蒙上帝悦纳。我们也要与基督一同受苦、牺牲、被钉、受死和复活，否则他的被钉、受死和复活就于我们无益。

我们必须效法基督，他如何替我们受苦，我们也当同样受苦。整本圣经都告诉我们这个道理。

第一是效法他的忍耐。忍耐是得救的条件："我们若能忍耐，也必和他一同作王。"（提后2∶12）

第二是与他同钉十字架。"因为知道我们的旧人和他同钉十字架，使罪身灭绝，叫我们不再作罪的奴仆。"您看到不仅基督替我们受死，而且我们的旧人也必须与基督一同钉死，否则十字架就于我们无益。

第三是与基督一同受死。"我们若与基督同死，也必与他同活。"（提后2：11）因此，如果只是基督死而我们不与基督同死，那么按照这节经文，我们就不能与他同活。

最后是与基督一同复活。圣经让我们看到我们如何与基督的复活有分："所以你们若真与基督一同复活，就当求在上面的事，那里有基督坐在上帝的右边。"（西3：1）

这样，您晓得圣经说我们伟大的救主代表我们，在我们的位分上受苦受难，为要使我们蒙恩，所以我们具有不可推脱的责任，行事为人都要与所蒙的恩相称，凡事都要效法他为我们所行的事和所受的苦。

正因如此，主耶稣说门徒和一切真信徒"不属世界，正如我不属世界一样"（约17：14）。因为一切效法基督受苦、被钉、受难和复活的真信徒都不再效忠世界的灵和性情。不，他们的生命如今与基督一同藏在上帝里面。

这就是"与世俗分别"，这就是一切基督徒的神圣呼召。我们必须离弃一切世俗性情，必须完全为另一个世界的事情而活，必须表现出自己真正与基督一同钉十字架、一同受死，并且一同复活。一切基督徒随时随地行事为人都必须合乎这种新灵，他们内心必须彻底转变，在基督里成为新造的人，正如基督必须为我们而受苦、受死和复活。

圣保罗说基督徒的人生应当超凡脱俗："所以，我们从今以后，不凭着外貌认人了，虽然凭着外貌认过基督，如今却不再这样认他了。若有人在基督里，他就是新造的人，旧事已过，都变成新的了。"（林后5：16，17）

但凡能够体会这些经文的力量和精神的人，很难忍受任何庸俗解释。这些经文让人明白：因为基督已经受难且复活，所以基督徒的身份就成了无比荣耀的身份；我们不再凭着地上的肉体认识基督，他是天上掌权的荣耀上帝；我们也不再凭着肉体认识自己，我们现在互为肢体，同属于一个全新的社会——我们的全心、全部性情和全部对话都属于这一社会。

由此可见，基督教置我们于世界之外，且超乎世界之上。一旦我们坠入世界的性情之中，就从神圣呼召中堕落了。

正是世界的灵把我们尊贵的救主钉上十字架，所以每个有基督圣灵的人，每个和基督一样反对世界的人，也必然以各种方式被世界钉上十字架。

因为基督徒今天所处的世界仍旧是基督当年生活的世界，基督和世界将继续互为仇敌，直到基督最终彻底毁灭这个黑暗的国度。

假如您曾与我们的救主同住，做他的门徒，那么您必定遭人仇恨，正如基督当年遭人仇恨；如果您今天住在基督的圣灵里，那么世界必将与您为敌，正如它当年与基督为敌。

我们伟大的救主说："你们若属世界，世界必爱属自己的；只因你们不属世界，乃是我从世界中拣选了你们，所以世界就恨你们。"(约15：19)

如果我们以为这句话描述的是我们救主和门徒当年所处的特殊状况，那么我们就没有抓住经文的真正含义。这种理解方式是把活的圣经读成死的文字。实际上，这句经文所描述的乃是今日基督徒的状况，也是任何世代基督徒的现实状况，一直持续到世界的末了。

因为真正的基督教正在于基督的灵，所以，不论基督的灵在哪里——或在基督里面，或在众使徒里面，或在任何世代的基督徒里面——它都是永不改变的同一位圣灵；凡是有基督圣灵的人，都必为世界所仇恨、鄙视和诅咒，正如基督当年所受的一样。

因为世界必爱属它的，且只爱属它的；世界必与基督为敌，这一点确定无疑，永不改变，正如光明与黑暗永远势不两立。

当神子耶稣说"世界恨你们"时，他后面没有说安慰的话，似乎以后什么时候世界就不再仇恨基督徒了，或者世界不会永远恨他们；但是，耶稣让门徒忍耐的理由仅仅是："你们知道世人恨你们以先，已经恨我了。"（约15：18）这意味着，世界所仇恨的是耶稣基督，是耶稣基督的灵，因为基督的灵与世界完全相反。世界原先仇恨他，今后也要永远仇恨他。

您或许会说，世界已经不同了，今天是基督教的世界，至少我们所处的地方如此，所以今天不应该把世界视为与基督教为敌的，好像当年的异教世界。

确实，现在的世界宣告信仰基督教。但是，谁又能说，这个基督教世界符合基督的灵？这个世界的总体性情符合基督的性情吗？肉体情欲、自爱、骄傲、贪婪、野心、虚荣——这一切今天在基督徒里面是否不如当年在异教徒当中那么抵触福音精神？难道您会说异教世界的种种邪情私欲已经消失得无踪无影了？

第二，请您思想世界对您到底意味着什么。圣约翰说得非常清楚："凡世界上的事，就像肉体的情欲，眼目的情欲，并今生的骄傲。"（约一2：16）这个描述既贴切又完整。既然这一切都是老样子，那么今天的世界就仍旧是与基督教为敌的，和圣约翰当年一样。

今天的世界正是圣约翰所谴责的"不是从父来的"世界。不论它表面宣告信仰基督教还是公开逼迫基督徒，它的真实状况仍旧是抵触福音的圣洁精神。

而且实际上，表面宣信基督教的世界变得更加险恶，因为毁于世俗诡笑的基督徒远远多于死于残暴逼迫的殉道者。

所以，我们一定不能认为，今天世界对基督教的仇视与反对比福音传播早期有所减轻。我们现在必须更加警惕世界，因为今日的世界比当年更加危险。

世界现在成了更可怕的仇敌，因为它更有力地控制基督徒，不是用刀剑、烈火和凶言恶语逼迫他们，而是用甜言蜜语、金钱财富、尊贵赏赐和安全保护来麻痹、引诱、分化他们。

世界成了更危险的仇敌，因为它已经失去了仇敌的表象。它表面宣告相信基督教，所以人们不再视它为仇敌，许多人轻易上当受骗，心甘情愿地受它掌控和指引。

很多人明明犯了罪还心安理得，不是因为别的，只是因为他们受到基督教世界权柄的庇护！

多少福音的教训被人弃之不顾，多少人读过福音却毫不关心，不过是因为基督教世界显然对他们不管不顾！

多少人毫不犹豫随众人一同犯罪却心安理得，仅仅因为那是基督教世界的普遍做法，而倘若异教徒叫他们如此行，他们必定加以拒绝，因为那违背基督教的圣洁！

若不是因为看到自己的生活方式与基督教世界毫无二致，谁能如此心安理得，并且任凭自己违背福音真理呢？

若不是基督教世界的权柄清除"基督徒必须效法基督背十字架牺牲"的教义，有哪个读过福音的人会认为，基督徒不需要舍己、谦卑和灵里贫穷？

因此，没有什么东西比基督教机构的领导者（the authority of the Christian world）更值得真正的基督徒时刻加以警惕了。

圣经许多关于世界的描述，诸如"世界反对基督教"、"我们必须分别为圣，并且离弃世界"、"我们必须摆脱不义的财神和邪恶的权势"，我们必须严格地按照经文本身来理解，经文所指的正是当今的世界。

因为，世界的改变只不过是手段的变化，而它摧毁基督教的意图和力量并没有丝毫减弱。

若异教世界与基督徒公然为敌，那么基督徒所会失去的大不了是肉体的生命；但倘若世界与基督徒为友，那么基督徒就很难守住他们的信仰。

当骄傲、肉体情欲、贪婪野心仅仅掌控异教世界时，基督徒就更注重那些与之相反的美德。但是，当骄傲、肉体情欲、贪婪野心掌握基督教机构的领导者时，每个基督徒就都身处极其危险的境地。他们不仅会因罪行而蒙羞，而且会失去福音的敬虔真义。

因此，您不可能救自己脱离今天这个世界，除非您认定它是您的邪恶仇敌，因为它敌视圣经真正的圣洁精神；除非您确信今天基督徒迎合世俗性情的危害与当年异教徒同样严重。

因为，您只需要问自己，今天所谓基督教世界的敬虔、谦卑和节制，是否符合基督徒不可或缺的敬虔、谦卑和节制？如果不是的话，"效法今日基督教世界"，怎能比"效法从前异教世界"更好？

难道人们不需要努力脱离贪婪和虚荣心就能蒙上帝怜悯？然而，一个人若不离弃这个世界的精神和性情，他怎能离弃贪婪和虚荣这些俗气呢？

还有什么比"误判金钱的价值"更能使人缺乏基督的心？然而，又有什么东西比"随从基督教机构的领导者"更能使人拜金的呢？

不，不论您身处什么阶级地位，不论您是学者还是商人，不论从事神职或参与政治，您都必须离弃周围众人的最常见性情和最普遍行为，才可能活出敬虔精神。

世俗的精明人说，人不能太较真。这种说法貌似聪明，实则虚弱。因为不敢事事较真的人经常迫于环境压力而无法履行最基本的宗教责任。

世界的权势和样子为基督徒制造了百种困难，用千种试探诱惑他们，让他们难以实践谦卑。我希望上述讨论将帮助您克服一切困难，抵制一切试探，步步行出真基督徒的谦卑美德。

第十八章

青年男性普遍接受的教育使他们难以实践谦卑的教义；以帕特努为例，说明何为良好教育

谦卑美德难以得到实践的另一个原因来自于教育。我们大都接受了败坏的教育，然后在一个败坏的世界里度过人生；敬虔的好榜样寥寥无几。

　　很多人生长在不敬虔的家庭，他们在这种环境里模仿周围的人，最终也变成同样邪恶悖逆之徒。

　　但我说的教育并非这种糟糕的家庭环境，而是儿童通常从懂得道德和节制的父母以及有学问的教师和监护人那里所接受的常规教育。

　　上帝造人本是全然美好的，假如人类没有犯罪，假如我们保持原本美好的状态，那么我们犯罪之前的完美天性足以指教每个人健康成长，无需外来的教育。但是，正如病人不能不吃药，我们理性的堕落和混乱状态，也决定了我们必须依靠教育和教师。

　　并且，正如医生的唯一目的就是让病人的身体恢复原状，教育的唯一目的也是恢复人的理性，因此，我们应当把教育视为"二手理性"，它的目的是尽量补偿人类因犯罪而损失的理性。正如医药是使人恢复健康的技术，教育是使人恢复理性的艺术。

　　正如每种艺术或科学的基础都是伟大前人的发现、智慧、经验和箴言，教导年轻人的人类智慧或理性，也不过是那些潜心研究智慧并努力改善人性的前人所总结出来的宝贵经验。

　　因此，所有伟大圣徒得到最大启示之时，人临终深深悔罪之时，以及当他们的理性达到顶点的那一刻，他们所谈论的一切——敬虔的必要、美德的优越、人对上帝的责任、钱财的空虚、世界的虚荣，以及最聪明哲学家的一切最睿智的话语、判断、推理和格言——正是所有年轻人应该共同吸取的教训。

年轻人和无知者要学习智者和古人的聪明和知识，只能通过这个途径。

不专心发挥人完美理性的教育就是误人子弟，正如不重视恢复病人健康的医药就是谋财害命。

这就是古时候毕达哥拉斯、苏格拉底、柏拉图、爱比克泰德给学生的教育。他们每天上课都讲人的本质、人生的真正目的，以及如何正确使用人的才能；关于灵魂的不朽、灵魂与上帝的关系、伦理道德，以及上帝的神性与人类伦理的关系；关于理性的尊严、节制、勇敢、仁爱品格的重要性，以及放纵私欲的羞耻和愚妄。

现在，基督教既然已经创造了一个具有伦理和宗教约束的新世界，并按照上帝的启示使人们正确认识一切理性、神圣和美好的事情，那么人们自然会以为年轻人所接受的教育是经过基督教改善和修正的，正如一切宗教信仰和教义都要接受基督教的改善和修正。

既然基督教已经使一切得以更新，并且已经让我们完全认识人的本性、上帝创造人的目的和人的真实境况；既然基督教已经立定一切是非善恶，并教导我们要洁净心灵，讨上帝喜悦，以及享受永远的福乐，那么人们自然会以为每个基督教国家都遍满敬虔的学校，它们不仅教导教理问答，而且教导和培养年轻人如何按照基督教最崇高的诫命、最严格的准则和最伟大的教义来实践外在人生。

毕达哥拉斯和苏格拉底教育的唯一目的，就是教人如何按照毕达哥拉斯和苏格拉底的方式去思考、判断和行动，并且遵循他们的生活准则。

所以，我们当然认为基督徒教育的唯一目的，也是教导青年如何严格按照基督教的律法来思考、判断、行动和生活。

至少人们会认为，所有基督教学校都应该首先重视教导青年按照基督教的精神和要求来生活，要行为庄重、节制、清醒、谦卑、敬虔；人们会认为基督教学校重视这些精神和品格应该百倍于重视其他东西。

因为我们的教育应效法我们的守护天使：单单教导智慧和圣洁之事，并帮助我们发现和制伏内心的虚荣、情欲和一切错误判断。

我们如此期望并要求基督徒教育必须具有这一切益处乃是合情合理的，正如我们要求医药应强化身体的健康部分，并消除疾病。

遗憾的是，当代教育并非如此。

我们在儿童身上唤醒的第一个性情就是骄傲，而骄傲和贪欲是同样危险的私欲。我们激发孩子的虚荣心，用各种方法使他们因自己的能力自高自大。

不论我们希望他们从事什么行业，我们都用虚荣心和欲望之火来鼓动他们，用败坏的动机引诱他们。我们鼓励他们出于彼此争竞和个人野心的行为，鼓励他们从虚荣、嫉妒、出人头地的欲望出发去做事，好最终超过别人，在世人眼中看为光彩。

我们反复给他们灌输这些动机，直到他们相信自己理应骄傲自大、嫉妒别人，并且以自我成就为荣。

当我们教导他们对人不甘示弱、压倒一切对手、追求各种赞誉、渴望出人头地以后，我们觉得心满意足，并且向全世界许诺：具备如此荣耀精神的青年人必将大有作为。

如果孩子想从事圣职，我们就把某位杰出讲员摆在孩子面前，看口才如何使这个牧师广受赞誉，为他赢得教会的各种荣誉和利益。

我们鼓励他们看重这些荣誉，并且希望自己只要向这些人学习就会得到回报。

如果年轻人愿意经商，我们就让他看最富有的商人，思想多少白手起家的人现在却拥有豪华的马车。我们常常告诉他这人那人死的时候多么富有，想方设法唤醒他的野心，让他嗜钱如命。

如果他想当律师，那我们给他看最著名的顾问、领主、法官、大臣，等等。我们告诉他高超的辩词会带来怎样的巨大财富和如潮掌声。我们鼓动他热衷于这些东西，激发他的模仿心，让他羡慕官服长袍的荣耀。

这显然就是我们以为最好的教育，我相信很少有父母不愿意看到孩子每天接受这种教导。

然而，孩子长大以后，我们却抱怨他们骄傲。我们不明白成年人为何如此放肆、狂妄，如此嫉妒别人，骄傲自满，喜欢冷嘲热讽，并且充满虚荣心，却不思想他们在整个青少年期间都在按照"虚荣的原则"接受教育，一直用"自私自利"指导他们的一切行为。

既然您教孩子不甘示弱，教他追求出人头地和博取人的表扬，那他一生都这样生活又有什么好奇怪的呢？

既然年轻人的内心必须臣服于谦卑的教义才算基督徒，那么显然他原本并不具备这种美德。如果他连起码的谦卑都不具备，那我们为何还要鼓励他骄傲呢？

如果家长和老师在一个青年人小时候起就错误引导他，刺激他的野心、嫉妒心、攀比心、虚荣心和出人头地的欲望，那么，基督教的谦卑教义在他听来该有多么死气沉沉、干瘪乏力啊！既然他成年以后不应该按照这些异教徒的原则生活，那我们为什么要在他幼年的时候鼓励他这样？

人人都承认，嫉妒是人心里最小气、最卑贱、最邪恶的私欲。

难道我们应该把这种性情灌输进年轻人心中并且滋养和巩固它吗？

我知道，有些人会说这种教育方式不是为了鼓励年轻人嫉妒，而是为了激发他们模仿好榜样。

但这是苍白无力的借口，因为当我们教儿童目中无人、不甘示弱的时候，我们就在明显直接地教导他们如何嫉妒别人。因为任何人都不可能光有这种不甘示弱的性情，却不对那些才干或地位超过自己的人妒火中烧。因此，我们教给孩子的正是荆棘野草一般的嫉妒心，说什么"激发他们模仿"，这只不过是欲盖弥彰。

第二，既然我们都说嫉妒心是坏事，而且只应该激发孩子的模仿欲，那么我们当然必须十分谨慎地让孩子们知道这两者的区别，这样他们才能一边厌弃嫉妒的大罪，一边允许自己模仿好榜样。

可是，当人们试图这样去做的时候，就会发现两者的界限非常模糊。我们很容易在语言上区分嫉妒和模仿，却难以在实际行为中将这两者截然分开。

因为，模仿，哪怕按照人们最好的定义，也不过就是粉饰的嫉妒，或是嫉妒这个阴暗恶毒的私欲当中最体面的那部分。

而且，尽管两者在概念上容易区分，但哪怕是最懂得如何熟练区分细微概念的犀利哲学家，倘若他不可自拔地模仿别人，也必将发现自己深陷嫉妒的泥潭。

因为，嫉妒并不是一种生就的性情，而是由模仿别人（或渴望荣耀的欲望）所导致的自然的、必然的、不可避免的结果。

所以，鼓励人模仿，必然鼓励人嫉妒。而且，消除嫉妒的唯一途径就是彻底摧毁模仿欲，或虚荣心。因为这两者彼此呼应。

我知道有些人会为这种教育方式辩护说：野心和渴望荣耀是必要的，可以激发青年人努力；如果迫使他们接受谦卑的教义，他们就会不思进取、沉溺于懒惰。

但是，说这话的人却不思想：这个理由如果站得住脚的话，那它也同样反对让成年人接受谦卑的教义，因为成年人也会不思进取、耽于惰性。

因为中年人和青少年显然同样借助骄傲、野心和虚荣心来激发自己努力工作。而且很明显，如果迫使成年人接受谦卑的诫命，他们会比年轻人更加抵触，更加反感。

因此，上面那个理由如果成立，假如儿童不应该按照真正谦卑的原则加以培养，那么我们同样有理由说成年人不应该谦卑。

第三，有些人认为如果不这样教育孩子就会毁掉他们的前途，希望这些人考虑下面这一点：

他们能否想象，倘若孩子接受伟大救主或圣洁使徒的教育，他们会变得不思进取，无所事事？

他们是否以为，这样的孩子将无法真正按照最严格的谦卑原则培养起来？他们能否说，我们伟大的救主，作为全世界最温柔、最谦卑的人，因为他的谦卑，所以不能成为众人的好榜样，不能让人效法他崇高荣耀的行为？

他们能否说，由于众使徒活在救主的谦卑精神中，所以变成了懒汉，不积极向全世界行各样的善事？

只要稍加反思，就足以暴露这些说法都是借口，都是为"纵容和鼓励骄傲和贪婪的教育方法"辩护。

帕特努①生活在约两百年前；他只有一个孩子，他亲自在家里教育他。孩子十岁大的时候，有一次他们坐在花园里，帕特努这样对孩子说：

"我的孩子，你在世界上的这短短几年都和我一起度过。我的爱和温柔使你把我看成唯一的朋友和恩人，是你一切的安慰和快乐。我知道，如果你知道今天是我们一起生活的最后一天，你肯定会非常伤心。

"但是，孩子，尽管你现在握着我的手感觉幸福，但其实另有一双手保护你，还有一位比我更好、更伟大的父亲无微不至地照顾你，他爱你比我更多；他给你的祝福，谁都不能给。

"那位唯一的上帝，你每天看我崇拜的那位上帝，我每天呼求他保佑我们和全人类的那位上帝——他的奇妙作为都记录在你常读的圣经上；那位上帝——创造天地的上帝；用大洪水清洗全地罪恶的上帝；用方舟拯救挪亚的上帝；亚伯拉罕、以撒、雅各的上帝；约伯在巨大的苦难中

---

① 帕特努（Paternus），"父亲"之意，此人物原型或系本书作者之父。

赞美的那位上帝；拯救以色列人摆脱埃及人奴役的上帝；保佑义人约瑟、摩西、约书亚、但以理的上帝；差众先知进入世界并且差派独生子耶稣基督救赎人类的那位上帝——他做了这一切奇妙大事，创造了万族万民。义人的灵魂离开肉体以后永远与他同住，与数不清的天使一起在天上敬拜他。这位伟大的上帝，宇宙的创造者和养育者——你十年前就是从他而不是从我得到生命，而我当年种的小树还在这里。

"我自己的年纪还不及头上这棵橡树的一半。很多祖辈都曾经坐在它的树荫下说'它是我的'，然而一代又一代人逝去，它还站在这里；主人换了一个又一个，正如它年复一年，旧叶落地又披上新装。

"我的孩子，你看我们头上的穹苍，月亮和星星都按照次序升起降落。如果你飞到它们上面去，你还是会发现其他的天体还在你头上，就和在地球上看星星一样。不论是往上还是往下、朝东还是朝西、向北还是向南，你都会发现上不见顶，下不见底。

"但是，我的孩子，上帝却比这更大，这些天体加起来在他眼里也不过是一粒沙子而已。而这么伟大的上帝——全世界和众天使诸灵之父——却如此爱你，似乎他只有你一个儿子一样，似乎除了你，没有任何别的受造物值得他去爱和保护。他细数你的头发，你躺卧你起来他都看顾你，他保守你脱离任何人都想象不到的千万种危险。

"你看见我的能力多么渺小！我能为你做的事情真是少得可怜！上次你生病的时候，我无能为力；你头疼的时候，我也毫无办法。

"我可以给你拿来食物和药物，但我没有能力把它们变成你的健康和营养。只有上帝才能做到这一切。

"所以，我的孩子，要敬畏上帝，崇拜上帝，热爱上帝。你确实不能用肉眼看见他，但是，您所见到的一切，无不证明他的能力和存在。他离你并不远，反而比你所能见到的任何东西离你更近。

"要让他做你的主宰、父亲、朋友。要依靠他，因为你从我手里接受的一切美善之事无不出于他，他是这一切的源头，而我不过是他的管家和渠道，把他创造的好东西交给你。他在我出生以前就祝福了我的父亲，他也必将在我去世以后祝福你。

"你还年轻，连我们自己家里的人都还没有认识完，所以你认为这个家没有什么特别值得兴奋的。

"但是，我的孩子，你属于一个更大的家，因为万族万民有一位共同的父亲——全能的天父，而你是他家里的一员。他创造了宇宙和众天使，以及数不清的人类，并且拣选和救赎许多人进入同一个天国，成为这个神圣社会的成员。

"你尊重和顺服我，因为上帝赋予我权力管教和养育你成为敬畏他的人，并且爱你，正如圣经里记载的历代敬虔父亲爱他们的儿女。他们现在都安息在上帝里面。

"我很快就会离世，留下你独自服侍上帝。如果上帝饶恕我的罪，我会和他的儿子耶稣基督在一起，与以色列的先祖和先知、圣徒和见证人同住。我会在那儿为你祷告，盼望你平安抵达同一个归宿。

"因此，我的孩子，要常常思想这些重要的事。这样，你的心灵很快会变得伟大而高贵。

"让你的思绪常常离开这些花园、田野和农场，沉思上帝和天堂，默想天使和住在永恒光明和荣耀里的义人。

"你一直凡事依靠我，凡事都要先知道我的想法，否则就不敢做什么。请让以下这种心态成为你一生的准则：一切行为都依靠上帝，凡事都存敬畏上帝的心；若有什么事不符合上帝的旨意，就不要做。

"随时记得上帝，让自己无论在哪儿都要尊重他，因为他无处不在。

"上帝有一本生命册，里面记载了众人的一切行为。你的名字也在上面，儿子。你死的时候，这本书要摆在众人和天使面前，你要按照上面所记你的行为被判决。你要么被接入天堂的喜乐，与众圣徒一同敬拜上帝；要么被赶到邪灵所在的地狱，永远不能再见上帝的面。

"永远不要忘记这本书卷，我的孩子！因为上帝正在写它，最后还要展开它，你必将看见它，也必将按照它接受审判。所以，要努力用好行为充满它，免得上帝的字据对你不利。

"我的孩子，上帝就是全部的爱、智慧和良善，并且他的一切所作所为无不显出爱和良善。所以，你只有努力走在爱、智慧和良善里面，才能讨上帝喜悦。因为一切爱、智慧和良善都是由上帝而出，所以只有爱、智慧和良善，才能带领人到上帝面前。

"当你爱上帝所爱的时候，你就与他同行，你就进入他里面；当你爱上帝所恨的时候，你就反对他，与他隔绝。要全心全意地想上帝所想、爱上帝所爱，这是唯一正确的人生道路。

"首先，我的孩子，要敬拜上帝，思想他的威严和伟大；要赞美他，尊重他的护佑，崇拜他的大能，常常服侍他，并不断地向他祷告。

"此外，还要用温柔的心爱邻居，也就是爱全人类，如同你爱自己。要思想上帝如何爱众人，如何怜悯他们，如何温柔地对待他们，如何细心地保护他们，然后努力关爱这个世界，如同上帝关爱它一样。

"上帝愿意人人都得到幸福，所以你也要有这样的心志。每个人都是上帝爱的结晶，所以你也要爱每个人。

"但是首先，我的儿子，牢记这点：永远不要出于争竞、嫉妒、模仿或虚荣心做任何事情。绝不可为了超越别人而做什么。你做每件事情必须都是为了讨上帝喜悦。你凡事尽力而为，因为那是他的旨意，是你的责任所在。

"因为你一旦喜欢自己超过别人，就必然喜欢看见别人不如自己。

"所以，要灭绝每个骄傲的念头和出人头地的想法，并且让自己常常因别人的优点和美德而感到喜乐，欣赏别人的好行为，如同是自己的一样。

"因为上帝喜欢你的好行为，也喜欢别人的好行为，所以你应该希望别人所做的一切智慧、圣洁、良善的事和你所做的一样好。

"因此，让这成为你一切好行为的唯一动机，并激励你诚实、勤奋，每件事都尽力做到最优秀。你这样做的唯一原因，就是上帝喜欢如此，他愿意你达到完美，并且把你的所有行为都记录在书上。我死了以后，我的儿子，你会拥有我的所有财产，这些财产远远超过家庭所需。所以，你既然愿意爱人的灵魂，并希望他们和你一同在天上享受喜乐，那么，你就要关心他们的身体，努力让他们和你一起在地上享福。

"上帝创造一切，是为了众人共同的利益，所以，要让那些与你相关的人因你得福，你待他们要像上帝祝福众人一样。

"我的儿子，那些值得尊重的好人，要加倍善待他们，但要记得善待所有人。哪怕最坏的罪人也时刻领受上帝的恩典。上帝滋养保守他们，等待他们悔改归向基督。所以，你要效法上帝，当你看见别人有需要的时候，不要以为他不配得到你的救济和爱。

"我现在教你拉丁语和希腊语，不是为了让你成为伟大的艺术评论家、才华横溢的诗人，或是能说会道的演说家。我不希望你心里有这些私欲。因为，渴望这些成就都是虚荣心的表现，最擅长这些的人，通常都是最没用的人。因为内心一旦渴求什么，就非真正良善美好的事物，都会减少操练真正良善美好的品格。

"我教你学这些语言是为了让你以后研究历史，认识上帝如何护佑世界。阅读古代书卷，你会看见历代伟大圣人全都赞赏智慧和美德，他们智慧的言语会使你的心志更加坚定。

"让真实和朴素成为你语言的唯一修饰，学习如何公道、平衡地看待一切，看任何东西不要过于它当得的，选择一切最好的事物，按照理性和秩序来生活，人生一切都要遵行上帝的旨意。

"学习如何让自己全心全意爱神爱人，然后要学会知足，不要因为自己不是出众的学者或高贵的绅士而感到遗憾。真正的宗教不过就是让正确的理智掌管人心，所以真正的宗教，喜欢并要求人生活简朴。因此，要避免一切肤浅和奢侈的排场，家里的装饰用具要简单而实用。买东西不要看自己是否买得起，而要看是否真正需要，这才是正确的想法。

"着装要节制、干净、庄重，穿衣服不是为了让自己漂亮，而是要显示自己内心的节制和庄重，让外在服装表现内心的朴实。因为，你应该表里合一：心里想的是什么，就表现出什么样子。

"至于饮食，要以基督徒的节制为最高准则。要明白身体不过是灵魂的仆人，所以，只要给它的营养足以让它谦卑、顺服地服侍灵魂，那就够了。

"但是，我的儿子，不要忘了最重要的事情，我活着的每一天都要提醒你这点：

"厌弃一切人的虚荣，因为它不过是出于泥土的愚妄。这是你内心最可怕的网罗，是最阴险的叛徒。

"要爱一切谦卑的事，在各种场合操练它，因为它是灵魂的最高状态，它使你的心和情感都归向上帝，并且充满对他人的温柔和仁爱。

"因此，你每天都要操练谦卑，体贴同胞一切的软弱，遮盖他们的弱点，欣赏他们的优点，鼓励他们的美德，救济他们的需要。他们享福则与之同乐，他们受苦则与之同悲，接受他们的友谊，忽略他们的恶意，饶恕他们的过犯，成为仆人的仆人，做最卑微的事，服侍最卑微的人。

"单单追求更大的纯洁和完全，不要有任何野心。不论做什么事情都要完全合乎理性和基督教的原则，要让自己因为知道上帝无所不在，而且看见和记录你一切的行为而感到欣喜。最大的试炼是如何谦卑地对待你的同僚——不论年龄地位，不论生活环境。你对他们所行的都要出于真诚的爱。不要试图压过任何人，也不要因为任何人对你有这种想法而愤怒。如果他们骄傲，那他们就得了重病，因此要温柔地怜悯他们，或许你的温柔能够医治他们。即使你的谦卑不能使他们受益，也会使你自己得到最大的益处。

"记住世界上只有一个人是你永远的对手，你总要努力超过他，那就是你自己。

"我的孩子，给你用来实践这些诫命的时间很快就会结束，世界很快就会从你手中滑落，或者说你从世界手中滑落。我从我亲爱的父亲那里得到这些教训，感觉好像只是昨天的事情，而我现在却要与你道别。上帝给了我耳朵让我可以听见，给我一颗心可以领受父亲的话。我盼望上帝也给你同样的恩典来喜爱并遵守这些教训。"

帕特努就是这样教育儿子的。

难道有人会认为，这种教育方式会削弱青年人的意志，打击他们的善心，并使世界失去许多宝贵理智的工作？

正好相反，真正的基督徒教育的唯一目的，是使人心灵崇高，预备人实践一切美德，行各样的善事。

与众人的一点飘忽不定的称赞相比，爱上帝，渴望讨上帝喜悦，爱邻舍，爱理性、真理和美德，默想永恒，以及敬虔的奖赏，谁会说它们不是伟大善行更有力的动机呢？

另一方面，在现实生活中，没什么比"喜欢受表扬和尊重"更令人软弱，更使人变为卑贱，而且更受人奴役；没什么比虚荣心更使人失去自制力和无法按照理性来行事为人。

因为最值得赞扬和尊重的人，总不能得到多数人的欢迎，赞誉常常被给予根本不配的人，就是那些最能迎合世人血气、庸俗潮流和败坏性情的人。所以，如果一个人想得到赞扬和掌声，就必须放弃所有原则。他必须指鹿为马、见黑言白、以苦为甜、以甜为苦，并且做最卑鄙下流的事情，才能得到人的表扬。

因为在这样一个败坏的世界里，真正高贵的行为，不仅不能得到赞扬和尊重，反而常常受到谴责和逼迫。

所以，在这样一个是非颠倒、价值混乱的社会里，在这样一个荣耀本是虚假的地方，在这样一个常常把荣誉颁给坏人的世界里，基于模仿或追求荣耀的动机来教育儿童，会摧毁儿童心里天然的正直和坚强，灌输给他们偏见，让他们的行为变得卑鄙下流，而不是崇高伟大。

第十九章

女子受教育的方式使她们
难以具有基督徒的谦卑心灵；
错误的教育如何严重伤害她们；
以优斯比娅为例，说明良好教育之精髓

父母在教育女儿过程中所教导和鼓励的心思，使她们很难感受并实践基督教不可或缺的谦卑精神。

所有女性都应当接受正确教育，这对人类生活极其重要，也是全世界共同利益所在。因为尽管女性不从事贸易和商务，[①]但她们是家里的母亲和女主人，要在孩子幼年管教他们，既要照顾又要教育，可见上帝将大事托付给女性，影响人生至深至远。因此，好女人或坏女人能给世界造成巨大的利益或伤害，正如好男人或坏男人在人生最重大事务上会带来利益或伤害一样。

因为正如身体的健壮或软弱，很大程度上取决于幼年时期父母如何养育我们，心智的健康或愚妄，也取决于幼年最初的性情和思维方式，而这些都来自从母亲那里欢喜领受的关爱、呵护、权威以及谆谆教导。

正如第一语言叫"母语"，人最初的性情也可称为"母亲的性情"[②]。而且，忘记母语或许比完全摆脱在襁褓中形成的母性还容易些。

所以，肩负如此神圣使命，并且身兼塑造人类身体和心灵之职的女性，却在骄傲中接受教育——且是最愚蠢、最可鄙的骄傲，这是何等可悲之事！

虽然她们不在艺术和科学、知识和口才方面（我深以为她们若有机会，本可在这些方面胜我们一筹）与我们争夺骄傲的战利品，但是，我

① 本书写于 18 世纪，那时女人不从事贸易和商务。——译者注
② 母性（Mother temper），这里指"本性"。——译者注

们常常任凭她们钻研美容、服饰，且全世界一同商议让她们别无所思。父母和亲友显然对小女孩不抱期望，唯愿她皮肤细嫩，身材窈窕，衣服漂亮，舞姿迷人。

如果"喜欢打扮，渴望漂亮，讲究穿着"也是一种骄傲（当然是骄傲，且是最可鄙的骄傲），那么让女性走向谦卑的第一步，显然需要反思教育中存在的问题。

因为我们必须承认，总体而言，当父母看见女儿非常自恋时，看见她们的穿着打扮明显违背基督徒生活所要求的庄重和节制时，他们反倒最欢喜。

这个问题最可悲之处在于，这种错误的教育方式不仅糟蹋了女性，而且糟蹋的是本来可能彰显大敬虔的那部分人。

因为我相信，多数女性比多数男性感受更敏锐，头脑更清醒，更敬畏上帝，而且性情更温柔。

所有这些性情，若用正确的教育方法加以引导和改善，本来完全可能使她们成为大敬虔之人，胜过多数男性。

因此我直言不讳，因为许多本可彰显大敬虔的女子，却因错误的教育而成了表演大虚荣的道具，这实在太可悲。

教会曾经有很多伟大的女圣徒，因此可以说：今日女性难以戴上圣洁尊贵的冠冕，完全要归咎于教育，是今天的教育让女性变得庸俗虚荣。

世界的败坏让她们沉溺于虚荣，男人藐视她们不过是涂脂抹粉的偶像，唯一的用处就是引诱和迎合男人的肉欲。因此，很多虚荣轻浮、华而不实的女性为自己辩护的借口是，她们变成这样的人，不仅是因为教育，而且因为多数人允许和鼓励她们这样。

但是，她们应该思想，纵容和鼓励她们虚荣的朋友并不是她们的真朋友。她们应该明白自己不应该为了别人而活，她们应该想到自己和男性一样有分于上帝的理智神性，她们和最庄严智慧的基督徒哲学家一样，有理由、也有必要追求和渴慕基督徒的真实美德和最高成就。

她们应该考虑，一旦她们接受的教导使她们相信某个虚浮之物是她们的装饰，她们就遭到了最恶劣的践踏、伤害和背叛，她们就远离了真正的完美，因为这些虚浮事物在最有智慧的人眼中被看为丑陋的垃圾。

很多人说"女性天生小气虚荣"，但我认为这种说法既不可靠也不合理，正如说"屠夫生来就残忍"，因为屠夫残忍并非天性，而是他的生活方式改变了天性。所以，女性即便显出某种小气和虚荣，那也和屠夫的残忍一样，是教育和生活环境带来的东西。

至少必须这样说，在我们还没有努力使女性不因错误教育而扭曲心智之前，不能把任何问题归咎于女性的天性。

而且，另一方面，如果女性确实如许多人所言，天生虚荣轻浮，那么，明显鼓励和加强这种愚妄和弱点的教育，岂不更是错上加错？

因为如果骄傲和虚荣是女性的"美德"，那么我们简直找不出什么比目前的教育手段更能促进这种"美德"了！

玛蒂尔达①是一位讲究的妇女，又有教养又聪明，也有宗教信仰。她有三个女儿，都是自己一手养大的。她不愿意让别人教育她们，也不愿意送她们去公立学校，因为担心她们在那儿学坏。上舞蹈课的时候，她总不离左右，因为她要监督舞蹈教师，免得他胡来。她常常督促她们读圣经，所以她们能背诵很多经文，书架上也摆满了各种指导灵修的好书。

在基督教初期，人们完全严格实践基督教的教义。倘若玛蒂尔达生活在那时候，她很可能成为一位伟大的圣徒。可是，因为她生长在这个败坏的时代，身边没有完美的基督徒榜样，也看不到比她敬虔的人，所以她身上有许多缺点，还把这些缺点传给了三个女儿。

玛蒂尔达平时总穿高级衣服，因为只有非常昂贵、非常漂亮的衣

---

① 玛蒂尔达（Matilda），"战斗"之意。

服，她才看得上眼。

女儿们看见母亲很热衷于宗教，但也看见她喜爱各种珠宝。她们看见她专心灵修，也看见她更注意保养皮肤，生怕时间改变了自己的脸蛋。

如果她们错过教会礼拜就怕见母亲，但如果她们上衣没有裹紧就更怕见她。

她常常给她们看自己年轻时候的画像，是与她们的父亲初恋之时的画像。她告诉她们：他一见到她就堕入情网，她的美貌得益于她的好母亲对此非常重视。

玛蒂尔达非常注意女儿的穿着打扮，每天都想出一些新花样，尝试各种各样的饰品，从最昂贵的珠宝到最便宜的花卉。玛蒂尔达的判断力非常敏锐，能发现最细微的错误，所以佣人常常必须一天给她们换三四次衣服，直到她完全满意为止。

至于化妆，玛蒂尔达保留自己的最终裁决权，她说如果让女儿自己去判断，那只会对她们的皮肤有害无益。

孩子们非常清楚母亲的性情。为了讨她欢心，她们故意装作很喜欢这些服饰的样子，哪怕她们并不真喜欢。

有一次大姐被骂得落泪，因为她说最好把脖子遮住，不要像当代潮流这样裸露太多。

玛蒂尔达限制她们饮食，严格控制她们吃什么，喝什么，玛蒂尔达告诉她们，她看见很多人因为不节食而毁掉身材。如果她们脸上出现一个疙瘩，玛蒂尔达会非常恐慌；她们也很害怕脸上有痘的时候见母亲，好像犯了什么大罪一样。

她们的脸色一旦看上去很红润健康，玛蒂尔达就会请医生；如果医生开的药方让她们的脸色变得苍白，那她就会觉得钱花得很值。

就这样，她们变得可怜、苍白、病态、虚弱，整天有气无力，大惊小怪，柔弱得连衣服厚重一点，都会使她们站立不稳。

　　大女儿不堪忍受这种生活，二十多岁就去世了。

　　解剖尸体发现她的肋骨刺入肝脏，其他内脏也受到挤压，因为母亲非要她们勒紧上衣不可，所以佣人帮她穿衣服的时候，她常常疼得流泪。

　　小女儿则和一个赌徒私奔了，那个男人外表非常英俊，穿着光鲜，舞技超群。

　　玛蒂尔达说，虽然她为此事感到伤心欲绝，但良心告诉她，这与自己无关。玛蒂尔达用书架上的灵修书籍为自己辩护，证明自己非常注意让孩子们过敬虔和灵修的生活。

　　尽管我不能说没有任何家庭的教育比玛蒂尔达做得更好，因为我希望有很多女性能够受到更好的教育，但是，我敢说大多数女性的成长环境还不如玛蒂尔达教育女儿的方式，很多人接触的宗教也没有玛蒂尔达的女儿多。我相信这样说并不过分。

　　她们的心思和玛蒂尔达的女儿们一样，都放在美容、衣服、放纵虚荣的欲望上，她们没有敬虔的准则帮助自己抵御诱惑。所以，如果说女性缺乏敬虔、谦卑和清醒的自我认识，那么这显然是虚荣败坏的教育所导致的结果。

　　她们最愿意嫁给轻浮花哨的纨绔子弟和俊男舞帝，那并不奇怪，因为她们在这些男人身上看到自己里面的那些被教导和鼓励的虚荣和骄傲，并因此喜欢他们。

　　人们常常看到她们失去年轻时所接受的一点点宗教信仰，那并不奇怪。人们常常见到柔弱的花蕾被疯长的杂草扼杀——这同样不奇怪。

　　因为骄傲、虚荣、爱美、喜欢打扮这类性情，要么扼杀心中的信仰，要么被信仰扼杀，两者势不两立，如同健康与疾病不可能并存于一身。

　　有些性急的人可能会说我对女性过于严厉。

　　但是理智的人看得出我完全体谅女性，我只不过是在责备她们所受的教育。我不仅体谅女性，而且为她们的利益辩护，维护她们的尊严，展示她们的美德，认可她们的天性。我仅仅谴责那种伤害她们利益，贬低她们尊严，剥夺她们美好性情的错误的教育。

我承认我不能体谅女性所受的教育，但原因仅仅在于这种教育是她们最大的敌人，因为它使世界失去了如此之多的祝福，使教会失丧了如此之多的圣徒。她们本来拥有如此良善和温柔的天性，她们纯洁明亮的心灵本来非常适合思考和热爱一切圣洁、道德和神圣的事。

倘若有人说关于女性的教育我言过其实，说她们受到的伤害并没有我想象的那么严重，那么我的回答是：尽管我无意说明这种错误所导致的伤害的确切程度，但错误的教育显然会自然而然地导致伤害。因此，我们有足够的理由对它进行最严厉的谴责。

如果有人愿意知道这种教育多么残害女性，如果他以为那些涂脂抹粉、翠绕珠围的妇女心里并没有骄傲和虚荣，那么就请他乐意的时候做下面的实验。

他只需要让任何一位妇女知道自己对她的看法。我不是说他应该当面直言不讳或公开羞辱她 —— 他只需要设法用最文明、最隐秘、最友好的方式让她知道自己的看法。他认为她既不漂亮，也不懂得穿着，也配不上她戴的珠宝。我敢说，他会发现没有哪个穿着讲究的妇女不会因此而怨恨他，尽管他的想法并没有其他人知道，并且他很快就会看到她们的反感所造成的可怕后果。

既然这个实验证明，没有几个女性在获知他对她们的真实看法以后，还能够勉强与他维持友谊，那么我们当然就有理由，严厉谴责那种导致女性内心如此骄傲败坏的教育。

因为尽管我们很难论断人心，但人在什么地方表现出反感和不快，就在什么地方论断了自己。如果一个妇女因为一个男人认为她不漂亮而不能饶恕他，那么她就在这件事上表明了自己的真实心态，自己被自己定罪，而不是因为别人的论断。

因为除非别人对我们的看法和我们对自己的看法相反，否则我们绝不会对别人生气。

一个无意当学者的男人，绝不会因为别人不把他当学者而生气。同样，如果一个女人不看重自己的外表，她也不会因为别人不看重她的外表而生气。

因此，这种教育所造成的恶劣影响尽人皆知，不容置疑。但是，人们完全可以用正确的方法养育女儿。让下面这位妇女告诉我们什么叫最好的教育。

优斯比娅是一位虔诚的寡妇，她出身高贵，受过良好教育，并且为五个女儿留下殷实的家产。她把女儿们视为上帝托付她带进天国的五位童女。她的家庭和教堂一样规规矩矩，上上下下都经常灵修。

她和女儿以及女佣们常常白天一起祷告、唱诗、灵修，其他时间则用来做各种善工，即便是消遣娱乐也不会耽误唱诗祷告。

她爱她们如同属灵的女儿，她们也尊重她好像属灵的母亲，爱她远远超过最亲密的朋友。

她把财产分给她们，让每个人都能从她的财产受益，而她们每个人也像她一样为教区的穷人和病人提供帮助。

优斯比娅让女儿们从小学习各种妇道，例如缝纫、针织、纺织以及其他家政。她这样做，不是为了好玩，而是让她们成为有用的人，免得因生活懒惰而受到许多试探。

她告诉她们：她宁可看她们必须靠工作养活自己而成为穷人，也不愿意看她们因为拥有财富而成为懒人。因为，她说，尽管你们不工作也能帮助穷人，但亲手工作用处更大。

如果说优斯比娅一生竭尽人性之所能而不去犯罪，那是因为她总是守望祷告，警惕各种骄傲之事。如果她的美德强过众人，那是因为这些美德全都来源于她深深的谦卑。

她说："我的孩子们，你们的父亲去世的时候，朋友们都很可怜我，因为照管家庭和财产的重担都落在我身上。

"但我却是为别的事情而哀恸；因为我失去了这样一位信实的朋友，失去了一个体现基督徒美德的杰出模范，一个能够让孩子们从小看见并且效法的榜样。

"至于世俗的事情，尽管朋友们觉得担子很沉重，但多数都是杞人忧天，一旦我们真正认识自己，这些烦恼就会消失。

"如果一个人在噩梦中感到惊恐，他一醒来就会恢复平静，发现自己不过是因做梦而犯傻。

"一旦我们拥有了正确的自我认识，我们的一切思想和情感都会改变一新，正如我们从睡梦中醒过来一样。

"如果有人以为自己是玻璃杯所以怕晃，或想象自己是蜡人所以怕晒，那么我们会认为这人是疯子，或者他过于敏感。

"但是，我的孩子们，世界上有些事情，人们以为它们是智慧、聪明、伟大、喜乐、修养，实际上却表现出人的愚昧，就和想象自己是玻璃或冰块一样疯狂。

"如果一个女人不穿漂亮衣服就不敢见人，以为拥有光鲜脸蛋和粉嫩皮肤就是最大的幸福，宁死也不愿意成为辛苦工作和生活节俭的穷人，那她就和一个坚信自己是玻璃杯的男人一样极端愚昧。

"正因如此，我对你们说的一切，都是为了让你们真正认识自己，多读好书，常常灵修，获得最伟大的知识。

"你们可能会觉得了解自己的家人、祖先、财产并不困难。可是，我的孩子们，你们或许对这些都了如指掌却完全不了解自己，正如一个坚信自己是蜡做的人一样无知。

"因为，尽管你们都是从我的身体生出来的，都继承了父亲的姓氏，但你们首先都是有灵魂的人。我不是说你们没有身体，不需要饮食、睡觉、穿衣，而是说但凡可称为'你们自己'的，不过是你们的灵魂。属灵而理智的生命与一切属肉体的生命完全相反，正如生命与死亡对立。

属灵的生命是按照上帝形象所造的，是永活的，必将永永远远站在上帝面前，在天使和荣耀灵魂所组成的天国社会里享受生命、理性、知识和喜乐。

"除了灵魂以外，所谓'自己的'一切，不过是衣服，虽可暂用片刻，然后就死了废了。它们的用处无异于衣服和别人的身体。

"但是，我的孩子，你们真实的自我不仅是灵魂，而且是堕落的灵魂；你们生在败坏和混乱中，心里充满各种邪情私欲，它们蒙蔽你们的理智，使你们不喜欢真正的美好良善，反而喜爱那些有害无益的事。

"你们的身体不仅和衣服一样会渐渐废去，而且还像染瘟疫的外衣，让你们内心充满病态的性情，用肮脏的欲望和虚荣的渴求使你们的灵魂窒息。

"每个人心里都好像有两个人，各有各的心思：一个看重品味，渴慕理性、纯洁、神圣的事；另一个则喜欢骄傲、虚荣和肉体享受。

"我们总感到心里有这种争战，而且你们要知道全世界不可少的一件事，就是应当竭力保守和完善天性当中理性和圣洁的部分，并且治死、消除和毁灭一切虚荣、骄傲和肉体情欲——这些都是出于人性的败坏。

"你们去看世界，你们看见占据人心和耗费世人生命的种种风俗、时尚、享受、麻烦、计划、性情，这时候你们是否认为事实确实如我所言？

"但你们不要受这些事情影响。全世界都在做梦，清醒的人寥寥无几。

"我们以为一死就会进入黑暗，但其实我们活着的时候才是在暗中摸索，只有肉体的眼睛闭上以后，心灵的眼睛才能真正睁开。

"所以，你们要认识自己的真实状况，我的女儿。你们要重视和提高自己的心灵，使其臻于完全。你们要预备它承受天国，用上帝的爱和美德来培养它。用善行来装饰它，竭尽全力使它更加圣洁崇高。你们要保守心灵，脱离世界的种种错谬和虚荣，不受身体败坏的影响，远离各种虚假声色，就是肉体试探心灵的种种手段。

"你们要用虔诚的书籍、圣洁的灵修、警醒守望、禁食、祷告来滋养心灵，好让你们预先品尝和渴慕永生，就是此生结束之后的永恒状态。

"至于你们的身体，要把它当做贫乏必死之物。它现在已经腐朽败坏，最终都要埋进土里。你们要警惕它，好像警惕敌人一样，因为它总是在试探和背叛你们，所以永不可听从它的建议。因为身体是灵魂的居所，所以要常常保持清洁和体面。你们要看它为仆人和工具，给它食物、休息、服装，好让它健康强壮，可以履行各种职责，帮助你们过一个荣神益人、仁爱虔诚的人生。

"一旦你们这样生活，就能活出真实的自我。一旦你们轻视灵魂或重视肉体，一旦你们注重装饰外表超过完善灵魂，你们就会失去自我，正如一个人宁要蕾丝外套，也不要健康身体。

"因此，我的孩子，我所教导你们的一切都对你们有益无害。我防止你们沾染那些使人变得软弱而愚妄的事情，让你们知道，在美好心灵以外没有美好，在上帝的恩典以外别无幸福，除了尽力行善以外没有什么真正值得羡慕的东西。

"我没有教你们虚荣浮夸的戏曲歌剧，而是让你们探访病人和穷人。世人热衷于音乐、舞蹈和种种消遣，而你们则用心祷告、灵修和唱诗。你们的双手不是用来编辫子和打扮自己的，而是用来给赤身露体的人穿衣服的。你们没有把财富浪费在自己身上，而是捐献给穷苦人，并且服侍他们，让他们获得益处。

"我没有教你们显露身材，涂脂抹粉，附庸风雅，故作姿态，我教你们用庄重的衣服遮盖身体，让世人只能看见你们的朴素、诚实和谦卑。

"孩子们，你们知道贞操之美和保持童贞的美好，你们知道这使人脱离世俗的情欲和种种搅扰，使人得着更加圣洁的生命。所以，要珍惜和尊重贞操，为许多荣耀的圣洁、贞洁女性而感谢上帝。从基督教会初期至今，有许多女人离弃婚姻的苦乐，一辈子独身、默想和祷告，成为敬虔的榜样。

"但是，每个人的恩赐不同，我看你们都有适合结婚的美好恩赐，所以我让你们自己选择，可以像我一样嫁人，也可以保持童贞，追求更完美的生活。

"不论你们选择哪种生活方式，我对你们唯一的希望和要求就是尽量善用人生，追求完全。

"所以，不要认为自己是男人瞩目、崇拜和追求的漂亮女人，要看自己为罪人，要谦卑、敬虔、舍己，救自己脱离悲惨世界的虚荣和愚妄；不要为世人的眼色而活，要为服侍上帝而活；不要以为这个世界的事有什么价值，要看重来世的事，使你们的服侍蒙上帝悦纳，以永恒喜乐为赏赐。

"常常思想上帝如何呼召你们过道德高尚的生活，不要忘记上帝为你们所成就的荣耀大功，要记得他在爱里造了你们和一切受造物，好宣扬他自己的荣耀。

"思考人生多么虚空和短暂，常常揣摩死亡和永恒的意义，因为这些想法会使你们心灵崇高，使你们变得更有智慧，更明辨是非，并能真正认识到人类是何等渺小。

"试想一想历代先知和众使徒、圣徒和为主殉道者，他们正在上帝面前享受永恒的喜乐和荣耀。然后再思想，要像他们一样守望、祷告、行善，并且去世的时候也能和他们一同得到奖赏，那是多么美好！

"因此，不论你们嫁人还是独身，凡是向你们求助的人，你要做他们的母亲、姊妹、朋友和亲人；如果别人缺什么东西是你们有的，就不要袖手旁观。

"我极其恳切地鼓励你们做这些谦卑、有益的慈善工作，因为这是智慧、敬虔生命的重要组成部分。通过做这些工作，你们不仅可以向别人行善，而且还能使你们自己的心灵受益，增进自己的美德。

"因为除了阅读、默想和祷告以外，没有什么比谦卑、有益的工作更能让我们脱离种种愚蠢的私欲，并保守圣洁、智慧的心灵。

"因此，不要以为工作是用来消磨时间的儿戏，要把工作当成对自己和别人有益的事，目的是让人生更加节制，赎回时间 ①；众人的工程被火试验的时候，你们的工作能够存留。

"你们小时候，只要不受伤，我让你们尽情玩耍。但现在你们已经长大成人，认识了上帝，也认识了自己。你们已经懂得美德的价值，心灵因宗教的伟大教义而崇高。你们不应该再做小孩子，而要鄙视一切庸俗、虚荣和无法无天的事情。你们现在要让手上的工作合乎内心的敬虔，按照守望祷告的目的和精神来使用双手。

"因为既然你们的工作有益处，既然你们能使用双手来使自己成为有用的人，那么，把这样宝贵的、本来可以用于操练仁爱的双手仅仅用来玩耍，那是多么愚蠢的事情！多么违背宗教的智慧！

"如果一个'聪明人'把时间用于蒸馏各种液体，制造没有人喝的白酒，其目的不过让自己看见它们呈现各种颜色和清晰度，尽管他本来可以用比这少得多的时间来满足许多饥渴之人的需要 —— 你们会如何看待这样的人？

"还有一些人，整天没完没了地工作，做的既不是自己需要的，也不知道对别人有什么用处，而他们本来可以花比那少得多的时间和金钱用来遮盖赤身露体的穷人或探访病人。这些人的行为也同样愚昧。

"因此，要乐于发现穷人的需求，用双手为他们提供生活必需品。按照这种方式来奉献和服侍穷人，普通工作就成了圣洁的服侍，和灵修祷告一样被上帝悦纳。

"因为仁爱是最大的美德，它永远是圣徒的首要性情。同样，努力奉献和参与慈善工作，最能使你们的仁爱之心蒙上帝悦纳。

"这种做法的谦卑本质与其仁爱本质一样于你们有益。它使你们摆脱'以自己的身份和地位为荣'的骄傲思想，不再把穷人看作另一种生物。如果你们常常代表耶稣基督服侍穷人，很快就会发现自己的心变得柔和

---

① "赎回时间"，意即爱惜光阴。——译者注

谦卑，关爱穷人。你们会尊重他们的地位和处境，并且认为能够谦卑地服侍他们是自己最大的荣耀和幸福。

"这会使你们成为耶稣的真门徒，跟随这位温柔的主——他来到世界不是要受人的服侍，乃是要服侍人；尽管万物是借着他造的，凡被造的，没有一样不是借着他造的，但他竟然来到他们中间，还成为他们的仆人。

"一旦基督教改变了你们的心灵，消除了你们内心一切骄傲，并让你们甘心乐意地谦卑自己，去尊重和服侍最卑贱的同胞——这时候，基督教就在你们心里发挥了最荣耀的效用。

"因此，我的孩子，你们已经开始自己的人生，务必活在谦卑当中，努力使别人受益。尽量不要让礼仪性的拜访和爱慕虚荣的人占用你的时间。远离愚蠢的朋友，不要在一些特定的人身上浪费虚浮的好感。那些鼓励你们爱上帝和全世界的人，你们要全心去爱。

"但是，最要紧的是避免与纨绔子弟和花花公子交谈，你们应当厌恶这种男人的无聊闲谈，奉承赞美。他们是男人的耻辱，也是我们所厌恶的人。

"出远门的时候，让谦卑、温柔、体面的仪态与你们一路同行。待人温柔、充满同情心，待人随和，处处表现出良好的教养。

"如果你们口出非礼之辞，散播流言蜚语，背后说人闲话，那就要禁止自己的心思和口舌。要为自己诅咒人而羞愧悲伤，并尽快改正。

"尽管你们愿意嫁人，也要安静等候，直到你们找到这样一个人：他具有你所一直努力追求的美好品格，他欣赏你的一切美德，和他在一起生活比没有他更幸福，因为他敬虔的榜样值得你学习。

"你们要安贫乐穷，尊重劳苦之人。这样做有很多理由，但最重要的原因是我们伟大的救主就是一个穷人，并且你们可以让他们当中许多人成为你们的朋友，在上帝面前为你们辩护。

"多拜访他们，与他们交谈。你们会常常发现他们里面不乏简朴、纯真、忍耐、坚强和敬虔。如果他们不是这样的人，那么你们可以为他们树立好榜样。

"抓住每个机会实践谦卑和操练温柔，你们可以如圣经所言为圣徒洗脚，并服侍卑微的人；也可以忍耐上面人的盛气凌人和不礼貌。因为没有什么比谦卑更好，它是一切美德的土壤，凡是良善美好的东西都是由它生长出来的。

"所以，我的孩子们，务要祈求和实践谦卑，弃绝一切表现骄傲的衣着、仪态和言行。

"凡是众人称赞的事，都要努力去行，但不可为了得到称赞而做什么事。行善要出于爱心和美德，不要妄想回报，因为基督和众天使再次降临的时候，基督必亲自报答你们。

"我的孩子，最要紧的是，要警惕以自己的美德为虚荣和骄傲，因为一旦人的生活与世俗分别，并且鄙视庸俗的名利，魔鬼就会引诱他们暗揣自己多么完美。只要魔鬼能让人以自我为傲，它就不担心人做好事。

"所以，要用忌邪的眼睛来审查自己的各种美德，弃绝一切虚荣的想法，如同弃绝最邪恶的幻想。想想，如果你们做了许多好事，全部成果却被自己的虚荣心吞噬，那是多大的损失！

"所以，不要鄙视那些不遵守你们生活准则的人，而要强迫自己用心去爱他们，为他们祷告。让谦卑时时刻刻提醒你们：倘若上帝放手任凭你们依靠自己的力量和智慧，你们马上就会违背敬虔准则。

"所以，当你们谨慎度日的时候，不要以为有什么是自己的，那样想是自害己心。要把一切荣耀归于良善的上帝，是他托住你们，使你们能够遵守圣洁生活的准则，因为靠自己的力量，你们什么也做不到。并且，谨慎地开始第二天生活，不是作为熟稔美德和堪当大任者，而是作为可怜的初学者，需要上帝随时帮助和保守，才能脱离滔天大罪。

"你们亲爱的父亲是一位谦卑谨慎、虔诚睿智的人。虽然他生病时几乎说不出话来，可是他开口就谈如何教育你们。他知道谦卑的益处，他看见骄傲如何毁灭女性，所以他用最温柔的话恳求我，离弃各种培养骄傲和虚荣心的流行教育方式，不要只顾外表和服饰，要把你们养育成为最单纯、最诚实的谦卑、圣洁和勤劳生活的榜样。

"他教我一个关于谦卑的大原则，也是他一生实践的原则：每天早晨思想自己的弱点和缺点，就是那些会让我们陷入糊涂，使我们内心充满羞愧，并导致我们鄙视自己的事情。

"所以，我的孩子，你们要纪念这样一位好父亲，他现在正和上帝在一起，通过我的嘴向你们说话。让你们已故的父亲和我的双重心愿，使你们爱上帝，学习完善自己，实践谦卑，并且用工作和奉献来努力行善，直到上帝呼召你们进入来世。"

这位虔诚的寡妇就是这样教育女儿的。

这种教育的美好精神不言自明，我认为自己不需要为它辩护。如果我们能在生活中看见书里这样的教育方式，很快就会在世界上发现由它产生的美好果效。

这样教育出来的女子，嫁入谁家就是那家的福气，丈夫见她如此善于持家育子，会感到极其幸福。

而且，那些不愿嫁人或不能结婚的女子，也知道如何持守贞操，追求伟大而美好的人生目标。

只要我们对基督教精神具有最起码的认识就足以相信：对青年女性最有益的教育，莫过于培养她们谦卑勤劳，生活朴素，并且在衣着、礼仪方面恪守谦和与敬虔。因为基督徒女性的美德正是踏实、朴实、镇定自若、温柔谦卑，并且回避一切令人侧目或迎合好色风流之徒肉欲的衣着和仪态。

如果一个人不知道这是虔诚女性不可或缺的美德，他必定对基督的福音一无所知！

我们伟大的救主说："凡看见妇女就动淫念的，这人心里已经与她犯奸淫了。"（太 5：28）

主耶稣的这些话，难道还不足以谴责这种让妇女追求虚荣脸面和外在装饰的教育？既然眼目如此容易受骗，既然后果如此危险，那么一切引诱人眼目犯罪的妆饰当然会受到严厉谴责。

一位敬虔的妇女岂不应当害怕让自己的外表成为别人的网罗和试探，并且尽量避免这样的事情发生？既然贪婪的眼和淫荡的眼使灵魂死亡，那么谁还能认为袒胸露乳、涂脂抹粉、披罗戴翠、冒犯别人眼目是无伤大雅？

妇女不仅不能辩说这种行为无害，而且她们无从知晓自己的罪过到底有多大，因为她们既不知道自己在多大程度上绊倒了多少人，也不知道多少罪归咎于自己。

这足以敦促每位虔诚女性克制自己，远离一切轻浮之事，免得诱发他人的情欲。

圣保罗谈到完全正当无害之事的时候，他这样推理："只是你们要谨慎，恐怕你们这自由竟成了那软弱人的绊脚石……因此，基督为他死的那软弱弟兄，也就因你的知识沉沦了。你们这样得罪弟兄们，伤了他们软弱的良心，就是得罪基督。所以，食物若叫我弟兄跌倒，我就永远不吃肉，免得叫我弟兄跌倒了。"（林前8：9—13）

既然基督教的精神要求我们在那些本身正当无害且有用的东西上克制自己，免得使软弱的弟兄受到任何可能的伤害，那么基督徒女性当然更应该避免那些本身无害也无益，却会逐渐败坏自己内心并诱发别人不良欲望的东西。

每位敬虔的基督徒女子当然更应当按照使徒保罗的精神说："如果我的妆扮会让软弱的人感到不舒服和不习惯，那我宁可永远离弃这些东西也不要伤害别人。"

我即将结束谦卑的主题，希望这些论述足以使您意识到基督徒必须让谦卑成为这一时辰祷告的首要主题。

我已经论述了谦卑的本质和必要性，以及谦卑对宗教生活有多么重要，我已经让您看到，属血气的性情、世俗精神、男女所接受的普通教育给我们设置了重重障碍，使我们很难培养这种美德。

我希望，这些论述将教导您如何祷告才能使您得到最大的益处，教导您不可荒废光阴，而要每天庄严殷勤地求上帝赐给您更谦卑的心灵，热切祈求他用谦卑充满灵魂的每个角落，让谦卑掌管您的生命，使谦卑成为您的思维习惯。让您不仅感到它的存在，而且感到它在运行，看见它积极促进所有美德一同成长，让您的一切思想、愿望和意图都指向圣灵的果实，就是谦卑、温柔和乐意服侍的心所结出的真果子。

您看自己永远是贫穷的、渺小的、卑下的，并且十分乐意别人如此看待自己。

您整个人生历程，您的开销、住房、穿着、饮食，以及一切言行举止，都不断证明内心的谦卑是真实的。

您不需要在任何东西里面寻求最终的价值和安全感，也不需要逃避或反感任何事物。您在生活各种变故中能够安然处之，因为您永远活在上帝面前，完全依靠他，完全向他而活。您既不渴望得到虚荣的掌声，也不担心被人忽视或害怕正面冲突，而是凡事顺从、温柔、谦卑，坦然地接受一切，正如我们的救主和生命的主耶稣基督一样。

第二十章

推荐每日中午十二点祷告，
此时祷告适合各种人；推荐普世之爱
为此时祷告主题；为人代祷，表现普世之爱

有些人或许会想：这些祷告的时辰太过密集，只有那些整天闲得没事做的人才能遵守。这种安排不应强加于普通人，因为他们要照顾家庭，做生意，忙工作；也不能强加于绅士，因为他们的身份和地位不允许他们如此频繁灵修。他们认为这种安排只适合修道院的修士和修女，或不像他们那样忙于世事的人。

对此，我的回答是：

首先，这种灵修不是强加于各种人的绝对必须之事，而是向众人推荐的最美好、最幸福、最完全的生活方式。

如果真正的敬虔既是商人、士兵、绅士的，又是隐退、默想之人的最大幸福，并且表明了他们的完全，那么它就值得向所有人推荐，因为幸福和完全于众人具有同等价值。

绅士和商人度日的方式或许——并且必然——与密室中的敬虔修士或沙漠中冥思的隐士大相径庭，但是正如修士和隐士的退修必须有利于灵修才不至于失去退修的最终目的，绅士和商人也必须让灵修成为他们首要的性情，才不至于失去社会生活的最终目的，不至于在世界上白白遭受损失。

人们经商营业当然是好事，绅士管理家产并按其地位享受生活亦是理智的。但是，如果绅士和商人不以敬虔和灵修为至高追求，他们就会丧失最大的幸福，就会丧失比一切世俗的营生、地位和享受更大的意义。

因此，世俗的商人和绅士没有借口拒绝灵修生活。首先，因为那是为自己丧失生活的最终目的寻找借口，为自己变得于己、于上帝、于世人毫无用处寻找理由。

第二，因为多数商绅过于沉迷于世俗事务，远远超过人类理性生活和世界所必需的。

例如，商人经营生意常常十倍于他们所真正需要的，这不仅不是逃避灵修的借口，反而是他们的罪，体现了他们当受责备的贪婪和野心。

贵族绅士要么忙于公务，要么在浮华放纵中满足私欲。倘若这些事情是人拒绝灵修的正当理由，那么灵修必然是人生的鄙俗之事。

除非绅士表明他们除了我们的主耶稣基督以外还有另一位上帝，除了源自亚当的人性之外还有另一种人性，除了基督教以外还有另一种宗教，否则他们不能把身份、地位和娱乐当作不严格按时灵修和不预备自己的灵魂接受上帝的理由。

因为，既然敬虔和灵修是救赎世界一切灵魂的通常途径，那么绅士、士兵、商人只能借助谨慎守望和默想祷告让各自成为真正敬虔的人。

假如一位生意人放弃许多业务，好让自己安静服侍上帝，他死后留下两万英镑而非五万，谁能说他生前未回应呼召而死后亦为失败者呢？

假如一位绅士因把时间用于退修、默想和灵修而少杀死了几只狐狸，少参加了几次舞会、赌博或宴会，谁能认为他离开世界时会为自己的时间用于照料和改善灵魂而感到遗憾呢？

假如一位商人因渴望基督徒的完全并常常隐退和灵修，而没有为子女留下大笔财富，供他们享受奢侈和懒惰的生活，反而让他们靠诚实劳动为生，谁能说他因为让子女看到他重视永恒的事胜过一切暂时存留之事而犯了大错？

因此，既然灵修不仅是身处密室之人最美好和最值得渴慕之事，且是身处各种地位之人的最美好和最值得渴慕之事，那么，因自己的身份、地位、生意而逃避灵修的人，就与因自己的身份和地位而逃避健康和幸福的人同样愚蠢。

我相信每位绅士、商人或士兵都应当严肃思考这些问题。

什么是我应当在一切行为中竭力追求的至美之事？我如何使人生臻于完全？离世之时，我会希望自己走过了怎样的人生道路？

似乎，具有这种智慧并正确使用理性，这只是一点点必不可少的智慧而已。如果我们不敢严肃思考并回答这些问题，并用这些问题所要求的敬虔来约束我们的生命，那么我们怎能以为自己头脑理智，并能明辨是非呢？

难道贵族认为自己的身份太过高贵，不当思考这类的问题？难道商人以为自己的生意太过重要，不当关注自己的灵魂？

本文所推荐的灵修不过是回答这些问题。

任何灵修，若其用处乃可有可无，若其促进至善的功用不如不灵修，那么这种灵修完全可以弃之不顾。人不需要这种灵修。

但是，如果人们生活在无知中，从不思考这些问题，反而漫无目的地随便对待生活，追求他们所不认识的假神，也不知道自己为何要追求它们，从不思想自己的行为有何价值或结果，不考虑自己应当如何才能得着上帝、理智、永生，以及他们自己的真正幸福，那么灵修正是他们所需——除非他们过于无知，不敢求问什么是最美好、最有价值的事。

克劳迪乌斯①，您确实身份高贵、家财万贯，并且享受这种地位；您不像以利亚那样蒙召做先知，也不是圣保罗那种使徒。

但是，您是否因此而不爱您自己？您是否因为上帝没有呼召您向别人传讲幸福就不追求自己的幸福？

如果一个人因为他不是医生，就不重视自己的健康，或因为他不是正骨专家，就不保护自己的关节，您会以为这是非常荒谬的事。但是，因为您不是使徒或主教，就任凭自己的灵魂败坏，这岂不更加荒谬？

---

① 克劳迪乌斯 (Claudius)，暗示此人出身高贵。

　　请思考这句经文："你们若顺从肉体活着，必要死；若靠着圣灵治死身体的恶行，必要活着。因为凡被上帝的灵引导的，都是上帝的儿子。"（罗8：13，14）您以为这句经文不适用于全人类吗？您能发现有什么人、什么身份和地位是例外吗？这种属灵和敬虔的人生岂不是让众人成为上帝儿子的基本条件吗？敬虔精神能够救你或任何人脱离永死，你却把祷告时辰和灵修规则留给某些身处特殊地位的人吗？

　　请再思想这句经文："因为我们众人必要在基督台前显露出来，叫各人按着本身所行的，或善或恶受报。"（林后5：10）如果您的地位会让您免于站在审判台前，如果您的身份能保护您不按照所行的受报，那么您或许可以把灵修的责任推给别人。但是，尽管您目前身份高贵，但如果到时候您必须与众人一同赤裸受审，如果除了您的美德或罪恶以外，别无他物可以使您与众人分别开来，那么仔细预备那日接受最大的奖赏，岂不关系到您的切身利益，正如关乎先知或使徒的利益？

　　请再思想使徒保罗的这条教义："我们"，这是指我们基督徒，"没有一个人为自己活，也没有一个人为自己死。我们若活着，是为主而活；若死了，是为主而死。所以我们或活或死，总是主的人。因此基督死了，又活了，为要作死人并活人的主。"（罗14：7，8，9）

　　那么，克劳迪乌斯，您是否不在此经文的教义所指范围之内呢？您是否因自己的身份而将"向基督而活和向基督而死"让给任何特定地位之人呢？若是如此，您必将"借着基督的受死和复活而得救"的特权让给他们。因为经文清楚地告诉我们，基督受死复活正是为此目的，使得我们没有一人应该向自己而活。不仅祭司、使徒、修士、隐士不当向自己而活，而且我们众人，不论是身处何等地位的基督徒，都不当向自己而活。

　　因此，如果有什么敬虔行为或灵修规则您可以弃之不顾，却仍然真正向基督而活，如同您遵守这些规则向基督而活一般，那么本文不呼召您进行此类灵修。然而，如果您放弃灵修，是因为自己没有某种特殊身份，因为您以为这种灵修只适合那些完全向基督而活之人和渴慕至大敬虔之人，如果您放弃它的原因，是出于任何世俗的考虑，是为了迎合自己的性情和口味，好让自己更加吻合世界的潮流和方式，那么您就放弃了一切基督徒因基督受死复活而蒙福的资格。

请进一步思想圣彼得的同一教义："那召你们的既是圣洁，你们在一切所行的事上也要圣洁。"（彼前1：15）

因此，如果您——克劳迪乌斯——是蒙召的人，那么您会知道自己蒙召的目的。您蒙召不是为了让您的宗教生活迎合您的性情、生意或享乐，也不是让您只要具有某种足以满足高贵之人的敬虔即可，而是首先要圣洁，正如那召您的是圣洁的；其次要在一切所行的事上圣洁，把此种圣洁精神带入一切行为中，通过整个人生展现出来。

紧接着，使徒彼得解释了这种圣洁精神为何必须成为基督徒的普遍精神，他的理由极其感人，这也是对一切基督徒发出的普遍呼召。他说，因为"知道你们得赎、脱去你们祖宗所传流虚妄的行为，不是凭着能坏的金银等物，乃是凭着基督的宝血"（彼前1：18，19）。

他好像在说，既然你们知道自己得以拥有如此圣洁的地位，与基督联合，成为他荣耀的后嗣不是凭人的作为，而是凭着奥秘的大爱，且这爱远超世人所能想象，因上帝用如此昂贵的代价赎了你来向他而活，好让你得到真幸福，那么，倘若您不完全投身于上帝的荣耀并成为圣洁——如同那召你们的一样圣洁，那是多么卑鄙可耻的事！

因此，如果您——克劳迪乌斯——看重您的身份和地位；如果读了这些经文，您还是看重金银和此生一切可败坏之物，为这些东西向着自己的血气和幻想而活，为了这些东西而拒绝敬虔和灵修的人生；如果您以为世界上的任何东西可以让您的整个人生中不效法基督的圣洁，那么您就犯了罪，如同为了捡稻草而放弃基督徒的圣洁生活一样。

因为我们蒙召与耶稣基督联合，成为天使一般的新生命。这新生命之伟大，以及让我们借以拥有此等荣耀的代价之昂贵，已经使一切世俗的、暂时的、可败坏的事成为渺小，且使其成为卑鄙和愚蠢。如果您因为是有身份地位之人就蔑视基督的宝血，并拒绝敬虔生活，这就好比您因为有捡拾稻草的特殊喜好就拒绝敬虔生活一样。

使徒保罗又说："岂不知你们的身子就是圣灵的殿吗？这圣灵是从上帝而来，住在你们里头的；并且你们不是自己的人，因为你们是重价买来的，所以要在你们的身子上荣耀上帝。"（林前6：19，20）

因此，克劳迪乌斯，您对此经文是何等忽视！您对基督教是何等无知！因为您谈论自己的地位并以此为人生之乐，却看不见另一种真自由。

难道您比那些在世界上毫无地位和尊严可言的人更自由吗？难道卑微之人必须在守望、禁食、祷告中保守身体作为圣灵的殿，而您却因为收入不菲或身份高贵就能在懒惰、贪婪、享乐中放纵自己吗？这些想法何等庸俗，何等无知！

然而，如果您不这样想，您就必须承认圣徒、先知和使徒的圣洁正是您当竭尽全力追求的圣洁。

如果您把敬虔生活全都让给别人，让他们在舍己、谦卑、温柔中生活，让他们用身体和心灵荣耀神，那么您也就把基督宝血的益处让给了他们。

使徒保罗又说："你们也晓得我们怎样劝勉你们，安慰你们，嘱咐你们各人，好像父亲待自己的儿女一样。要叫你们行事对得起那召你们进他国、得他荣耀的上帝。"（帖前2：11，12）

克劳迪乌斯，您或许常常听见这些话语，却从不思想这些话语对您提出了多少要求。若您认真思想，您必知道这些话语呼召您过何等圣洁的生活。

因为，基督徒生活中最崇高的圣洁不正在于行事为人对得起上帝吗？您能想象一个对得起上帝，却缺乏美德或忽视灵修的人生吗？您能想象一个生活不敬虔的人，凡事谨慎，常常思考如何才能凡事符合圣洁精神吗？尽管这些经文所表达的圣洁是如此崇高，但这里的圣洁显然是对一切基督徒提出的。因为使徒在此并非劝勉使徒和圣人当如此圣洁，而是命令一切基督徒都要努力追求。"我们嘱咐你们各人，"他说，"要叫你们行事对得起那召你们进他国、得他荣耀的上帝。"

圣彼得又说："若有讲道的，要按着上帝的圣言讲；若有服侍人的，要按着上帝所赐的力量服侍，叫上帝在凡事上因耶稣基督得荣耀。"（彼前4：11）

克劳迪乌斯，难道您还看不出这里的崇高呼召吗？彼得岂不是在上帝的引导下说出上帝的圣言吗？彼得岂不是按照上帝所赐的力量尽力服侍吗？彼得所行的这一切，岂不是叫上帝在凡事上得荣耀吗？

既然如此，我们岂不必须要说：凡在世上高贵的、有地位的、有身份的，都当善用其身份地位，好显出他按照上帝所赐给他的而行，叫上帝得荣耀？克劳迪乌斯，这个结论岂是强加于人或好高骛远吗？这些话岂不是清楚说明生活中凡事都要向着上帝成为圣洁吗？既然如此，您的身份和地位不应当成为拒绝敬虔和圣洁的借口，反而应该让您更有责任向上帝的荣耀而活，因为您得到了他更多恩赐，可以更加荣耀他。

因此，世上有身份、财富、地位之人若将高度敬虔和灵修让给任何特定之人或那些（他们所以为的）无俗事牵挂之人，这就等于是将上帝的国拱手让人。

因为基督教的目的正是救赎各种人进入同一个圣洁社会，不论贫富、高低、主仆，都要具有同一种敬虔精神，成为同一支被拣选的族类，同一类君尊的祭司，同一个圣洁的国度，一同成为属上帝的子民，一同宣扬那召他们出黑暗、入奇妙光明者的美德。（彼前2：9）

我们已经谈了很多，说明灵修和圣洁并非专属于任何特定种类之人，而是一切渴望在生活中达到基督教标准之人的共同精神。下面我将论述普世之爱的本质和必要性。这里推荐普世之爱为此时的祷告主题。这里也呼召您为世人代祷，此乃培养普世之爱的最佳操练。

代祷就是为我们的同胞向上帝祈求。

我们美好的救主已经向我们显明他对我们的爱，成为我们彼此相爱的典范和榜样。他常常为众人代求，因此，我们亦当彼此代祷。

"我赐给你们一条新命令，"他说，"乃是叫你们彼此相爱；我怎样爱你们，你们也要怎样相爱。你们若有彼此相爱的心，众人因此就认出你们是我的门徒了。"（约 13：34，35）

这条命令的新意不在于彼此相爱，因为这是摩西律法和自然律的旧命令。这条命令的新意在于人要效法一个新的榜样，耶稣基督把彼此相爱的要求提升到一个前所未有的新高度：如同基督先爱了我们。

如果我们按照基督新的大爱来彼此相爱，众人就认出我们是基督的门徒，那么如果我们缺乏这种大爱，人们必认为我们不是基督的门徒。

在各种情感中，最为上帝悦纳的就是对全人类的热忱大爱——祈愿众人蒙福并为之祷告。这种情感让我们更像上帝，因上帝就是爱和良善，他创造了万有，祝福并保守它们。

我们对上帝最真切的认识，莫过于看他为无限的爱与良善之存在，他用无限的智慧和能力保守万有，叫一切被造物共享福乐。

因此，我们对一个人的最崇高评价，莫过于看他为拥有上帝的良善形象，通过自己的智慧、力量或祷告，竭力追求一切同胞的福祉，诚愿他们得到一切幸福，按照自己的地位和条件竭尽全力给予众人许多利益和各种帮助。

另一方面，如果我们思考仇恨、嫉妒、蔑视、恶意的种种表现是多么敌对上帝，多么深地伤害上帝所喜爱、保护、保守，伤害使其蒙福的一切受造物，那么这一切表现会显得多么卑劣和邪恶！一切受造物中，最病态的莫过于本性邪恶、行为抵触上帝大爱的人。既然是上帝的爱维系他自己的生命，也是上帝的爱让万有得以存活并享受诸般恩典，那么敌对上帝的恶人是何等的丑陋！

"所以，无论何事，你们愿意人怎样待你们，你们也要怎样待人，因为这就是律法和先知的道理。"（太 7：12）

尽管这是一条关于公义的教义，但只有有了普世之爱才能遵行。因为爱是我们衡量自己行为的尺度，所以，我们只有用看自己的爱来看别人，才能以待自己的爱来待别人。

我们对自己毫无鄙视、嫉妒、恶意，所以我们只有完全弃绝一切鄙视、嫉妒、恶意以后，才能待别人如待自己。

如果我们眼睛的缺陷让我们看东西扭曲变形，那么这个缺陷也会让我们看万物都是扭曲变形的。

如果我们的脾气让我们对一个人怀有嫉妒、蔑视或恶意，那么这种脾气也会让我们对许多人产生嫉妒、蔑视或恶意。

因此，如果我们想得到这种爱的神圣美德，我们就必须操练我们爱万人的心，因为若有一人不在其中，那就不是基督徒的爱。

如果一个人能遵守关于爱的一切律法却触犯了其中一条，他就触犯了众条。既然纵容一件不义之事足以毁灭一切义行，那么允许自己保留一丝嫉妒、鄙视和恶意，也足以让我们一切仁爱之举化为乌有。

爱的举动若不源于普世之爱，那就像源于一颗缺乏普世正义之心的义行一样纯属徒劳。

非普世之爱固然也有温情，却毫无正义或敬虔。它不过是属地的人情世故，或是利益使然，或是税吏和异教徒的爱。

一切嫉妒和鄙视之情与一切不义之举一样，明显背离基督教精神。因为基督的律法要我们待众人如邻舍，且要爱邻舍如己，正如基督教的律法禁止偷窃一样。

普世之爱的崇高动机是这条教义："上帝就是爱，住在爱里面的，就是住在上帝里面。"（约一4：16）

因此，任何一个爱上帝的人怎能不渴望让这神圣性情改变和提升我们的本性，使我们得以与他联合呢？

我们常常感到这样的爱，它让我们相信上帝在我们里面，并且让我们行事为人都随从上帝的圣灵，我们多么应当积极地操练这样的爱！但我们必须明白，爱只有成为纯洁而普世的——正如上帝爱一切受造物那样毫无瑕疵，才能有力地使我们与上帝联合。

上帝愿意万有蒙福，哪怕自己受苦。因此，我们也当求众人的福祉，哪怕自己不能从中渔利。

上帝乐见一切被造物都成为完全，所以我们也应该乐见万人成为完全，愿意别人和我们一样蒙福。

上帝宽恕众人，施恩于众人，我们也要宽恕一切伤害我们的人，尽力向他们行善。

上帝本是爱人的最高榜样，本身足以吸引一切被造物渴慕这大爱。不仅如此，上帝又为我们预备了一切，护佑我们，使众人一同享福，叫我们毫无相互嫉恨的理由。

因为我们不能阻碍别人追求幸福，不能忍看别人受苦却独自享福。

正如我们的幸福完全在于以上帝为乐，同样，我们也不能彼此倾轧，彼此争竞，或剥夺别人的幸福。

至于别的事物，就是此生的喜乐和浮华，这些东西本身是何等渺小，不仅与我们的幸福根本无关，而且其本质与表象常常正好相反，所以我们没有理由因这些事物而彼此嫉妒、鄙视或仇恨。

嫉妒别人从金杯子里喝毒药是多么愚蠢的行为！然而谁能说嫉妒别人的世俗地位比这更聪明？

多少圣人因逆境而进入天堂！多少罪人因顺境堕入永刑！当一个人征服、羞辱和降卑敌人的时候，他的地位看似荣耀，然而，他的敌人说不定因此得救，他自己反倒失丧了。

这人若非因为拥有财富和地位，或许不至于堕落；那人若非忍受贫穷和羞辱，本难成为敬虔。

这人美貌出众为人羡慕，却因此招来祸患；那人外表平平无人称赞，却得享永恒福乐。

这人凡事亨通，却最终丧失所有；那人常背十字架失意落魄，却得了世人所不配有的永生。

一位牧师当主教可能不合格，他留在原位或许更能救自己和别人。

当亚历山大征服世界、建造城市、竖立雕像、在许多国家留下荣耀记号之时，有多少人羡慕他！

当圣保罗被驱赶、被杖打的时候，又有多少人鄙视他！然而世人的判断是多么错误！圣保罗多么值得羡慕！亚历山大又是多么可怜！

这些思考足以让我们看到：在此生的不同境况当中，没有什么值得我们为之激动，没有什么值得我们为之放弃彼此相爱的心。

下面继续论述普世之爱的另一动机。

我们行出爱和良善的能力常常微弱而有限。我们真正能够救济的，或许只有极少数人。

然而，尽管我们行善的外在途径有限，但只要我们的内心充满爱和善意，我们就必将拥有一种伟大能力。因为上帝乐意把我们诚愿得到并乐意尽力施行的善工、爱行和温暖人心的义举都赐给我们。

您不能医治一切病人，不能救济一切穷人，不能安慰一切愁苦，不能看顾一切孤儿。或许您不能帮助许多人脱离苦难，或教导他们在上帝里找到安慰。

但只要您内心有真爱和柔情，喜爱这些义举，并积极努力践行，只要您的爱没有疆界，只要您不断地祈求一切受苦的人得救蒙福，上帝必使您成为众人的恩人，因为他们已经从您那里得到了善意和温情。

您不能为身患绝症的人修建医院，您不能为圣洁独身、昼夜祷告、治死自己的圣徒建造修道院，但只要您的心与他们同在，只要您为他们的虔诚而感谢上帝，只要您友善对待人类这些伟大的朋友，并以他们的伟大美德为乐，上帝必使您有分于他们的善行。尽管您并没奉献力气，但奉献了全部的心意。

这种思考足以让我们努力守护好我们的心灵，仔细改善我们的性情，渴望我们的仁爱心肠达至崇高完全的地步。

另一方面，我们由此得知一切错误的心思意念，如嫉妒、鄙视、仇恨、恶意等等，是何等邪恶。因为如果内心的良善，让我们领受未曾施行之善行的奖赏，那么我们内心的败坏、嫉妒、恶意和仇恨，也让我们遭受未曾触犯之罪孽的报应。

心里对妇女起了淫念就是犯奸淫的 —— 尽管他只在心里犯罪；同样，怀有恶意的、鄙视别人的、性情怪僻的人，哪怕仅仅是心怀恶念，他就是杀人的 —— 尽管他没有流别人的血。

因此，既然我们的心在上帝面前总是赤裸敞开的，既然我们的心要么促进美德，要么滋生邪恶，那么，至美至大的事就是妥善掌管内心的情感，监督、纠正并改善灵魂的状态和性情。

没有什么比这种属天之爱更能提升我们的灵魂。它如圣洁的火焰一般炼净我们的心。在它面前，一切败坏性情都不能存留。它为各种美德预备地方，引领它们达至顶点。但凡良善圣洁的事，无不出于它，它且要源源不绝地产生一切圣洁愿望和敬虔行为。

爱不是任何属血气的温情，那种感觉人人都有，只是程度不同。爱是一种更伟大的情感原则，建立在理性和敬虔的基础上，它让我们温柔、和蔼、仁慈地对待一切同胞，把他们当作与自己一样是上帝创造的人，为上帝的缘故而爱他们。

正是这种爱 —— 把每个人当作上帝所造的人、有上帝形象的人、上帝家里的人、组成神圣社会的肢体 —— 成为驱动一切伟大善行的圣洁情感。

因此，爱邻居不过是爱上帝的支流。因为，我们尽心、尽性、尽意、尽力爱上帝，就必定爱那些与他相交、由他而来、为他所造、受他珍爱的人。如果我恨恶或鄙视世上任何人，我就是恨恶上帝所牵挂的，鄙视上帝所喜爱的。

如果我恨恶那些单单属于上帝的人、那些单单顺服他掌管的人、那些有他形象的人、那些他自己家里的人、那些唯独靠他的爱才得以存活的人，那我岂能以为自己全心全意爱上帝？

正因为那是不可能的，所以圣约翰说："人若说，'我爱上帝'，却恨他的弟兄，就是说谎话的。"（约一4∶20）

这些理由足以让我们明白：只有普世之爱才是圣洁敬虔的爱。

如果宗教要求我爱一切人，以他们为上帝所造的，是属他的，有他的形象，受他的保护，组成他的家庭，因此我必须与世上某个人友爱相处，那么同样我必须与世界上所有人友爱相处。由此，一旦我对任何人缺乏一丝爱心，我就冒犯了所有这一切理由，并且打破了所有这一切联系和约束。因此，仇恨或鄙视某个人与仇恨上帝所造的整个世界，同样罪大恶极；爱某个人与爱全世界的每个人，同样必不可少。而且，尽管很多人在我们看来非常堕落，极其丑恶，行为出格，但我们绝不可以此为鄙视他们的理由，反当更加同情他们，因他们身处最值得怜悯的境况。

是这世界的罪使上帝的儿子成为满怀怜悯之情的、受苦的、为全人类代罪的辩护人，故此，除非极其怜悯罪人，否则无人可说有基督的心。您自身达至完全的最明显标志，莫过于您发现自己深深关爱和同情那些非常软弱、浑身缺点的人。另一方面，当您发现自己对别人的行为感到特别恼怒时，万不可因此而骄傲自满。罪不论现于何处都当恨恶，但我们必须怜悯罪人才能对抗罪恶，正如我们必须关怀病人，才能对抗疾病。

对罪的恨恶，若不使人以最温柔的心去爱那些在罪中受苦的人，则叫人在恨恶罪之时，反成了罪的奴仆。

没什么性情比这种罪更值得人警惕，甚至好人也当防备它。因为它潜伏在许多美德之下，不为人所知，所以会造成更大的破坏。

人会自然地以为他的爱心如此之大，所以他难以容忍那些缺乏爱心的人。当他厌恶这个，鄙视那个，听不得第三个人的名字时，他以为这证明自己品德崇高，说明自己恨恶罪恶。

然而，其实，这样一个人只需要这样反思自己就能认识到自己的问题：

假如这是上帝儿子的精神，假如他用这种方式恨恶罪恶，那么世界就不可能得救；假如上帝用这种方式日夜恨恶罪人，那么世界早已不复存在。

因此，这是一个确凿无疑的规则：我们越是与神性有分，我们就越完善；我们越有道德，就越同情和怜悯那些没有道德的人。于是，当我们看见这些人的时候，不会油然而生自大的蔑视之情或暴躁的愤怒之情，反而充满怜悯的心肠，正如看见医院的病人一样。

因此，同胞的种种愚妄、罪恶、邪僻行为，不会减少我们对全人类的温柔和爱心，而且我们应当常常思想爱人的真正理由。

我们要爱邻舍并爱全人类，不是因为他们聪明、圣洁、高尚、优雅。因为世人从前不曾如此，今后也不会如此。因此，我们爱他们的理由不可能是因为他们具有美德。

再者，即便他们的美德或良善是我们爱他们的理由，我们也不能由此得出什么规则。因为虽然某些人美德出众或恶名远扬，但总体而言，我们很难正确判断别人的德行。

第三，别人的德行不是我们爱他们的理由，因为上帝命令我们要尽力去爱最恶的敌人；我们要爱仇敌，为那些伤害我们最深的人祝福、祷告。因此，这也说明人的德行不是我们爱人的理由。

让我们进一步思考我们所亏欠邻居的爱是什么。我们当爱邻居如爱我们自己，凡我们对自己所有的一切情感，都要照样对他；凡愿意自己得到的，都愿他得到；为他所遇的每件好事而欢喜，为他所遇的每件坏事而难过；愿意随时随地向他行各样的善，如同我们愿意随时随地向自己行善。

由此可见，这种爱正是仁爱；我们要对别人有善意、温情和仁爱之举，如同我们对自己那样。

面对好人，我们的爱已亏负太多；而面对世上最蛮横不讲理之人，我们的爱亦不可有丝毫欠缺。

那么，我们为何要如此爱每个人？我们有许多理由当如此爱众人。

第一，为了公正。如果我们理当如此爱自己，那么拒绝如此爱别人必为不当之事，因为每个人都具有与我们完全相同的本质，身处与我们完全相同的境况。

因此，如果您自己的罪孽和愚妄并不会使您不求自己益处，不愿自己蒙福，那么别人的愚妄和罪孽同样不应使您不求他们的益处，不愿他们蒙福。

另一个理由是上帝的权柄，因为上帝已经命令我们爱人如己。

第三，我们如此爱人是为了效法上帝的良善，做天父的儿女，因为天父愿意一切被造物都蒙恩享福，他让日头照好人也照歹人。

第四，耶稣基督救赎我们，呼召我们操练此种大爱。他出于对罪人的爱，从天降临，道成肉身，为罪人牺牲。

第五，这是我们的主和救主的命令。他要我们彼此相爱，如同他先爱了我们。

这些就是我们应当爱全人类的最主要理由。

这些理由恒常不变，其说服力也不会衰减，因此它们永远约束众人，无人例外。

上帝爱我们不是因为我们聪明、善良、圣洁，他怜悯我们正是因为我们缺乏这一切。他先爱了我们，好让我们变成好人。因此，我们的爱必须随从他的道路：不看弟兄的功德，只怜悯他们的疾苦，盼望他们得到一切利益和领受一切好处。

所以，我们亏欠弟兄的爱正是仁爱。其次，仁爱的理由是永恒不变的，并不依赖别人的品质。所以，不爱坏人和不爱好人一样，都是大罪。拒绝爱坏人与拒绝爱好人都冒犯了"爱人如己"的诫命，因此都是罪。

当您放纵任何不好的私欲时，当您仇恨或蔑视您所以为的一个坏人时，思想另一个人正在对一个好人做同样的事，并且您要相信您正在犯同样的罪。

您或许会说，人怎么能同样爱好人和坏人呢？

正如人能对好人和坏人同样公正和信实，您是否觉得难以对一个坏人做到公正和信实？您是否怀疑自己必须公正而信实地待坏人，正如您必须如此待好人？为什么您不怀疑呢？那是因为您知道公正和信实的理由是恒常不变的，并不依赖对方的功德，而是基于事物的本性和上帝的律法。因此，不论是对好人还是对坏人，这个规则都必须得到同样严格的遵守。

请您好好思考什么叫仁爱：仁爱的理由是永恒不变的，以仁爱之心待人，并不取决于对方的良善或功劳。然后，您就会发现您可以对众人同施以仁爱，正如您可以对众人同施以公义。

您或许又会问您难道不应对好人有更多的敬重？您当然应当如此。但敬重与我们所亏欠邻舍的仁爱是不同的。

凡在您眼中看为大敬虔之人，您都应当尊重他们。但尊重不等于爱——尊重并非出于怜悯和同情，您尊重他其实是一种自爱行为，因为这种尊重能帮助您效法他。

您可以——并且应当——喜爱和赞许好人的生活方式，但是，那只是对我们所见之美德的爱。并且，我们爱美德，不是因为它能够满足我们的愿望，而是因为美德是我们的真正益处所在。

问题的关键在于，您应当喜爱、尊重、崇尚的种种行为，仅是良善且敬虔之人的行为，而您应当尽力行善的对象，就是以各种的仁慈和同情加以善待的对象，是一切人，不论好坏。

仁爱与敬重之间的区别是显而易见的。而且，通过下面的论证，您或许能够进一步看清这种区别是多么明显和必要。

没有人应该尊重自己的成就或行为，但每个人都应该爱自己，也就是对自己怀有善意。因此，爱与尊重之间的差别不仅显而易见，而且必不可少。

而且，如果您认为自己很难一面讨厌不理智之人的行为，一面真心爱这些人，那么就把这点放在您自己身上加以考虑。

我想您很可能不仅不喜欢，而且厌恶自己从前的许多行为，并且责备自己的愚妄，但是，您是否因此而失去从前对自己的爱？您是否不再希望自己蒙福？您对自己的爱难道会有所减少？

既然我们对自己如此，对别人亦然。我们可以对人有最诚挚的善意，愿意他们得到一切我们愿意自己得到的福分，而与此同时厌恶他们的生活方式。

再者，我们当爱自己，亦有责任向众人操练同样的爱，唯有如此才算公平。倘若我们对待别人的性情与对待自己的有所不同，这就违背了人性，也冒犯了上帝最大的诫命。

既然正当而理智的自爱让我们常常用温柔、怜悯、温情对待我们自己，那么如果您不能对众人怀有同样的情感，您就应当知道自己尚缺乏仁爱之心，而这种仁爱是基督教的生命和灵魂所在。

您知道别人的嘲笑和讥讽如何伤害您的感情，您如何因名誉受损，并因邻居不喜欢您而感到痛苦，因此，如果您使别人遭受任何讽刺和蔑视，如果您看见、听见他们跌倒就高兴，或如果您不愿意遮掩他们的缺点，那么您就没有爱他们如爱您自己，甚至可说您恨他们。因为这种性情实在是仇恨所结的果实，正如与之相反的性情才是爱的果实。

正如注重一切与您相关的事，是您爱自己的明显标志，喜爱任何会伤害邻居的事，也是您恨他的明显标志。

但是，如果缺乏真正的仁爱是极大的缺乏，甚至正如圣保罗所言，它使我们最大的美德成了鸣的锣和响的钹，那么，研究每种敬虔艺术并操练各种灵修方法，以便提升我们的灵魂达至此种仁爱的境界——这对我们是多么的重要！正因如此，我希望您妥善利用这个时辰，把这段时间完全用来向上帝庄严祈求，让您的祷告充满普世之爱和对全人类的仁爱。唯有如此每日持续灵修，才能保守您的爱心，唯有这样的爱心，才能证明您真是跟随耶稣基督的。

第二十一章

**代祷是操练普世之爱；代祷既必要又有益；
各种人都应向上帝祈求，并彼此代祷；
代祷如何自然地修补和重塑人心**

圣经明确告诉我们，代祷是基督徒灵修不可或缺的组成部分。

很明显，最早跟随基督的众门徒正是借着彼此代祷来表达爱心和维系交通的。

使徒保罗给教会或个人写信的时候，总是说自己常常为他们代求，他们常常在他的祷告中。

他对腓立比众信徒说："我每逢想念你们，就感谢我的上帝；每逢为你们众人祈求的时候，总是欢欢喜喜地祈求。"（腓1：3，4）由此可见，他不仅长期坚持为人代祷，而且怀着极大的喜乐，因为他的代祷是出于爱心，是他所高兴的事。

他也在祷告中关心具体的信徒，正如下面这经文："我感谢上帝，就是我接续祖先用清洁的良心所侍奉的上帝。祈祷的时候，不住地想念你。"（提后1：3）超越世俗的基督徒彼此联合，成为天国的肢体——这样的情谊何等圣洁！这样的朋友多么宝贵！

众使徒及众圣徒不但使许多教会及个人受益并蒙福，他们自己也因别人的代祷而领受上帝许多恩典。"你们以祈祷帮助我们，好叫许多人为我们谢恩，就是为我们因许多人所得的恩。"（林后1：11）

这就是初代基督徒的情谊，这使他们的心紧密地合而为一，不是靠世俗的算计或人的私欲，而是借着属灵的相交、祝福、相互代祷和为彼此感恩。

正是圣洁的代祷，使初代教会的基督徒如此彼此相爱，远超一切前人所称赞与羡慕的友情。当这种代祷的精神重现于世，当基督教再度掌管人心，此种圣洁的情谊将再次盛行，世人将再度感叹，基督徒的仁爱是何等超越。

常常在上帝面前代祷，迫切祈求上帝饶恕全人类的罪，求上帝借着护理来祝福他们，用圣灵光照他们，并且领他们进入永恒的喜乐——这就是人心所能从事的最神圣的操练。

因此，您要每天屈膝代祷，庄重而专注地灵修，长久、迫切、殷勤地为人代求，如同为自己祷告一样。您会发现自己一切庸俗败坏的情欲逐渐消逝，内心随之变得宽广而慷慨，能够乐他人之乐，以为己乐。

因为凡是每天向上帝祷告，并且愿众人在天上蒙福的人，必定同样希望众人在地上得到幸福，且以此为自己的幸福。您不可能一面祈求上帝让一个人在天上永远享受上帝的荣耀，一面却不愿看到他在地上这短暂可怜的人生中享受些许恩惠。

如果我们为一个病人祷告，祈求上帝赏赐健康长寿，与此同时却嫉妒他因得到几颗救命药而有的快乐——那岂不是咄咄怪事！

但是，一面祷告邻居能享受到上帝最大的怜悯和恩宠，一面嫉妒他在人前的一点点名誉和地位，这也同样怪异。

因此，一旦您内心养成习惯，常常认真操练这种圣洁的代祷，您就已经取得了很大的成功，使自己的内心不能存留恶意和嫉妒，反而由衷地以全人类的幸福为乐。

这是普世性代祷的自然效果。但是，代祷最大的益处是它会给我们自己带来益处，就是每个人在生活中所处的地位和状况所需要的各种益处。

尽管我们应当在各种场合爱全人类如邻舍和弟兄，但是因为我们实际上生活在少数人组成的圈子中，我们的地位和条件决定我们与一些人的关系比其他人更加紧密，所以，当我们在代祷中操练如何关爱那些最亲近之人时，代祷就于我们最有益处，并在我们心中产生最美好的果效。

因此，如果您常常按照邻友的具体需求而改变您代祷的内容，祈求上帝救他们脱离种种具体灾祸或赐他们种种具体恩赐或祝福，那么这种代祷不仅使别人蒙恩，也强烈地感动您自己的心，预备您行各样的善事，操练各种美德，以仁爱之心待人，使您的品格与祷告的内容相符。

您会主动变得彬彬有礼，温文尔雅，平易近人；您不可能以非礼的言行为难周围的人，因为他们正是您常常在祷告中怜悯和同情的人。

因为，没有什么比为人祷告更能培养我们的爱心。一旦您恳切地为一个人祷告，您就改变了自己的心灵，能够以仁慈和文明对待他人。这将使您内心充满慷慨和温柔，使您的行为变得美好而善良，超过世上一切所谓良好教养及礼貌。

既然您把自己视为邻友的辩护人，并在上帝面前为他们代求，那么您绝不可能难以相处。您会容忍和饶恕别人，因为他们正是您祈求上帝怜悯和饶恕的人。

邻友之间彼此代祷使众人合而为一，用温柔、仁爱的坚强纽带将彼此紧密联合起来。这会提升他们，使他们的灵魂变得高贵，并且教导他们更加彼此关怀，看彼此为同一个属灵社会的成员，而上帝创造这个属灵共同体的目的，就是让他们一同享受上帝的祝福，一同承受永恒的荣耀。

一旦我们由衷地渴望每个人充分地享受上帝的恩典，我们就会因为看见别人在这至暂之世享受些许幸福而感到满足，甚至快乐。

这就是代祷的自然功效，它使乡亲、邻居以及好友相互信任，彼此体贴。

奥拉利乌①是一位圣洁的神职人员，他深受基督福音精神感动，为一个贫穷乡村守望、工作、祷告。对他来说，村里每个人都是至亲。他爱他们每个人如同爱自己。他常常为众人祷告，就像常常为自己祷告一样。

———————————————

① 奥拉利乌 (Ouranius)，"崇高"之意。

他一生不断操练爱心并辛勤工作，总觉得自己对人的关爱和守望还远远不够，因为他常常在上帝面前为人代祷，他已经认识到他们的灵魂是何等宝贵。

他总觉得自己的爱心太缺乏，为羊群付出得太少，因为在他眼中，这些领受上帝许多恩赐和恩典的人将成为他的盼望、幸福和喜乐的冠冕。

他在整个教区来回奔波，探访每个家庭，按照他所传讲的敬虔精神探访他们。他鼓励他们培养基督徒的各种美德，提出建议帮助他们，认识他们的生活，了解他们心灵的状况，好按照他们的具体需求在上帝面前为他们代祷。

当奥拉利乌刚刚承接圣职时，他一度有一种高傲的心态，非常鄙视一切愚蠢和不理智之人，但祷告消除了这种性情。现在，即便对待最顽固的罪人，他的态度也非常温柔，因为他总是寄望于垂听祷告的上帝迟早会让他们悔改。

以前，如果任何人有粗鲁、恶意和邪僻的行为，他会变得不耐烦，但现在这类行为对他没有什么影响，只让他更加渴望跪下为他们向上帝祷告。就这样，代祷改变并修补了他自己的心。

如果您看见他与人交谈时的美好性情，看见他如何温柔地责备人，热情地劝勉人，以及他布道的活力，您会由衷感到欣慰。而这一切都是因为他在谈话、责备、劝勉、布道之前，必先为对方祷告，在上帝面前为他们代求。

这种灵修生活使他变得温柔，睿智，平易近人。他一切的话语既造就人又顺耳，而且也感人。

他刚来时，看这里就像监狱。每天待在这与世隔绝的地方，感觉度日如年。他当时认为，这个教区尽是恶俗之人，谁也不配和他这样的绅士说话。

所以他让自己沉浸在文学世界里，常常在家里一个人点评荷马和普劳图斯①的作品。有时候，当他正沉浸在荷马的战争之中时，如果有穷人求他代祷，他会感觉很不耐烦。

这就是他内心被灵修掌管之前，他高高在上——毋宁说可怜而无知——的想法。

可是现在他觉得日子一点也不难过，教区也不再索然无味。相反，他整天都希望自己有更多时间做好事。这个偏远的小教区成为了他心灵的安慰，因为他认为上帝把自己和羊群放在这个地方，是为了让自己帮助他们进入天国。

他现在不仅能和穷人交谈，而且喜欢服侍最穷的人。他现在每天照顾病人和弱者，迁就自己遇见的每个邪僻、粗鲁和无知的人；他根本不把自己看作绅士，反而希望上帝让自己成为众人的佣人；遵照救主耶稣的舍己精神，他甘心乐意跪下为任何人洗脚。

他现在认为，教区里哪怕最卑下的被造物也完全配得自己最谦卑的服侍，最诚恳的友谊和最细心的照料。

他现在根本不需要高雅的伙伴，因为他认为世界上最高雅的对话，莫过于与贫贱之人谈论天国的事。

所有这些高贵思想和神圣情感都是灵修的结果。他常常在祷告中把每个人带到上帝面前，祈求上帝怜悯恩待他们，他觉得自己无论怎么尊重和服侍他们都不够。

这句经文深深影响了奥拉利乌："义人祈祷所发的力量是大有功效的。"（雅5：16）

这促使他操练圣洁生活的各种艺术，并追求一切敬虔和正直之事，好让他为羊群所做的祷告满有功效，蒙上帝垂听。

为此，他变卖了仅有的一点财产，为年老的穷人设立了一所福利院，让他们在祷告和灵修中安度晚年。这些善行帮助他的祷告刺破重重

---

① 普劳图斯（Plautus），古罗马剧作家。

乌云，让上帝的祝福降下，临到那些交在他手里照管的灵魂。

奥拉利乌在圣经上读到上帝如何对亚比米勒说到亚伯拉罕："他是先知，他要为你祷告，使你存活。"（创20：7）

以及上帝如何提到约伯："我的仆人约伯就为你们祈祷。我悦纳他。"（伯42：8）

从这些经文，奥拉利乌正确总结道：生活敬虔之人与上帝同在，他们的祷告大有能力。上帝借着他们的祷告，赐下特殊的赦免、安慰和祝福，这些都是不敬虔、不完全之人妄求而得不着的福分。所以，奥拉利乌努力钻研基督徒完全之道，追求一切恩典和圣洁性情，用各种方法洁净自己的心，在生活中竭力避免错误和过失，免得自己为羊群日夜祷告却因自己不够圣洁而不蒙垂听。

这使他非常注意自己内心的一切性情，献上一切所有的，守望禁食，治死肉体，按照最严格的宗教准则生活，恪守节制、温柔和谦卑，好让自己逐渐成为教区众人的亚伯拉罕或约伯，为他们献上蒙上帝垂听和悦纳的祷告。

这就是灵修代祷在奥拉利乌生活中产生的美好果效。

如果身处其他地位的人愿意按照符合其地位的方式效法奥拉利乌的榜样，那么他们必收获同样美好的果效。

例如，如果主人心里也这样记得为仆人祷告——祈求上帝祝福他们，为仆人的具体需求祷告；如果他们每天这样灵修，他们自己和仆人都会收获极大的益处。

没什么别的方式能像代祷一样感动他们的心，让他们真实地感受到自己手中的力量，让他们喜爱行善，在各方面都成为主人中的榜样。

常常在祷告中把仆人带到上帝面前，视他们为在上帝面前与自己同等之人，视他们亦配得天堂的指望——如此代祷自然会使主人谦卑地对待仆人，以他们为自己的同胞，满怀温柔、关怀和慷慨，因他们与自己同为后嗣，共享天堂永恒荣耀。此种灵修将使主人愿意向仆人行各样的善事，谨慎自己的言行，随时遵守基督教的各项责任，服侍上帝。

这将教导他们以自己的仆人为上帝的仆人，希望他们成为完全，不在他们面前做任何败坏他们心灵的事，不将任何可能使他们对宗教变得麻木或妨碍他们按时祷告的重担强加给他们。如此为他们祷告将让他们乐见仆人和他们一样成为敬虔之人，并借着各种机会，鼓励他们认识和操练基督徒生活的一切责任。

这样一个主人能够履行家庭敬拜的一切责任，常常带领家人祷告，督促每个成员按时参加灵修，常常让仆人阅读圣经和灵修书籍，抓住一切机会教导他们，让他们思想上帝，教他们把一切工作当作服侍上帝，并且带着来世的指望来工作，因为这一切对他而言是极其自然的事！

这样一个人能够怜悯仆人的软弱和无知，忍耐他们的愚钝或乖僻性情，温柔地责备他们，热情地勉励他们，并且希望上帝为他们的缘故垂听自己的祷告。

这样一位为仆人代祷的主人怎么可能用恶言威胁仆人，咒骂他们如猪狗和流氓，待他们像被造物中的垃圾呢？

这种灵修将给他们一种与之截然相反的心灵，让他们常常思想如何用关心、仁爱和保护来报答那些花费精力和时间服侍他们的人。

如果绅士认为自己为仆人操练这种灵修有失身份，那么让他们思想自己多么远离基督的心：基督不仅为有罪的全人类代祷，还为他们而牺牲。

让他们思想：如果上帝的儿子和他们一样不愿意屈尊，认为人类太低贱而不值得替他们祷告，那他们会多么悲惨！

让他们思想：如果他们不愿意为那些辛勤工作、服侍他们、让他们生活舒适的人祷告，那么他们多么缺乏基督的心肠，因为基督临死还为最邪恶的敌人祷告！

而且，如果父母这样为儿女代求，常常替他们向上帝祷告，那么没有什么比这更能祝福他们的儿女，塑造他们的思想，并让他们乐意做各种美好且值得称赞的事。

我只不过希望多数父母要记得为儿女祷告，求上帝祝福他们。这里所说的不是仅仅提到他们的名字，而是有规则地认真代祷，把他们具体的需求向上帝陈明，并且祈求上帝赐给他们一切恩典和美德，因为这显然是他们生活中不可或缺的东西。

父母具有祭司一样神圣的地位，他们应当用他们的祷告和献祭为儿女祈福。约伯正是如此看顾和祝福自己的儿女，使他们成为圣洁："他清早起来，按着他们众人的数目献燔祭。"（伯1：5）

因此，如果父母受此启发，认为自己应当每天呼求上帝，用庄重谨慎的方式并按照儿女成长的状况，来调整和扩展他们的代祷内容，那么这种灵修会在他们余下的人生中产生深远影响。它会让他们非常周全地管理自己，谨慎小心一切言行，免得自己做出不好的榜样，让他们在祷告中所反复祈求的事成为枉然。

如果一位父亲每天向上帝提出各种具体祈求，求上帝用真敬虔、大谦卑和严谨性情来感动他的儿女，那么有什么比这种祷告更能使这位父亲成为这些美德的典范呢？如果他认为儿女必须具备这些美德，可在自己身上却找不到，那么他自然会因此感到羞耻！因此，他求上帝让儿女成为敬虔之人的祷告，必将提升他自己心灵的境界。

如果一位父亲这样认为自己是儿女与上帝之间的中保，并用祷告祝福他们，那么有什么比这更能使他渴望圣洁和领受天上的福气呢？这些思想必帮助他避免一切得罪上帝的事，免得当他为儿女祷告时，上帝会弃绝他的祷告！

这样一位父亲与儿女交谈时，将多么温柔、多么虔诚！他用自己的榜样塑造孩子的美德，用他的权威加以鼓励，用他的教导加以滋养，用他的代祷使之开花结果。

他会害怕一切贪婪和不义的道路，就是为他们积攒财富，用骄傲和放纵的方式教养他们，以致使他们成为爱世界的人，因为他担心他们因此而不能得到他常常祈求上帝赏赐他们的那些恩典。

这些都是代祷产生的明显、自然且美好的效果。我希望一切诚愿儿女真正蒙福的父母，一切渴望成为儿女真朋友和恩人的父母，以及一切以智慧和敬虔的心灵在他们中间生活的父母，不要忽视如此重要的一个蒙恩途径，因为它既能培养自身的美德，又对他人，就是那些本性与他们如此亲近、联系如此紧密的人，有永恒益处。

最后，如果人们感觉心中对别人产生厌恶、嫉妒、蔑视之情时，如果人们出现任何微小的分歧或误解时，那么他们应当立即向上帝为对方代祷，而不能任凭自己心里产生各种低级的想法。他们要具体而热忱地为那些嫉妒他们、恨恶他们、对他们感到不满的人祷告，这一定会遏制一切不仁之情在他们心中滋长。

如果您在这种时候立刻开始祷告或为人代祷，使自己完全超脱当时的心情，那么这必将最有效地提升您心灵达至最大的完全。

例如，一旦您发现心中对任何人涌动着嫉妒之情，嫉妒他的财富、权力、名誉、学识或地位，如果您立刻祷告，并祈求上帝祝福他，使他在让您嫉妒的事情上更加昌盛；如果您用最强烈的语言表达和重复您的祈求，希望上帝让他因这些东西得到一切可能的喜乐，那么您就会很快发现，这是解私欲之毒的最佳药方。

您将大大胜过自己，这一伟大胜利将使您内心降卑，顺服而遵守规矩。一旦魔鬼看见试探反而成了您修补和纠正心态的机会，它就再也不敢用同样的方式试探您了。

而且，如果您在任何时候与一位亲戚、邻居或其他任何人产生任何细小的分歧或误会，那么您应当立刻比从前更加恳切地为他们祷告，祈求上帝赐给他们各种恩典、福分和喜乐。这个办法能最迅速地消弭一切分歧，并澄清一切误会。然后，您会认为没什么比得到饶恕更加重要。您不等待对方放低姿态，不需要第三方调解，而是欣然见证您对他的爱和善意，因为他在您私下的祷告中占据如此重要的地位。

　　这就是基督徒灵修的大能：它将消除一切邪情私欲，软化您的心，使您温柔地降卑自己，让您公正地裁决您和任何朋友之间的一切分歧。

　　朋友和邻居之间的恩怨多数来自小矛盾和小误会。这也正好说明人和人之间的友谊是靠不住的，除非友谊建立在宗教之上——人们彼此代祷，相互支持，如同初代基督徒那样切实相爱。

　　这种灵修必然摧毁这种性情，或被其摧毁。您不可能拥有任何不好的性情或对人表现出无礼之举，因为您关心他的福祉，甚至不惜暗中向上帝为他祈求。

　　由此，我们也知道一切蔑视、仇恨、轻视、愤怒之情的丑恶本质和罪责，我们不当以为这些不过是脾气不够随和，举止不够文明或缺乏教养，我们应当视它们为与代祷之仁爱心灵格格不入的鄙俗性情。

　　您以为对这人或那人态度不好或脾气暴躁是小事，但是，您需要换个角度认真来看这是不是小事。试想，如果您的仁慈促使您在祷告中将他献于上帝手中，那您还觉得向他发脾气是小事吗？

　　您以为嘲笑这人或鄙视那人是小事，但是，上帝命令基督徒要爱最顽固的敌人，而您却缺乏对人的仁慈，您还觉得这无足轻重吗？

　　只要您对人有这种仁慈，只要按照为仇敌祝福和祷告的责任祝福他们并为他们祷告，您就会发现，您对他们的爱不可能让您有丝毫的嘲笑或蔑视之情。

　　因为您在私祷中祈求上帝爱和恩待的人，您根本不可能公然蔑视和嘲笑他。

　　当您蔑视和嘲笑一个人时，目的只可能是让他在别人眼中看为可笑可耻，使他失去他们的尊重。因此，您怎么可能一面诚恳地祈求上帝爱他、恩待他、祝福他，一面希望众人蔑视他呢？

　　难道您能够一面爱邻舍，渴望君王赐给他诸般尊荣和恩宠，与此同时却纵容您的仆人嘲笑他吗？

　　如若不能，您又怎能暗自祈求上帝恩待某人，却希望别人嘲笑和蔑视他？

由此可见，福音这条教义是多么理智和正确："凡骂弟兄是拉加的，难免公会的审断；凡骂弟兄是魔利的，难免地狱的火。"（太5：22）

我想，我们不应当认为，无意之中脱口而出的任何欠考虑或不理智的说法，以及任何违背我们意愿和性情的语言，都是这里所说的大罪。

但骂弟兄"拉加"或"魔利"的人嘲讽和蔑视弟兄必定是故意而为，他任凭自己放纵这种性情，咒骂弟兄。

既然这些性情显然是最恶劣的不仁不义，既然除非人缺乏足够善意为弟兄向上帝祷告，否则没有人能犯这种罪，那么，认为"这种性情会危害基督徒得救的地位"并非过于死板。因为谁能认为这种想法过于死板——"除非一个基督徒尊重弟兄，看他有上帝的形象，相信基督为他而死，看他是基督身上的肢体，是与天上得胜的教会联合为一体的地上神圣社会的成员，否则这个基督徒必不能得到上帝的恩宠"？

但这一切考虑必是被抛到脑后，这一切荣耀特权必是被弃之不顾，一个人才能嘲讽和蔑视那些心怀这些考虑的人。

所以，讽刺或蔑视弟兄，如我们伟大的救主所言，骂弟兄"拉加"或"魔利"的，必被视为基督徒最丑恶、最不义、最邪恶的性情之一。这种性情会使他丧失一切得救的指望，与耶稣基督的救恩隔绝。

因为蔑视一个基督为之而死的人，就是与基督为敌。这与"蔑视基督的言行"同罪。

如果一个基督徒曾与圣童女马利亚同行，他在主死后却用轻蔑的态度对待马利亚，那么您必定会说他不敬畏我们的伟大救主。因为对基督的真正崇敬之情，必定令他尊敬基督的至亲。

我敢挑战任何人的头脑，看它是否告诉这人：童贞女马利亚与我们伟大救主之间的这种关系，必令一切与她一同生活和交谈过的人极大地尊重她。一个人若嘲讽或蔑视马利亚，他岂能不担心上帝的报应？

既然不尊重童贞女马利亚显然就是不尊重基督，因为她与基督有密切的关系，那么，蔑视弟兄就表明您不敬畏上帝。

您蔑视弟兄，就必定蔑视一位享有崇高地位，与上帝、上帝的儿子耶稣基督，与三一神有亲密关系的人。

您当然会认为轻蔑对待上帝之手所写成的文字是大不敬，那么您又怎能以为蔑视和咒骂弟兄 —— 他不仅是上帝的作品，而且有上帝的形象 —— 仅是不拘小节？

您会认为糟蹋圣餐桌是极大的亵渎，因为圣餐桌乃用于神圣的目的，常常有基督的身体①放置于此，那么您怎能以为嘲笑和践踏弟兄 —— 他本是属神的，他的身体就是圣灵的殿 —— 是无伤大雅？（林前6：19）

倘若您鄙视或恶待童女马利亚，那么您就犯了不敬虔之罪，因为您蔑视基督由之而生的人。如果您鄙视一位弟兄，那么您也犯了不敬虔之罪，因为您蔑视基督为之牺牲的人。

那么，如果这种喜欢嘲笑别人的性情是源于蔑视基督徒与上帝、与基督、与三一神的这一切关系，那么难道您还不认为一个任凭自己鄙视弟兄的基督徒必遭地狱之火的刑罚？

第二，这里必须强调，尽管在"凡骂弟兄是拉加的……"这节经文里所谴责的大罪是一种鄙视弟兄的性情，但我们也要相信，一切草率的说法和无礼之词，尽管是无意之中脱口而出的，但它们都是大罪，都严重违背基督徒的仁爱。

这些言辞都源于严重缺乏基督的大爱和温柔心肠，需要立刻悔改。它们只有与"惯于用鄙视的态度对待弟兄"这一习性相比时才是小罪，它们与缺乏仁慈一样直接被这段经文所谴责。

我们应当认为这些轻率的言语是犯罪，要惧怕这些罪行并深刻悔改，原因在于，它们看似小事，实则不然。它们看起来不过是偶尔脱口

---

① 基督的身体：指圣餐。——译者注

而出的坏习惯，但其实表现了我们真实的性情，其恶劣远超我们自己平时所想。

一个人说很多苦毒的话，他现在饶恕自己，因为他以为这不过是当时突发奇想，或偶尔不拘小节而已，那并不是他真实的自我。

但他应当思想，或许这种偶然或意外的发生并非由于他有怨言，而是由于他有愤怒的性情。

总体上看，事实就是如此：一切自大、愤怒的语言通常来自内心某些隐秘的骄傲。有这种骄傲心态的人，尽管他们并非常常口不择言，但他们也有足够的理由悔改，不仅为当前的行为悔改，更要为自己的性情悔改。他们应当知道自己的罪不仅是偶尔的血气，而且是一种习气。他们应当反省自己、治死自己、消灭自高自大的习气。

这或许就是这段经文仅关注外在的言语，仅说"凡骂弟兄是拉加的"难免受罚的原因。除非人心充满骄傲自大的习气，否则很少有人会让自大和轻蔑的语言脱口而出。

回到主题：代祷不仅是能消弭一切分歧的最公正审判官，是真友情之最积极的促进者，是一切不良性情、愤怒以及傲慢情欲之最有效的解药，而且它能有效地帮助我们发现自己内心的真实境况。

很多性情，我们以为无伤大雅，从不怀疑它们会有任何危害。然而，如果我们用代祷来检验这些性情，就会发现我们是在自欺。

苏萨诺①是一个虔诚、节制、善良的人，有许多杰出的品格。没有人比他更殷勤地服侍教会，也没有谁比他更多受到教会生活的感动。他为穷人捐献之多，甚至让自己挨饿。但苏萨诺在这些美德之外，有一个很大的缺点。

他很喜欢和其他人在背后议论别人。只要您不表现出敌意，您就可以对他说任何人的任何坏话。只要说闲话的人不要过于粗暴和激动，他

---

① 苏萨诺（Susurrus），"悄悄话"之意。

总是来者不拒。如果您轻声细语，哪怕是非常难听的话，苏萨诺也不会拒绝。

当他私下聊天的时候，您常常会听他提到他为某个邻居的缺点和失败感到多么遗憾。他总是让您知道他多么在意邻居的名誉，他多么勉强地说这些不得不说的话，只要有可能，他多么愿意为人遮掩担待。

苏萨诺善于用既温柔又不失同情的方式，在背后说邻居坏话。在他自己和别人眼里显得好像在操练基督徒美德，可事实上，他是在纵容自己喜欢毁谤人的习气。

苏萨诺曾向一位朋友透露一个大秘密，此事之坏，简直不堪公开谈论。他最后说道，他很高兴此事尚未传播开，他希望这事并非事实，尽管很可能是真的。他的朋友正言道：

"苏萨诺，您说您很高兴此事尚未公开，并希望这事并非事实。那么回家去，在密室中诚恳地为他祷告，如同您遇到这类事情为自己祷告一样。

"祈求上帝恩待他，救他脱离虚假的指控，愿一切散布流言蜚语的人和暗中伤害他的人蒙羞。当您这样祷告以后，如果愿意，您或许可以像告诉我一样，把这个秘密告诉别的朋友。"

苏萨诺深受触动，朋友的责备重重地压在他的心头，他好像看见审判日的册子正在眼前展开。

别的说法或许可以拒绝，但这个建议既不能拒绝，又无法遵从。无论如何它都让人定自己的罪。

自从那以后，他常常这样为人代祷，他的心完全因此而改变。现在，他不会在私底下散布谣言，正如他不会在祷告中求上帝去伤害别人。

现在，他觉得流言蜚语和发誓诅咒一样刺耳，他每周安排一天为忏悔日，让自己谦卑在上帝面前，为以前的罪孽忧伤痛悔。

可能人们会觉得奇怪，像苏萨诺这样敬虔的人怎能长期如此盲目，在生活中散播恶言丑闻，却不觉得自己在犯罪。然而，是他言谈中的温柔和表面的同情心欺骗了他自己和其他人。

这种内心的虚假，只有真诚的代祷才能剥去其伪装。

那些像苏萨诺一样以为自己的行为无伤大雅的好人，如果用这种代祷来检验他们的心，就会发现自己常常不经意中犯了大罪。

我已向您陈明代祷的诸多大利。您已经看到，代祷如何在基督徒当中生发神圣的友情；它如何改善各种人际关系，并加强社会团结；它如何使神职人员、主人和父母在各自的位分上成为敬虔的榜样，无可指责；它如何消除各种嫉妒、鄙视和邪情私欲；它如何迅速弥合分歧；它如何将圣洁之光刺入人心，让人看见自己内心的真实境况。

我希望这些思考将让您如此为众人代祷，使之成为持续而首要的灵修习惯，并以此为合宜之举。

第二十二章

推荐午后三点祷告，祷告主题为顺服上帝；
我们所有言行和动机都要遵行上帝旨意；
顺服上帝的本质和责任

在前面推荐的祷告时刻中，我已经推荐某些主题作为灵修的固定主题和首要事项。

上午九点首次祷告时，基督徒的谦卑美德当成为您祷告的首要事项，您应当向上帝感恩并向他献上自己。中午十二点，我呼吁您为普世大爱的一切恩典而祷告，通过代祷在您心中提升普世之爱。您不仅要为全人类代祷，也要为特定的人代祷，就是那些与您有具体关系的人，您的处境决定了您应当为他们祷告。

下午三点，您应当思想"人必须顺服和遵行上帝旨意"，让此种美德成为您祷告的首要事项。

唯有上帝的旨意是智慧、神圣和公义的，这就如同我们说唯有上帝是无限和永恒的。

因此，天上地下的任何生命唯有遵行上帝的旨意才可能成为智慧、神圣和公义的。天使唯有如此，才具有美德，他们的服侍才成为完全。地上人类唯有如此，他们的普通行为才得以成为圣洁的服侍，为上帝悦纳。

美德的本质完全在于遵行上帝的旨意，陋习的本质完全在于违抗上帝的旨意。凡是上帝所造的，被造的目的都是完成上帝的旨意。日月按轨道运行，顺服他的旨意。如果您愿意证明自己并非违抗上帝创造之神圣秩序的乱臣贼子和背道叛教之人，那么您必须遵行上帝的旨意，如同日头和地球严格按轨道运行一般。这必须成为您心灵的最大愿望：上帝的旨意要借着您行在地上，如同行在天上。这必须成为您内心的牢固目的和意愿：您一切所求、所想、所为都要符合上帝的旨意，只要您的理智告诉您何为上帝的旨意。

您应当——也必须——以此种心态而活，如此看待上帝和您自己，正如您应当思想您的生命完全依赖他，在乎他。以为人的意志可以偏离上帝的意志——此种心态乃极大的悖逆，正如您以为思维能力并非来自上帝。

因此，您应当思想自己在世界上别无他求，但求成为上帝所要的样式。您没有自己的性情或准则，也不求自己的意图或目的，而是恪守上帝的律法，由衷顺服上帝并讨他喜悦。由此找准自己的位置，发挥自己的作用。

以为您拥有自己，或您可以安排自己——这是极其荒谬的想法，正如以为您创造了自己，或可以保守自己。您应当相信自己完全属乎他，一切所行所受都应当在感恩中顺服他的旨意，正如您相信您"生活、动作、存留，都在乎他"（徒17：28）。这显然是人生的首要规则。

顺服神圣的旨意意味着欢喜而感恩地接受来自上帝的一切安排。仅仅忍耐和服从是不够的，我们必须怀着感恩的心，接受并完全赞同因上帝的护佑而发生在我们身上的一切。

我们既然应当忍耐，就同样应当感恩。如果我们在一位智慧而良善的医生手下，他既不犯错也不伤害我们，而是尽力照顾我们的身体，那么我们作为病人就不仅应当忍耐，克制自己不向这位医生发怨言，而且有责任感谢他。如果我们不因他为我们所做的好事而喜悦并感谢他，这就和向他发怨言一样，是亏欠了他的恩典。

这就是我们与上帝之间关系的真实状况：除非我们相信他有无穷的智慧，否则我们就不能说自己相信上帝。因此，我们既然应当忍耐他给我们的一切安排，同样也应当赞许和感谢他对我们所做的一切。而最能促使我们对上帝如此感恩的，就是我们在他里面充足的信心——相信他是无穷的智慧、爱和良善的本体。

只要您由衷地赞同这个真理，您必欢喜地赞同上帝为您的好处早已安排好的一切。

您不会喜欢任何人向您所行的事，除非它是为了您的好处，它本身是智慧的，或是出于他对您的爱和良善。因此，当您满足于上帝不仅行为智慧、良善、恩赐，而且他所行是出于无限的智慧和对您的爱。只要您相信这点，您必然感激且欢喜上帝为您所选择的一切，正如您必然愿意自己得到幸福一样。

因此，一旦您发现自己表现出为任何属于上帝护佑之事而感到不快或抱怨，您必须意识到自己在否认上帝的智慧或良善，因为任何抱怨都是这个意思。若不是您以为邻居不智不义或对您不善，您岂会向他发怨言呢？

因此，人在上帝护佑之下的每句怨言和每个冲动的想法都是在指控上帝。抱怨就意味着认为上帝待自己不公。

由此，您会看到这种感恩的心态乃必不可少的敬虔，因为缺乏这种敬虔心态就意味着指控上帝不够智慧或不够良善。因此，基督徒的敬虔不意味着高超的思想或复杂的概念，而是一条清楚明白的原则，一个简单的信念：上帝的智慧和良善是无穷无尽的。

这种顺服可以从两方面来加以思考。第一，这种顺服意味着感恩地接受上帝对全世界的普遍护佑；第二，这种顺服意味着感恩地接受上帝对我们自己的特殊护佑。

第一，对被造的人类而言，最根本的是，人人都当赞成并承认上帝以其智慧和良善对全世界的普遍护佑。世界本身于一个特定的时刻按照目前的方式形成，并且自然的普遍秩序和事物的总体状态都是按照最佳的方式设计形成，人应当相信这都是出于上帝的伟大智慧和至高良善。人当相信上帝随时护佑着万国万邦、时令季节，万事都有最美好的安排。政权的更迭、帝国的消亡、君王的兴衰、各种逼迫、战争、饥荒、瘟疫，无不得到上帝的许可，无不因上帝的护佑而成就，无不是为了身处试炼之中的人的普遍利益。

好人应当相信这一切，正如他完全相信上帝无处不在，尽管他看不见也无法理解上帝存在的方式。

因上帝普遍的护佑而感恩，崇拜和赞美上帝在万事中的智慧，永不抱怨时运不济或世事无常，而是以满足的心看待周围的一切和天上地下的万物，并且崇拜那看不见的手，赞叹上帝制定了一切运动规律，并保守万事朝着符合他至高智慧和良善的目标前进——这种心态体现出真正高尚的思想和真正伟大的敬虔心灵。

人有一种通病，常常随意抱怨某些大事，而这些大事的动因却是上帝。

每个人都以为自己有充足理由抱怨自己生活的时代多么可憎。这人常常告诉你，今天多么令人沮丧，或这个季节多么令人难以容忍。那人以为没什么可以向上帝感恩的事，活在这样一个充满动荡和变革的世界里，简直生不如死。但这些都是大不敬虔的性情，说明这些人心里根本没有宗教的位置。

确实，抱怨时运或世事比抱怨上帝的护佑听上去好得多，抱怨时令和季节比抱怨上帝听上去要好得多。然而，既然这些事情的动因都是上帝和上帝的护佑，那么您说自己的愤怒是对事不对上帝，您说自己并非针对这些事情的那一个根本原因 ① 和那一位至高的引导者，这不过是无力的狡辩。

我们伟大的救主在谈到起誓时，曾教导我们明白这个世界总体多么神圣，以及人当以为万事都取决于上帝，都指向上帝："只是我告诉你们，什么誓都不可起。不可指着天起誓，因为天是上帝的座位；不可指着地起誓，因为地是他的脚凳；也不可指着耶路撒冷起誓，因为耶路撒冷是大君的京城；又不可指着你的头起誓，因为你不能使一根头发变黑

_____

① 那一个根本原因，指上帝。——译者注

变白了。"（太 5：34—36）也就是说，头发变黑变白不取决于人，而取决于上帝。

在这句话里，您看到自然秩序之中的万事，从最高的天到最小的头发，都不可视为自存之物，而当以之为与上帝有某种关系。既然不可指着大地、城邦或头发起誓——因为这些都出于上帝且都确实属乎他，那么我们岂不同样要说，不可抱怨地上的时令、城邦的兴衰、时运的变化，因为这一切都在上帝的掌管之中，上帝是这一切的创造者、引导者、管理者，是他护佑这一切朝着他良善的目的前进？

倘若您以为自己可以抱怨世事而不抱怨上帝的护佑，或可以抱怨时令而不抱怨上帝，那么您应当思想我们伟大的救主关于起誓的进一步教导："所以，人指着坛起誓，就是指着坛和坛上一切所有的起誓；人指着殿起誓，就是指着殿和那住在殿里的起誓；人指着天起誓，就是指着上帝的宝座和那坐在上面的起誓。"（太 23：20—22）

这段经文岂不约束我们当如此理智行事吗？凡向世事发怨言的，就是向掌管世事的上帝发怨言。凡抱怨季节和天气并不耐烦地谈论时事的，就是抱怨上帝，因唯独他是时令、季节、世事的主宰和掌管者。

因此，当我们想到上帝时，我们当有的情感是赞美和感谢。同样，当我们看见一切都在上帝的引导之下，并靠他的护佑、受他的掌管时，我们亦当以同样的赞美和感恩之情加以接受。

尽管我们不应当以为凡上帝护佑所允许之事都是正直、公义、合法的，如果那样就不存在所谓不公不义了，因为凡事都经过他的许可。然而，我们即便在最严重的公共灾难和最严酷的逼迫当中也必须崇拜上帝，像是瘟疫和饥荒，就是那些他承受过的苦痛，①如此才与他掌管世

---

① 他承受过的苦痛，指借着基督的生命历程和受死，上帝亲自替人承受了一切本不该由上帝承受的苦痛。——译者注

界的智慧和荣耀相称。

基督徒应当在上帝普遍护佑中凡事赞美、崇拜、荣耀上帝，以全世界为上帝的家，相信一切事情都在他的智慧引导之下，没有什么比这种心态更加吻合理智被造物 ① 的敬虔心态或基督徒精神。

每个人似乎都同意这是一个不容否认的真理 —— 即万事都当按上帝所喜悦的而行。难道这还不足以让人也因万事而喜悦吗？人怎能乖戾地抱怨上帝所护佑的事，并由此显出自己的意志和智慧高于上帝的意志和智慧？一个有此种心态之人，宗教于他有何作用？

因为，如果他不能在灾难和苦难中如同在顺境和幸福中一样感谢和赞美上帝，那么他就没有基督徒的敬虔，正如一个只爱那些爱他的人没有基督徒的仁爱一样。因为，仅仅为自己喜欢的事情而感谢上帝 —— 这并非敬虔的行为，正如仅仅相信眼见为实绝非信心一样。

顺服上帝和感谢上帝，只有出于对上帝之良善的信仰、信任和充满信心的时候，才算是敬虔行为。

亚伯拉罕的信心是真正的敬虔行为，因为他不为困难所阻，也不因人之所见而变化或打折扣。信心让他抛弃一切表面的幸福，离开本族本乡踏上未知之旅，来到一片陌生的土地。信心又让他不为一切表象所欺，百岁高龄，肉体已经衰残后，他还信靠上帝的应许，完全相信上帝能够成就所应许的事。这样的信心让他不顾许多自然的理由和表面的道理，毅然献上以撒，"以为上帝还能叫人从死里复活"（来11：17，19）。

这种信心才是基督徒讨上帝喜悦的真顺服。您不仅应当为自己喜欢的事，为表面的幸福和安慰而感谢赞美上帝，而且应当像亚伯拉罕一样听从上帝的呼召，抛弃一切享受，在异乡做客旅，甚至舍了自己的独生爱子；不论发生什么事情，都完全相信上帝的良善，正如亚伯拉罕在上帝的应许看似不可能成就之时仍旧笃信不疑。

---

① 理智被造物，指人类。——译者注

这才是基督徒的真顺服。它要求基督徒完全确信上帝的良善，正如亚伯拉罕相信上帝的信实。如果您问自己为什么亚伯拉罕必须信靠上帝的信实，而您却不必相信上帝的良善，您找不到任何理由。

因此，您不能将这视为呼吁基督徒追求完全的毫无必要的高调宣传，因为这种缺乏并非说明基督徒缺乏什么高深知识，而是说明基督徒对自然宗教和启示性宗教最清楚的教义，尚缺乏清楚而起码的信心。

上面论述了什么叫"顺服上帝的旨意"——基督徒心怀感恩接受上帝对世界的普遍护佑。下面论述基督徒应心怀感恩，接受上帝对每个人的特殊护佑。

人人都当以自己为上帝护佑的特殊对象，受到上帝的关怀和保护，如同上帝创造世界单单乃是为我。任何人生于某时某地、出于这家这门、长于此地此境绝非偶然。每个灵魂于此时此景进入身体，都是凭借上帝的安排，按照上帝的旨意，并且是为了某些特定目的而成；这正如某些生命是天使，某些成为人类，显然都是上帝的安排。

您生于某个特定的地位，以撒成为亚伯拉罕的儿子——这些都是出于上帝的智慧和永恒旨意，正如加百列是天使，而以撒是人。

圣经告诉我们，上帝预定我们伟大的救主按着日期[①]生于伯利恒。尽管这神圣安排的时间和方式被传于万邦，是因为基督那崇高无比的神性和道成肉身的伟大，但圣经同样告诉我们，每个人进入世界的时间和方式，都有永恒的旨意和神圣护佑的引导。每个人都在某时、某地和某种特定情景中降生，都在上帝的引导和掌管之下，都有上帝的特定目的，都是为了宣扬他的智慧和良善。

上帝明显的启示让我们确信这点，正如相信其他任何事情。因为既然圣经告诉我们若没有父的许可，连一只麻雀也不会掉到地上，那么我

---

① 按着日期，按照上帝的预定，靠上帝的保守，基督在人类历史的特定时刻降生，进入人类受限的时间当中。——译者注

们岂不更应坚信，像人类灵魂这样比麻雀贵重得多的生命进入世界，必得到崇高天父的关爱和引导吗？既然圣经说"连你们的头发也数过了"，那么这岂不更让我们知道，发生在我们身上的事，不论多么渺小和不值一提，都绝非出于偶然吗？既然我们所能想象的最微小之事都在上帝引导之下，这岂不明白地告诉我们：生命的大事——诸如我们的出生、我们的父母、所处时代以及我们出生的环境条件——全都符合上帝的永恒目的、神圣的引导以及神圣护佑的安排吗？

门徒曾问我们伟大的救主一个关于瞎子的问题："拉比，这人生来是瞎眼的，是谁犯了罪？是这人呢？是他父母呢？"耶稣回答说："也不是这人犯了罪，也不是他父母犯了罪，是要在他身上显出上帝的作为来。"（约9：2，3）耶稣清楚地宣告：每个人的出生、他所领受的身体以及他降生的条件和地位，都出于上帝的隐秘护佑，上帝引导万事按着各自的时间、季节以及它们存在的方式而运行，借着这一切显出上帝的智慧和伟大工作。

因此，既然我们的所是与我们的降生、时代和环境都是确定无疑的，既然关乎我们地位的一切都是上帝对我们的特殊护佑，并且都是为了他的荣耀和使我们自己蒙福之特殊目的，那么我们就有责任为此而感恩，我们就必须在所有方面，都按照上帝的旨意来调整和放弃我们的意志，我们就必须为我们有这样的父母，并为生于这样的地位和条件而赞美和荣耀上帝的名，并且完全相信我们生在这样的地位，乃是出于上帝无限的智慧和良善。

如果这人生来就是瞎眼的，好在他身上显出上帝的能力，那么，难道他没有充足的理由赞美上帝命定他以这种特殊方式成为荣耀上帝的器皿吗？这人生在此处，那人生在彼处；这人生于富贵，那人生于贫穷；这人从这父母得了血肉，那人从那父母得了血肉，如果这一切与生来瞎眼的一样，是为了上帝的荣耀，那么难道众人不都有充足理由，为他们各自的地位和条件而感谢上帝吗？因为他们的特殊地位和条件，都是为了上帝的荣耀，也是为了他们各自的益处，正如那生来瞎眼的，乃是为了在他身上显出上帝的能力。

这给予我们一种崇高的思想，让我们知道许多事情看似意外和偶然，但无所不知的上帝统治着全世界，掌管万事的来龙去脉，让它们相互效力，使万有一同蒙福，共享益处！于是，众人在如此之多的因果关系、意外事件的奇妙组合中，各得其位，因上帝预见并预定他们享受最大的益处，由此彰显上帝管理全世界的智慧和荣耀。

假如您真是另一种人，那么，全面考虑的话，您就不会得到现有的许多祝福，您会缺乏许多目前所享受的环境和条件，而正是这一切使您蒙福，并使上帝得荣耀。

假如您能够看见上帝所见的一切，假如您能看见一切驱动和引导您走人生正路的因果关系和动机所构成的美好链条，那么您就会看见自己为何身处目前的地位，就会知道这正是最适合您的。

但是，既然您看不到这一切，就应当操练基督徒的信心和对上帝的信靠，让您因着信心为目前的身份地位中的幸福而感恩，就好像用自己的眼睛看见了使您蒙福的一切原因一样。

那么，既然世人都如此蒙福，都享受着某种最适合他的特殊地位，那么每个人多么应当以上帝预先的心愿为自己的心愿！凭着对良善上帝的虔诚信心，感恩地崇拜上帝智慧的护佑，相信上帝已经为他选择了他无法为自己选择的一切最美好之事！

每个人对现实的不满都源于我们把自己的身份地位与别人相比，这种做法完全不合情理。正如一个身体浮肿的病人，因为医生给他开的药方与给健康之人开的药方有所不同，而向医生发怒。因为生活中的不同身份地位正像疾病的不同状况，这人的良方却是那人的毒药。

所以，因为您不像别人就发怨言，这就好像一个病人抱怨自己的治疗方案与别人的不同，却不明白假如他如愿以偿，那么给别人治病的良药会要了他的命。

其他生活状况也是如此。如果您任凭自己发泄不满或抱怨自己目前的身份地位，那么由于您的无知，您会忽视上帝的恩典，您所抱怨的也许正是那性命攸关之事。倘若您真的得到了自己梦寐以求的东西，它也许反而使您承受永恒的咒诅。

因此，不论我们思想上帝无限的良善（他给我们的是最好的），还是思想自己的极端无知（我们看不见那些对我们大有益处之事），都应当看到最理智、最虔诚的事，就是以上帝的旨意为自己的心愿，在我们的外表、地位、条件方面别无他求，以上帝良善之护佑所命定的一切为满足。

进一步而言，正如上帝的良善护佑让我们平安进入世界，且给我们最适合的地位和生活条件，同样，上帝无误的智慧也早已命定了我们人生过程中的一切事情和变故，让这一切都有利于我们操练和增进美德。

除了滥用上帝所托付给我们的权利之外，没有什么能伤害和毁灭我们。

我们相信发生在我们身上的事都不是偶然的，正如世界的受造也非出于偶然。我们也相信万事相互效力，使我们得益处，正如上帝就是美好的本体①。所以，一个人有充足的理由，欣然接受发生在他身上的一切，并认定这是上帝的旨意，正如他有理由认为，真正的聪明就是顺从上帝无穷智慧的引导。

这并非自欺或自我麻痹，也不是让自己沉醉于某种虚假的满足和幻想的喜乐，而是真正的满足和喜乐。其基础坚实无比，正如上帝的存在与完美的属性乃确凿无疑。

因为既然上帝用无限的智慧和良善对待我们，并且我们确信这点，那么我们就应当遵行上帝的旨意，这种顺服永不过分。而且，认为上帝

---

① 上帝是一切良善、美好、正义、真理的根本、源头、保障、基础。一切美善无不出于上帝。——译者注

的安排就是对我们最好的安排，这种想法也绝非自欺欺人。

昼夜季节之更替、万事之运行都在乎上帝的护佑，并非取决于人的意志。故此，世事一切变迁和生活一切变故，都当视为神圣护佑之果效，正如上帝掌管日出日落，并冬去春来。故此，既然您应当崇拜上帝——因他按智慧引导万事运行，您也理应赞美上帝，凭他的公义引导您人生中所发生的一切事情。

顺服上帝的旨意，并以他的意志为自己的意志——这是一种圣洁敬虔的心态。我希望您在这个时辰持之以恒地与上帝交通，为自己拥有这样美好的恩赐而感谢上帝，并以之为合宜之举。借着这样常常祷告，您的心会渐渐地养成喜欢祷告的习惯，从而让您具有一种敬虔的心态。凡事都看作出于上帝，凡事都求上帝的旨意。于是，不论何事临到，您都能以敬虔的心加以接受，使之成为操练美德的途径。

除了真实地感到上帝的存在，没有什么能如此有力地掌管人心，如此强烈地激发我们智慧、合理的行为。但是，既然我们看不见也摸不到上帝的本质，那么最能让我们常常真切感受上帝存在的，无非是这种神圣的顺服，它让我们将一切归功于上帝，也让我们知道一切都来自上帝，并安然接受，做顺命的儿女。

假如我们看见上帝行神迹，我们对上帝存在的敬畏感会多么强烈地影响我们的心！但是如果我们思想一切都是上帝所为，或因其命令，或得其许可，那么我们就会和那些亲眼目睹神迹的人一样，内心涌动圣洁的敬畏之情。

因为感动您的无非是上帝在其中的作为，而且神迹证明上帝真的存在。所以，你若能相信是上帝在借着万事万物显明他的作为，那么所有的一切都成为有价值的——如同神迹一样；而且这一切都能使你经历上帝的同在，并因此甚感敬畏。

所以您绝不可仅在某些特定时刻或场合操练此种敬虔性情，或幻想若这种或那种试炼发生，您会多么顺服上帝的旨意，因为那不过是空想顺服，而非真正操练美德。

　　因此，不要幻想您遭遇瘟疫、饥荒或逼迫会多么顺服上帝和多么荣耀上帝，不要沉溺于这些空想，而要专注于现在的行为。要知道表现真热心的最佳途径，就是在小事上显出大敬虔。

　　因此，要从最普通的场合和最小的事开始做起，让您的心天天在最琐碎的事上操练敬虔。当您面对别人的轻蔑、反对、些许伤害，遭遇损失，感到失望或每天面对最微不足道的事情时，在这一切事上顺服上帝，并以正确的行为回应上帝，之后，您就能盼望自己在最大的试炼和困苦中，仍然克制自己，并于向上帝感恩的圣徒之中了。

第二十三章

晚祷；自省的本质和必要性；
认罪必须具体说明全部罪行，应当满心厌恶罪我现在论述晚上六点的灵修，圣经称此时为第十二个小时，或一天的最后一个时辰。此时特别适合灵修，这点毋庸置疑，凡自称敬虔者都当于此时祷告。

此时，各行各业所忙碌的工作逐渐停歇，众人此时正当回顾和省察当日的一切行为。此种反省必不可少，因基督徒一生必须不断悔改归正。如果说我们必须为一切罪孽而悔改，如果说因不思悔改而导致的罪责仍旧辖制着我们，那么，我们就必须正确认识和反思我们各样的罪和犯罪的具体环境，以及罪恶的程度和后果，并且为此悔改。

圣经说："我们若认自己的罪，上帝是信实的，是公义的，必要赦免我们的罪，洗净我们一切的不义。"（约一1：9）也就是说，只有我们认罪悔改，我们的罪才能被饶恕，我们的罪责和不义才能得到洗净。

因此，我们每天都要注意自己的行为，常常谨慎，时时反省，免得不小心背上不思悔改的罪责。

因此，每晚自省不仅是适合智者遵守的好规则，而且是每个人都必须遵守的好规则。我们必须每天认罪悔改，因为倘若我们不为当天所犯的具体罪行认罪悔改，那么这天的悔改就没有意义，失去了悔改的最大益处。悔改必须包含这种自省，正如您必须花时间做任何事情。除非您专门花时间悔改，否则您不可能悔改或忧伤。同样，除非您清楚当悔改的内容，否则不可能真正悔改。因此，"必须检查和数算自己的一切行为"，不过是说"必须清楚自己应当悔改的每件事情"。

您或许到现在为止仅仅笼统地承认自己是罪人，并且无关痛痒地祈求饶恕，既没有坦承具体的罪行，也没有为当天具体的罪行而伤心痛悔。您由此认定这样泛泛地认罪就够了，以为如此简单的悔改足矣。

假设另一人以为每周末笼统地认罪足矣，认为"为七天所犯的众罪忏悔一次"与"每天为具体的罪行忏悔"并无差别。我知道您看得出此种观点既不合情理亦不敬虔，我相信您看得出其中的危险和愚妄。

然而，既然您反对此种观点，您也应当反驳上述"无需每日详细描述和反思具体罪行"的观点。

因为，尽管没有具体经文反驳这样的观点，但圣经启示我们什么是悔改的本质，并且告诉我们必须为具体的罪行做具体的忏悔，因此这充分证明，我们每天必须仔细而具体地悔改。如果我们不反对"笼统地为当天所犯的罪忏悔足矣"这种做法，就不能反对"把一周所犯的众多罪行全都留到周末，一次性敷衍了事"这种做法。

您是否赞同：我们必须每日认罪才能让内心一直厌恶罪，否则我们的心就会变得麻木僵硬，逐渐丧失责任感？难道这个理由还不足以让您每日为当天所犯的罪行清楚地、具体地认罪悔改？既然认罪会提升我们对罪的厌恶，那么，清楚而具体的认罪——思想和坦承您具体的罪行，让它们大白于天下，认识它们的前因后果，具体而忧伤地承认每个罪行——当然更会让我们的内心充满对罪的憎恨。这种效果远胜过简单格式化的认罪，也就是仅仅口头上笼统地承认自己是一个罪人。因为最伟大的圣徒也承认自己是罪人，所以这种无关痛痒的认罪根本不能让您为自己的生活方式真正感到羞耻。

而且，难道您不会告诉这样一个人，任凭自己每周笼统地忏悔一次，可能使自己危险地遗忘自己所犯的许多罪？但是，除非您相信我们必须记得自己的每个罪行，并且为之而悔改，否则您说的话里还有什么道理或力量？我们岂非必须牢记每一个具体的罪行，每天逐个忏悔吗？

因此，"我们应当每日认罪悔改"的每个理由都证明，"我们应当每日为具体的罪行而认罪悔改"。

因为我们每日认罪的理由和必要性，恰恰在于我们每天都犯罪这一事实，所以每日认罪的内容，就是承认这一天的众多过犯，并为此忧伤痛悔。

我认为，若您不承认自己是罪人，并乞求上帝宽恕就上床睡觉，那您应认为自己乃大不敬虔之人。您不会认为昨天已经做过此事便足矣。但是，如果您认罪时不考虑当天的事，仅仅重复昨天用过的词语，那么当天的罪就可视为尚未悔改之罪。如果当天的罪需要重新忏悔，那么这种忏悔就必须是全新的才合理。因为正是白天的状态和情况决定了晚上忏悔的状态和方式，不然的话，重复同样的话语不过是空洞的仪式，有灵修之貌而无敬虔之实，这于您实无益处。

让我们假设您某天犯了罪——出于虚荣自夸和骄傲而把某件好事归功于自己，或犯了诽谤之罪，或做了放纵私欲的丑事。让我们假设您第二天的生活与之完全相反：您没有忽略任何一次祷告责任，而且在余下的时间老实做正事。我们假设，您这两天的认罪祷告采用完全一样的话语，因为您认为这是每晚必须履行的宗教责任，而非适合当天具体情况的真心悔改。

那么，我们有什么理由可说这两天的悔改都是合宜之举？假如我们说"这两天的悔改无需不同"，这岂不等于说"这两天的罪责毫无差异"？我们怎能认为"这两天的悔改都完全适当，每天的悔改都与其罪责的大小、性质、内容相符"？

再如，假设那天您犯了上述三个大罪之后，在您悔改的晚祷中，只想起了其中一个。那么，另外两个岂不正是未悔改之罪，并且仍旧辖制着您？那么，您岂不是落入与"白天犯了这两个大罪而晚上不思悔改的人"同样的光景？

这一切并非吹毛求疵，亦非杞人忧天，而是清楚的真理，此乃敬虔生命的真正本质所在。因为既然悔改必不可少，那么我们就必须以正确的方式，认真履行这个责任。

我讲得如此之细致入微，目的不过是让您明白：仔细省察当日一切行为，不仅是一条良善的规则，并且与悔改本身一样，是必不可少的。

既然某人应当为夜间的行为负责，那么"注意白天的每个行为"，难道是可有可无的吗？

既然某人应当为夜间的罪行悔改，那么"意识到他当悔改的罪行"，难道是多此一举吗？

而且，尽管我们承认有时候笼统地认罪或许已经足够，因为我们的罪都是人性不可避免的弱点。但是，连这种弱点也足以证明，自省绝对不可或缺，因为若无自省，谁能知道自己以此种方式度了一日？

再说，晚间的悔改——也就是细细清算当天的一切行为，不仅是消除罪责的必要途径，而且是修补和完善生命的真实道路。

因为，只有这样的悔改，才能触摸人的内心，唤醒人的良知，让人始终恐惧罪和厌恶罪。

例如，假如某一天晚上，您承认自己的罪就是敷衍或完全忽视灵修的责任，或浪费时间闲谈，假如您为这些罪在上帝面前谴责自己，并乞求他的宽恕、恩典和帮助，那么还有什么别的东西比这种忏悔更能帮助您避免第二天重蹈覆辙？

或者，假如您隔日又犯了同样的罪，并且再次在上帝面前省察并谴责自己，那么它们的发生就再次证明自己是何等愚妄和软弱，使您内心感到痛苦、后悔和羞耻。您很可能因此渴望成为更好的人。

就反复的罪行而论，我们如此省察和忏悔显然大有益处——我们的心因此而变得谦卑，充满悔恨和切肤之痛，并且会或多或少迫使我们改善自己。

然而，一个格式化的、笼统的忏悔，一个仅仅是例行公事的晚祷，而不思想当天具体的过错，不管自己白天的行为好坏——这种祷告对人心没有益处。一个人可以天天如此祷告，一生不断犯罪又不断忏悔，而内心毫无愧疚，也不渴望改善自己。

因为，如果您具体的罪行不包含于您的忏悔之中，那么您的忏悔总体而言就对内心没有影响，正如承认"众人都是罪人"于您本人并无特殊意义。只有当您指明自己犯了哪些具体的罪行，且是专属于您本人的羞耻和可责备之事，而非广义的罪或众人所共有的罪时，这才算认自己的罪。

唯有此种认罪——发现和指出自己具体的罪——才是真正忧伤痛悔，才是真正关心自己的心境。而没有这种忧伤和扎心的认罪则空洞无物，既不能赎从前的众多罪行，又不能使我们的内心归正或修补我们的人生。

进而言之，要让此种反省更加有益，每个人都应当按照正确的方法来施行。每个人的本性当中都有各自的缺点，具有某些别人所没有的陋习或不良倾向，某些特别难以摆脱的弱点以及比别人更加难以克服的问题，因为每个人都很清楚自己的这些毛病，正如知道自己的好恶，所以我们必须在晚间悔改祷告中严厉地审判这些问题，就是我们自己特有的罪性。我说"严厉审判"，因为若我们不够严厉，则不足以克服它们。

它们就是我们应当剜出来丢掉的右眼，因为它们是属血气的弱点，所以有属血气的能力。若我们不极力抵挡，它们的力量很快就会胜过我们。

因此，人既然最清楚自己如何受制于愤怒和私欲，就必须每晚坚持反省，常常审查这些性情。他必须找出自己的每个过错，不论是思想、话语还是行为上的过错。他必须为自己顺服私欲的一切言行而感到羞耻，在上帝面前责备自己。他绝不能任凭自己放纵这种性情而不反省，除非他完全无视祷告的责任。

再说，如果您发现虚荣心战胜了您，常常让您喜欢打扮，追逐时尚，渴望别人赞美奉承您，那么您万不可放任这种性情，或在晚祷中忘记对付它。您要向上帝忏悔每个虚荣的思想或语言或行为，让您为此感到万般羞愧。

众人都应当如此行，坦承自己最大的弱点，就是自己属血气的性情。尽管这样不会立刻使他们变为天使，但长此以往必定会产生美好的效果。

而且，一切地位和职业都有各自具体的危险和试探，使人容易犯某些罪，因此，每个愿意改善自我的人，都应当在晚祷中思想"如何才能不落入自己所处地位最容易犯的罪中"。

因为我们的事业和生活环境强烈地影响我们，所以，若不这样警醒守望，我们就不能逃避每天所面临的各种试探。

按其社会地位和生活环境，穷人容易埋怨不安，富人最容易放纵肉体情欲和肆意妄为，商人容易撒谎和赚取不义之财，学者容易骄傲虚荣。因此，不论身份地位如何，人总要严格省察自己，特别是与自己的身份地位有关的那些缺点。

再说，正如我们理所应当地认为每个好人都持守或至少愿意持守某种圣洁生活之道，并且为自己设定某种需要遵守的行为准则，而这些生活方式和行为准则并非众人共有，而是唯独他自己晓得——因此，他每晚灵修就应当包含自我省察，反思自己是否遵守了这些规则，倘若有一条没有守住，就当在上帝面前责备自己。

这里的规则是说规范我们的各种安排和日常活动的准则，这些准则使我们一切活动有秩序，包括工作、灵修、治死肉体、读书、退修、交谈、吃喝、振奋精神、睡觉，等等。

好准则必定是改善人性的正当途径，一切虔诚的基督徒都应当把这些准则应用于自己。倘若基督徒不能在晚间自省中思考这些准则，就很难在平时生活中遵守这些准则。

最后，您不应当满足于快速浏览当天的活动，而要仔细加以审查。从当天第一个行为开始，然后逐个回忆每个重要事项，不可忽视任何时间、地点或行为。

如此省察会很快使您成为与从前不同的人，正如智者不同于愚人。这将更新您的心智，赋予您智慧，并让您渴慕完全，这些都是您从前所不具备的美好性情。

关于晚祷的自省，我就谈到这里。现在我继续论述一些您应当思想的真理，您要常常思想它们，好让内心惧怕一切罪，并且帮助您在忧伤痛悔中承认自己的罪。

首先思想：一切罪之于上帝是何等可憎，罪是何等低贱，它让罪人在上帝眼中多么肮脏。天使和魔鬼的区别正在于此，每个罪人只要犯罪就是魔鬼的朋友，就是与上帝为敌。罪是灵魂最大的斑点和污秽，比肉体的污秽或疾病更加肮脏。满足于活在罪中是人更大的低贱，比猪喜欢在泥里打滚或喜爱肉体的不洁更加龌龊。

思想您多么厌恶一个只喜欢肮脏而痛恨高尚和清洁的受造物，让这个事实使您明白：一个只喜欢犯罪和不洁的灵魂，在上帝眼中必定更加可憎。

一切罪行，不论是肉体情欲、骄傲或虚假，或其他私欲，都不过是理性灵魂的污秽和不洁。而一切义行，都不过是人心纯洁、高尚、美好、完善的表现，它们乃是按照上帝的形象所造。

再思想：人的罪责之大，大到若不是上帝亲自牺牲，人就不能得救。可想而知，您应当何等畏惧犯罪。

上帝靠口中的气息和话语，用六天就创造了整个世界，但救赎世界却艰苦卓绝，时间持续数千年之久。

我们在《创世记》第一章知道，上帝多么轻松地创造了万物，但那有无限怜悯的上帝饶恕我们的罪过却是何等的艰难。这个教训来自那最昂贵的救赎 ①、那些血淋淋的祭物 ②、那些痛苦和惩罚，以及那些疾病

---

① 最昂贵的救赎，意指上帝的儿子——无罪的羔羊耶稣基督——亲自替罪人而死，满足了上帝公义的要求，以无比昂贵的代价救人脱离罪恶。——译者注

② 血淋淋的祭物，指在旧约时代，人用牲畜，借着祭司，在特定的节期和地点向上帝献祭赎罪，所以说这些祭物都是血淋淋的。这些并非完全的祭物，都指向耶稣基督在十字架上完全的献祭。——译者注

和死亡。必须经历这一切苦难之后，罪人才能站立在上帝面前。①

　　请思想这些伟大的真理：上帝的独生子必须成为人，承担我们一切的软弱，过贫穷、痛苦、悲惨和受人鄙视的生活，遭受各种逼迫、仇恨，最后被钉死在十字架上。在受尽了一切苦难之后，上帝终于与人和好，因为耶稣基督作为人经历了这一切。

　　当思想犹太律法中一切血祭和赎罪祭都预表基督最大的牺牲，让我们晓得上帝多么恨恶罪人。

　　当思想世界仍旧伏在这罪的咒诅之下，上帝恨恶罪人也在许多事情上显现出来，诸如饥荒、瘟疫、风暴、疾病和死亡。

　　当思想亚当的众子②都要经历充满疾苦的人生，他们本能的渴望不得满足，反要治死，且要将肉体的邪情私欲钉死在十字架上，好有分于我们救主的代赎之死。

　　当思想他们一切的苦修和舍己、一切的眼泪和悔恨，只有靠那位坐在上帝右边，仍旧为他们代求的基督才不至于落入虚空。

　　当思想这些伟大的真理，思想基督奥秘的救赎大工，上帝和人类所受的这一切牺牲和苦难，都是为了消除人的罪责。然后，思想您应当怎样痛悔流泪，并洗净自己脱离罪恶。

　　我们刚才思想了罪责，罪毁坏了人的本性，让人遭受如此严厉的刑罚，使人在上帝眼中看为如此可憎，甚至要上帝独生爱子的代赎以及我们自己的悔改，才能使我们恢复地位，领受上帝的恩惠。下面思想专属于您自己的罪责。如果您想知道您应当如何为自己的罪痛悔，只需要思考您会如何劝诫另一个罪人悔改，以及您希望罪人中的罪魁怎样改过自新。

　　而这正是每个人所处的境况，每个人都当看自己为罪魁。而您也应当看自己为罪人中的罪魁。

---

① 罪人站立在上帝面前，是说人犯罪之后与上帝隔绝，不得见上帝的面。只有借着耶稣基督的中保和赎罪祭，罪人才得以重新与上帝和好。——译者注
② 亚当的众子，指全人类，亚当的罪遗传并归算给全人类。——译者注

因为尽管您或许知道众人都犯了某些大罪，而您却得以幸免，但您还是能够认定自己是罪人中的罪魁。理由如下：

第一，因为您知道自己内心的愚妄超过知道别人的，并且能够指责自己所犯的唯您自己清楚的各样罪行，而您却不能肯定别人也犯了同样的罪。因为您最了解自己内心的欲望、鄙俗、骄傲、诡诈以及明知故犯的罪，胜过其他任何人，所以您有正当理由认为自己是罪人中的罪魁，因为您知道自己的罪行何等严重，胜过知道别人的罪。

第二，我们罪责多大，首先要看上帝赏赐给我们多少益处，要看我们从上帝领受了哪些具体的恩典、祝福、恩惠、亮光和教训。

这些恩典和祝福以及上帝给我们的无数恩惠、慈爱，使我们罪加一等，而这一切恩典只有我们自己最清楚。因此，每个罪人都最了解自己罪责的严重程度，远超过知道别人的罪责，于是他们理当看自己是最恶的罪人。

上帝如何善待其他罪人？他赐给他们什么亮光和教训？他们从他领受了哪些祝福和恩典？他如何用神圣的感动触摸他们的心肠？——这一切您无从知晓。但您却晓得关于您自己的这一切事情，您知道您自己的罪责何等深重，您不能指责别人"不懂感恩"，却能用它来指责自己。

正因如此，历代伟大的圣徒都谴责自己是罪人中的罪魁，因为他们知道自己的罪何等深重，却不知道别人的罪过如何。

因此，要让您的内心充满痛悔之情以及深刻地认罪，正确的方法就是：您不应该去考虑或与别人比较外在的生活方式，然后，因为您表面看来不像他们那样罪大恶极，而认定自己确实比他们好。

不过，要正确认识您自己的罪责，就必须考虑您所处具体的环境——是健康还是有病、年轻或老迈、具体的呼召、受教育程度、接受过的启示和教导、与您交谈过的好心人、您受过的训诫、您读过的好书、您所领受的数不胜数的神圣祝福、恩典和恩惠、您抗拒过圣灵多少感动、您多少次食言，以及多少次忽视良心的审查。

衡量每个人罪责的尺度正是这些环境和条件。因为您只知道自己所处的环境和条件，所以您必知道自己罪责的严重程度，超过您所能指责其他人的。

全能的上帝或许知道还有比您更大的罪人，因为上帝无所不知，他看见众人的一切罪行。但是，如果您自己的心对您忠诚，那么它最清楚您自己所犯的一切罪；因为它能看见您犯罪的前因后果，所以它最了解您的罪责。

您或许看见别人犯您没有犯过的罪行，但您晓得自己有许多罪也是别人所没有犯过的。

并且，那在您看来如此缺乏美德、如此令人厌恶的人，假如他处在您的地位，有您的条件，接受了上帝所赐给您的一切恩惠和恩赐，或许他会比您更好。

这种想法迫使人谦卑下来，它非常适合骄傲的人，就是那些和别人比较外在条件，按照外在生活方式来衡量自己美德的人。

因为，不论您看谁，不论他的生活方式与您有何等差异，您都永远无法知道他是否像您一样拒绝上帝的恩典，也无从得知假设他处在您的地位，是否比您更加忠心。

这就是为什么我希望您慎重思想，如何劝诫一个您看为罪魁的人在上帝面前忏悔和为罪哭泣。

因为如果您秉公而论，您必将这些罪名用于您自己而非别人。因为上帝只让人有能力知道自己罪过是何等深重，却不让人能够晓得别人犯罪的前因后果，所以每个人所晓得的罪魁必定是他自己。

您很容易看出某人外在生活方式如何触犯上帝的律法，但您永远不敢断言，假如您处在与他完全一样的环境，不会触犯更多的诫命。

经常严格地反省这些事情会有效地让我们正视自己，谦卑自己，让我们正确认识自己的罪恶是何等之大，让我们注意在谴责别人时，要极其慎重和温柔。

因为，当上帝向某人发怒胜过众人时，这人岂敢对别人声色俱厉？当他晓得自己的罪恶深重远胜过晓得别人的过犯时，他怎敢严厉斥责别人？

您多少次拒绝圣灵的教训？您多少次忽视良善的动机？您多少次辜负上帝的祝福？您多少次打破美好的誓言？您多少次扼杀良知的省察和督促？这一切您都心知肚明，然而，别人是否犯过同样的罪，您却不晓得。因此，您所知道的罪魁必定就是自己。

因此，一旦您为罪或罪人感到愤怒，一旦您读到或想到上帝向邪僻之人所发的怒气，就让这些怒火教导您最严厉地检讨自己，最谦卑地痛悔并承认自己的众多罪行，因为您知道自己是罪人中的罪魁。

最后，总结本章：您此时已经查验和忏悔自己的罪行，但您应当以为自己睡前仍须再次祷告。

此时祷告的最佳主题乃是死亡。因此，让您的祷告完全向着死亡敞开，承认死亡的一切危险、未知和恐怖；用各种方式在祷告中影响和唤醒内心，帮助您正确理解死亡，让您正确感受死亡的临近和重要；乞求上帝让您的心充满这种紧迫感，好让您时刻不忘这一事实，并按照这一认识来行事为人，每天预备迎接这日子的到来。

想象您的床榻就是您的坟墓，想象一切都预备停当，您与这个世界已经毫无纠葛，唯有上帝的大怜悯才能让您重见天日，再给您一点时间从事敬虔的工作。

然后将自己交给睡眠，如同托付于上帝的手中一样，好像再也没有机会行善，醒来就会发现自己成了脱离身体束缚的灵魂，等待最后审判的大日子到来。

每晚如此庄严顺服上帝，离弃世界的一切，好似与之诀别。在夜晚的宁静黑暗中如此操练敬虔，很快您的心灵就会感受到美好的果效。

因为此时特别适合此类祷告和默想，并且睡眠和黑暗正类似死亡，它们会帮助您更深地认识自己的罪，更加为罪忧伤。这一时辰十分适合灵修，唯愿您不会在碌碌无为中错失修补心灵的良机。

第二十四章

结论：敬虔的心灵何等美好、伟大

本文主旨已阐述完毕。我阐明了敬虔灵修的本质：它意味着将生命完全献给上帝，也意味着每日规规矩矩地祷告灵修。我仅赘述几句，提倡基督徒以此种敬虔灵修的精神来管理全部人生。

因为虽然我们理所当然地认为所有基督徒都愿意达到完全，正如我们认为病人都愿意彻底复元，但经验表明，我们还需要把基督教最明白无误的准则铭刻在心，重复灌输进心里，因为我们对此尚缺乏足够认识。

本文所倡导的安贫守贞和虔诚退修，对致力于追求基督徒完全之人而言，不仅必不可少，而且极其有利。但基督徒的完全本身与任何特定的生活形式无关，它需要众人在一切生活处境中努力达成，尽管难度有异。

前面已经完整论述并清楚说明：基督徒的完全并不意味着他必须进入修道院，但上帝要求基督徒必须完全履行基督徒的责任。这些责任，任何基督徒都不可推卸，不论他们的身份地位如何。 ①

因此，整个问题显然在于守贞、安贫和在正当之事上节制自己，不仅是基督徒实现完全的必要前提，而且适合一切真基督徒。凡是希望更加安全且迅速达至基督徒完全的人，莫不以此为帮助和途径。

我正是以这种方式来提倡基督徒过圣洁生活，也只有这样生活，才符合基督徒的身份。我倡导圣洁生活，并非因为基督徒必须如此才能完

---

① William Law, *A treatise upon Christian Perfection*, 1726. p. 2.

全，而是因为唯有如此敬虔，才能产生和保守真正的基督徒心灵。

但本文所要推荐的持续一生的大敬虔和严格灵修，它是所有人的共同责任和喜乐所在。我相信这一点已经得到充分证明。人不能以任何一种地位、职业、生活状况为借口而忽视灵修。

在我们这个表面光鲜的时代，我们的生活如此远离敬虔灵修，很多人甚至生怕别人知道他们有灵修生活。他们以为灵修是偏执之举，以为敬虔是出于无知和愚昧，以为最敬虔的人都是些低级、软弱、令人厌恶的人。

因此我要说明，大敬虔是最伟大、最高贵之人的最高贵性情，那些以为敬虔源于无知和愚昧的人，本身不仅无知，而且他们完全不认识敬虔灵修的本质，不认识上帝的本质以及他们自己的本质。

富贵之人和学者哲士，或对世俗事务深有研究的人，或许以为自己固然不够敬虔，却非无知。但如果他们愿意用理性和圣经考查自己就会明白，凡不敬虔的人，不论是有知识的还是无知识的，都是极其愚昧的。理性被造物①最可怕的盲目和麻木莫过于此。敬虔绝非出自卑微可鄙的心灵，而是最完美人性的最崇高表现。

首先，谁会认为孝敬父母、对朋友肝胆相照和知恩图报是愚蠢的标志？

这些性情达到最高程度的时候，岂不正是心灵最崇高、最完全的表现吗？

而大敬虔不正是极力操练这些性情吗？大敬虔不恰恰在于我们向着众人最美好、最荣耀的那位父亲、朋友和恩人，积极地操练责任、敬畏、爱、尊重和感恩之情吗？

敬畏父母的权柄、害怕得罪朋友、担心恩人责备自己——这岂不是真正伟大心灵的表现？当人竭力向最伟大的上帝操练敬畏、恐惧和尊重

---

① 理性被造物，指人类。——译者注

时，这些性情岂不更加正确、理智、高尚？

若人向众人积极操练这些情感，则证明此人具有真正的伟大心灵。同理，若人向上帝竭力操练这些情感，岂不更加证明人心的高贵、美好和伟大？

因此，正如孝敬父母、珍惜朋友、知恩图报是伟大而可贵的性情，对上帝尽责、崇拜、感恩——这种敬虔也是最崇高的美德。

假如一位国王出于他的善意，送你一个奴隶当作礼物，您是否认为有责任接受这个奴隶，并且必须向国王表达你的爱和尊重，并感激他的仁慈，而与此同时，却认为向这位出于良善而白白赠送你礼物的国王表达敬爱、尊重和感恩，是内心低劣的表现？

此种想法无异于认为，我们向同为受造物的同胞表达敬爱、尊重、感恩，是高贵性情和伟大心灵的表现，但向上帝表达爱，却是头脑低级、无知、鄙俗的表现。

不仅如此，当灵修表现为忧伤忏悔、伤心流泪时，这绝非小气和无知的标志。

因为谁能否认，承认错误和请求原谅是一种内心真诚、大度、勇气的表现？最有思想和最聪明的头脑，岂不是最善于表现这种性情？

若一个罪人伤心的程度和对自己发怒的程度，与自己的愚妄和罪行恶劣的程度相符，与他冒犯的人的良善和伟大程度相符，这岂不正好显出这人内心具有诚实美德吗？

既然如此，一个人内心越伟大，他越认识上帝和自己，他就越愿意俯伏在上帝面前，用最谦卑的行为来表现最深刻的悔改。

而他内心越是诚实、慷慨，判断力和洞察力就越强，他就越能敏感地察觉上帝对罪恶的厌恶。而他越认识上帝本性的伟大、良善和完美，就越认识到自己的罪恶和忘恩负义，越为之感到羞耻和困惑。

另一方面，人心越是愚钝和无知，就越庸俗和吝啬，越感觉不到上帝的良善和清洁，也越厌恶一切谦卑忏悔的行为。

　　因此，敬虔灵修绝非仅适合鄙俗无知之人。真正提升心灵、活泼地感受尊贵荣耀、深刻地认识上帝和我们自己——这些都是灵修带给我们的诸多益处。

　　而另一方面，我要说明不敬虔和拒绝灵修才源于最可怕的愚昧无知。

　　首先，我们伟大的救主和众使徒都是敬虔灵修的榜样。既然我们承认（但凡基督徒无不承认这点）他们灵修是出于他们真知道敬虔的本质、上帝的本质和人的本质，那么显然凡是不懂得灵修责任的人都是极端无知的。这种人既不认识上帝，也不了解自己，也不懂得何为敬虔灵修。

　　既然这些正确的知识让人喜爱灵修，正如我们的救主和众使徒那样，那么忽视灵修必可称为愚昧无知。

　　再说，为什么多数人在疾病、困苦、恐惧死亡之时下跪祷告呢？岂不是因为这种状况显出他们需要上帝的怜悯，他们的软弱无力远远超过平时的想象？岂不是因为他们的虚弱和日益迫近的结局让他们相信原先完全不懂的事？

　　既然此时的敬虔是我们更真实地认识上帝和认识自己的结果，那么平时忽视灵修就必然是因为我们对上帝和自己的现状完全无知。

　　不敬虔不仅是无知，它也是最可耻的无知，并且堪称愚妄至极。

　　任何人只要思想我们靠什么规则来判断智慧的美好，或用什么标准来判断无知的可耻，就能明白这个道理。

　　倘若我们并非理性的被造物，那么知识就不是我们的美德，无知也并非我们的罪过。

　　但是，既然我们被造而有理性，那么，那些最吻合我们理性的知识，以及与我们自身最密切相关的知识，当然就是我们最高尚、最珍贵的知识；而不认识那些对我们这些理性被造物而言最重要的事情，不知道那些我们最应当知道的事情，当然就是最可怕、最可耻的无知。

如果有什么事情与我们最密切相关，如果有什么真理是我们最需要的，那么最了解这些事情和最清楚有力地认识这些真理的人，就是具有最深刻理解力和最敏锐头脑的理性被造物。

因此，既然我们与上帝的关系是最重要的关系，既然我们在他里面不断蒙恩是最大的进步，那么最深刻认识这种关系的人，最强烈感受到圣洁美德的伟大价值的人，以及看万事为粪土的人，就证明他们自己已经掌握了最重要、最美好的知识。

假如一位法官擅长绘画、建筑、音乐，却不懂得何为公平，也不晓得正义的价值，那么谁不说他是个无知的法官？

假如一位主教能言善辩，通晓权谋之术，擅于积累世上的财富，却对教会众圣徒和教父的教训及原则毫无感觉；假如他不接受神圣的呼召，拒绝承担伟大的责任，并且认为与其向着世界死不如活在世人的吹捧和荣耀中，那么谁不说他是个无知的主教？

假如我们没有这样的判断和宣告，那么我们自己的理性和判断就不过是鸣的锣和响的钹。

既然不懂得正义的法官就是无知的法官，既然重视世俗事务、轻看使徒呼召的主教是愚昧的主教，那么同理，判断一切基督徒是否具有知识，都要根据他们是否了解那些关乎一切基督徒的大事。

假如一位绅士以为月亮不比它看上去大多少，它靠自己发光，所有星星都不过是发光的小点；假如他读了天文学以后还是坚持自己的看法，那人们当然会认为他欠缺理解力。

但假如这个人认为与其殷勤预备荣耀的永生，不如及时行乐享受短暂的生命；假如他认为与其敬虔过人不如家财万贯，那么他的无知和愚钝就无人能及了。

诸多知识之中，最名副其实的，莫过于我们称为"判断力"的知识。

懂得正确判断事物的价值，这才是最了不起的知识。其余的知识不过是看见东西和听到声音而已，连动物也不乏此种能力。

若我们不懂得如何正确判断事物的价值，那我们的知识也没有什么益处。

若一人有千里眼可穷天外，可探地心，却看不见眼前之物，也不晓得于己有益之事，那我们岂不以他为眼瞎？

若又一人有顺风耳可远闻星月之声，却听不见地上的话语，那我们岂不以他为耳聋？

同样，若有人博闻强记，在艺术与科学上聪明过人，或想象力极其丰富，阅读小说文学如闲庭信步，却愚钝肤浅地理解他对上帝的责任和关系、敬虔的宝贵、道德的价值，那么他只能被视为欠缺理解力。他与那些只能看见和听见于己无益之事的人并无区别。

因此，正如敬虔、美德、永恒的喜乐是人最要紧之事，正如永生和我们与上帝的关系是我们最荣耀之事，同样，时常默想这些事情的人，内心因这些事情而由衷感动的人，最深刻认识这些事情的人，最善于掌握这些事物的价值和美好的人，清楚晓得一切世俗成就与这些事相比不过是泡沫和影子的人，就被证明是拥有最深刻的理解力和最强的判断力，远超众人之上。

假如我们没有这种理智或不运用这种理智，那我们就无法证明这个世界有智者和愚人之分。

说一个人是属肉体的，不是因为他缺乏感官，也不是因为他不能做什么，而是因为他没有辨别能力，完全不懂得分辨事物的真实价值。他宁要漂亮衣服，却不要大房子。

正如愚笨的本质在于缺乏辨别力和不懂得事物的价值，同样，智慧和知识的本质在于明辨是非，晓得事物有无价值。

因此，这显然证明，若有人知道美好事物的价值，能正确判断关乎生死之事，宁可让自己的心灵有基督徒的完全而舍弃世俗喜乐，这样的人就有最大的智慧，远超一切属肉体的人靠任何知识可能达至的境界。

另一方面，若有人能说高深的语言，熟谙历史典故，却宁可满足肉体而不喜爱心灵的纯净和完全；若有人关心地上的争名夺利，胜过来世住在永恒的荣耀中，这样的人就是最属肉体的，正如那个宁选衣服不要房子的人。

他被称为属肉体的人，这并非出于人，而是上帝和天使看他为愚笨至极，并且迟早他必如此看待自己。

既然只有证明某人不晓得分辨于己之好歹善恶以后才能证明他是愚人，那么，显然，只有证明某人完全了解于己之大善恶以后才能证明他是智者。

因此，既然上帝是我们最大的善，除他以外别无良善，且人的邪恶就在于离弃上帝，那么，显然，一个认定自己所能做的最大善事莫过于竭尽全力讨上帝喜悦的人，一个全心全意敬拜上帝的人，一个宁可有虔诚内心而愿意放弃全世界尊荣的人，就进入了人类智慧的最高境界。

况且，我们知道伟大的救主取了人的身体来到世界上，以遵行天父的旨意为自己的饮食。

假如某些崇高的灵要离弃他们在上帝荣光中的居所，暂时与人的身体联合，那么他们必凡事讨上帝喜悦，尽力在血肉之躯中活出崇高的形象。

他们必按此而行，因为他们晓得唯有上帝是良善美好的，并且晓得自己不论是住在身内或在身外、在天上或在地上，伟大和喜乐都是从上帝而来。

一切人类的灵，越是崇高，越晓得自己源自神圣的上帝，就越接近伟大的天使，也就越愿意凡事都向上帝而活，让自己的全部生命成为敬虔的历程。

因此，灵修是伟人和高贵者最明显的记号。它说明人具有最崇高的知识，而不敬虔的人则渺小而盲目，陷于无知和虚荣之中不可自拔。

若有人幻想某位世上的君王比上帝更伟大，我们会认为他实在是可怜无知，众人也会以此种幻想为愚妄之最。

但若此人心想，效忠有权力的君王比效忠上帝重要，这难道不更加证明他的本性何等鄙俗、无知和盲目吗？

然而，这正是世人的想法。他们以为世俗事务比灵修更美好，更要紧，更聪明。

所以，不论我们如何思考，都可以明白敬虔的人才能明辨是非，灵修的人才有崇高情感，而缺乏敬虔就是毫无知识。

异教世界中的伟大人物，如毕达哥拉斯、苏格拉底、柏拉图、爱比克泰德、马库斯·安东尼等，他们的伟大无不出自敬虔的精神。

他们一心思想圣洁的事，用自己全部的智慧来沉思，如何救世人脱离世界的虚空和情欲的奴役，好让他们按真理而行，如同天使一般，原是从上帝而来，以后还要回到天上去。

要认识敬虔心灵是何等高贵伟大，我们只需要对比其他性情，就是庸俗之人的种种喜好。

圣约翰告诉我们，凡世界上的事（世俗生活的一切性情），就是肉体的情欲，眼目的情欲，并今生的骄傲。

因此，让我们思想，人追求这些享受需要什么智慧或美德？

设想一个耽于肉欲之人，这当然不能说明他有智慧或美德，因为他所有的不过是畜生的性情，他的能耐仅仅是懂得享受。

设想他追求荣誉和面子，喜欢光鲜和排场；假如只有高贵或智慧之人才能具备这种性情，那么全世界都充满了伟大的哲人。

设想他喜爱金钱，热衷于追求财富，而且永不满足自己所有的；假如这种私欲有利于人获得美德或掌握真知识，那盲目和愚妄就是美德和知识的最稳固根基。

最后，设想他并非单单追求某一种私欲，而是一生轮番受制于各种邪情私欲——难道这比只伺候一种私欲更高尚吗？

因为，欣赏这些事情并沉迷于这些东西的人毫无知识或聪明，这些东西只适合最愚笨、最虚弱的头脑。精通它们，人只需要具备骄傲愚妄就足够了。

让放荡无耻的人来批驳敬虔吧。他们如此行不过是徒劳无功，正如指光为暗、指鹿为马。

只要他们承认上帝的存在和他护佑万有，那么他们就已经承认，人应当智慧行事，承认敬虔的宝贵和灵修的必要。

既然有一位无限智慧、无限良善的创造者，我们靠他生活、行动、存在，既然他的护佑掌管天下万有，那么正确认识他，当然是我们最理智的行为。崇拜普世的护佑，遵守他的律法，学习他的智慧，随时随地好像活在这位无限良善和智慧的创造者面前——这当然就是我们最明智的判断和最崇高的性情。

这样生活的人，才是秉承敬虔心灵而活。

除了活在这种性情中，还有什么别的更能显出聪明呢？

既然上帝就是智慧，那么行事为人最符合上帝的智慧，最顺服上帝的护佑，最深入上帝的计划，竭尽全力使上帝的旨意行在地上如同行在天上——这样的人当然就是世界上最聪明的人。

敬虔灵修的人把理智派上用场，他看穿了世界都是空虚，发现自己本性乃是腐败，也晓得情欲的盲目。他所遵行的法律非肉眼所见，他进入属灵的世界，他看重那最要紧的事，晓得何为永恒，何为暂时。他宁可死后在上帝面前永远得称为大，也不愿在世上活着时追求世俗的享受。

敬虔之人内心充满这些伟大思想。他们随时省察自己，按照这些思想生活，用理性的原则约束自己的一切行为，这些原则只有最理智的人才能够理解、羡慕和喜爱。

因此，最能证明人类伟大，最能提升我们超越庸俗，最能明白宣告人心英勇的事，莫过于大敬虔。

若您以为某人是圣徒或虔敬之人，你已把他的地位提高至众人之上，正如哲人远胜牲畜。

最后，勇气和胆量都是体面的词，似乎都证明一种英雄魄力。然而，谦卑看似不过是最微不足道的虔敬，但它却更能证明人心的高贵和勇气。

因为与世俗的胆量相比，谦卑要对抗更强大的敌人，要抵御更频繁、更狂暴的进攻，承受更重的压力，忍耐更深的苦难，需要更大的勇气才能坚持下去。

一个人若为了得上帝的赏赐而敢于被世人看为贫穷卑微，甘为世人所耻笑；一个人若弃绝一切人的荣耀，抵挡一切私欲的搅扰；一个人若温柔地忍耐一切伤害和误解，安静等候自己的奖赏，直到上帝那看不见的手亲自公平地安排众人的地位，那他就承受了更大的试炼，操练了更高贵的坚忍，其勇气远胜过战火中的勇猛。

因为若一名战士不晓得何为敬虔心灵，那与其说他勇猛，不如说他虚弱，至多不过是疯狂和激动，他再勇猛也比不过老虎狂暴。

若不是上帝借给我们能力，我们既不能举手也不能跺脚。同样，大胆的行为若不是靠上帝律法的引导，遵行他的旨意，就不是真勇敢，正如隐而未发的恶意绝非基督徒的忍耐。

理性是我们普世的法则，它随时随地约束我们，除非我们顺服理性而行，否则我们的行为就毫无尊贵可言。

敢于反对理性和正义的原则，大胆作恶，乃是真正的卑鄙和懦弱，正如敢于无耻撒谎和做伪证，绝非勇气。

因此，我们要操练真坚强，就必须以敬虔之心行事，敢于抵挡世界的败坏、肉体的情欲和魔鬼的诱惑。勇于反对这些敌人，才是人类最高贵的勇气。

我偏题两句是为无神之人的缘故，他们以为大敬虔乃偏执弱智。倘若他们诚实思考，或许能认识人的一切性情与真敬虔相比是何等平庸；或许能发现一切世俗成就，不论是地位、智慧或是勇敢，都不过是空响；或许能看到人类的真智慧、真伟大、真崇高，唯独在于正确认识并由衷崇拜伟大的独一上帝。他保守天上地下万事万物，赏赐众生，凡有气息的无不出于他，依靠他，为他而活。